高等院校学前教育专业系列教材
贵州省重点学科“教育学”阶段性建设成果
民族地区学前教育师资专业能力创新创业训练中心阶段性建设成果
黔南民族师范学院一流学科“教育学”阶段性建设成果

新编外国幼儿教育史

主　编　王棋纬　黄　胜
副主编　李永涛　袁　媛
编　委　彭珊珊　李彦平
　　　　吕瑞芳　方银叶

西南交通大学出版社
·成 都·

图书在版编目（CIP）数据

新编外国幼儿教育史 / 王棋纬，黄胜主编. —成都：西南交通大学出版社，2019.7
ISBN 978-7-5643-6927-9

Ⅰ. ①新… Ⅱ. ①王… ②黄… Ⅲ. ①幼儿教育 – 教育史 – 国外 Ⅳ. ①G619.29

中国版本图书馆 CIP 数据核字（2019）第 118631 号

Xinbian Waiguo You'er Jiaoyushi
新编外国幼儿教育史

主 编 王棋纬 黄 胜

责任编辑	梁 红
封面设计	墨创文化
出版发行	西南交通大学出版社 （四川省成都市金牛区二环路北一段 111 号 西南交通大学创新大厦 21 楼）
发行部电话	028-87600564 028-87600533
邮政编码	610031
网址	http://www.xnjdcbs.com
印刷	四川森林印务有限责任公司
成品尺寸	185 mm × 260 mm
印张	14.75
字数	375 千
版次	2019 年 7 月第 1 版
印次	2019 年 7 月第 1 次
书号	ISBN 978-7-5643-6927-9
定价	39.00 元

课件咨询电话：028-81435775
图书如有印装质量问题 本社负责退换

前 言

Preface

外国幼儿教育史[①]也称外国学前教育史、外国早期教育史，是教育史门下的分支学科之一。它是记录和研究国外社会不同时期和阶段幼儿身心发展、养护和教育的历史，并以国外的幼儿教育发展实践、幼儿教育制度、幼儿教育思想及其发展演变规律为研究对象的学科。确切来说，20 世纪 30 年代后，外国幼儿教育史才开始作为一门独立学科存在，所以，它属于一门新兴学科，具有较大的探索和学习空间。它涉及学前教育的各个方面，研究领域广阔，既有理论阐述，也有实践经验，只有在切实谋求学前教育发展的过程中，这门学科才能体现其理论与实践价值。

"新编外国幼儿教育史"作为学前教育专业的基础课程，是以《幼儿园教育指导纲要（试行）》《国家中长期教育改革和发展规划纲要（2010—2020）》以及《国务院关于当前发展学前教育的若干意见》精神为指导，根据学前教育专业研究与学生职前培养的多年经验编写而成。教材内容设计合理，体现了理论与实践相结合的原则，在介绍基本理论的同时，为读者提供详尽细致的注释及相关链接，有利于学生理解和掌握外国幼儿教育的历史、发展与现状，开阔视野，打开思路；通过对外国幼儿教育发展的研究，吸收和借鉴国外幼儿教育发展进程中的文明成果，有助于多视角分析我国幼儿教育发展中面临的各种问题，并在日后教育实践中更新教育观念，增长实践智慧，促进专业成长，从而有效推进我国学前教育的改革与发展。

本书是在多所高校合作与学习基础上的一次新的努力，其主要具有以下特点：（1）力求恰当、全面地把握史实基本线索、特征和发展趋势。（2）有的放矢，选取颇有建树的重要人物，对夸美纽斯、福禄培尔、蒙台梭利、杜威等加大篇幅深入介绍，帮助学生全面把握其教育思想。（3）作为学前教育专业开设的基础课程教材，注重学习目的与问题反思的结合，有利于读者更好地掌握外国幼儿教育史的研究线索和基本内容。（4）重视相关通识知识的介绍，培养学

---

① 为助力学前教育本土化发展，笔者参鉴我国学前教育史专家杨汉麟教授、郭法奇教授等对"幼儿"及"幼儿教育"概念的释义，本书中的"幼儿"指 0~7 岁的儿童。另外，目前，世界各国官方正式文献中，已逐渐用"幼儿教育"一词来包括或取代"学前教育"及"儿童早期教育"这两个概念，所以，本书中的"幼儿教育"泛指 0~7 岁儿童的教育。

生科学的教育史观、历史思维能力以及感受众多教育家的人格风范和献身教育事业的精神，从而使其为幼儿教育事业努力和奋斗。

本书借鉴和引用了许多国内外学者的研究成果，主要参考书目附后，在此表示我们衷心的感谢！在编写过程中，编者曾就指导思想、内容、篇章结构等进行多次研讨，同时，各位编者也对书稿进行了多次修改。但由于水平和时间等因素的限制，书中疏漏之处在所难免，恳请专家、同行及读者不吝赐教，批评指正。

编 者

二〇一九年三月

目　录

Contents

第一编　古代幼儿教育

第二编　近代幼儿教育

第一编　古代幼儿教育

本书古代幼儿教育部分介绍了人类原始社会的幼儿教育以及古代东方国家的幼儿教育。对于原始社会的幼儿教育，我们只能依靠考古学、人类学、古生物学和古气候学等学科的研究成果进行类比和推论研究。原始社会的幼儿教育与氏族形式、社会分工、男女地位关系密切，幼儿教育与生产劳动、社会生活互不分离，幼儿以模仿的形式来学习技能和知识。

部分西方学者认为世界文明来自古希腊，但据史料记载，古埃及历史更加久远，其与古希腊城邦有着密切的商贸往来。本书古代东方国家幼儿教育部分着重介绍具有代表性的古埃及、古希伯来、古印度三个国家，由于这些国家的社会发展轨迹各有不同，所以它们的幼儿教育状况也有一些区别。

第一章　原始社会与古代东方国家的幼儿教育

生产劳动和教育的早期结合是改造现代社会的最强有力的手段之一。

——[德]卡尔·马克思

内容提要

本章第一节探讨原始社会幼儿教育的起源和特点，包括幼儿教育的内容、形式，以及原始人的儿童观。第二节介绍最早进入文明时代的三个古代东方国家，即古埃及、古希伯来及古印度幼儿教育概况，包括其家庭幼儿教育、学校幼儿教育、育儿习俗、教育内容、教育方法等内容。

学习目标

1. 认识原始社会及古代东方国家幼儿教育的主要特点。
2. 掌握原始社会与奴隶社会幼儿教育的主要区别及成因。
3. 了解古代东方在世界文明史上的地位。

第一节 原始社会的幼儿教育

一、原始社会教育的源起

原始社会是人类产生之后建立的第一个共同体，是人类历史发展的第一阶段。科学家发现，人类是经过“古猿（攀爬的猿群）—猿人（正在形成中的人）—智人（完全形成的人）”这一进化过程而来的，讨论教育的开端，应该从智人阶段开始（见图 1-1）[①]。

图 1-1 人类进化演示图

关于人类起源地，历史上不同时期出现过不同的说法。时至今日，大量南猿和早期人属化石出土于非洲，加上古生物学、医学、化学等科学的发展，从分子角度解释了人类与大猿类密切的血缘关系，所以史学界普遍认可“非洲是人类摇篮”这一说法。迄今已知最古老的原始人是由一支跨国科学家团队于 1992 年在埃塞俄比亚发掘出土的“阿尔迪”，他生活在 440 万年前，属于地猿史祖种，比被史学家称为“人类之母”的“露西”[②]的生活年代还早了近 100 万年。据考古发现，这一时期由于地球印度洋板块向北俯冲，产生强大的南北向挤压力，致使青藏高原快速隆起，形成喜马拉雅山地，产生了季风气候，导致非洲地区的森林逐渐草原化。为了生存，古猿不得不下地活动，并学会直立行走，逐渐进化为猿人。如今，科学家通过分析化石可以推测出他们的外形及生理构造：头骨低平、眉弓突出、牙齿较大、两臂较长、大脑容量很小、声音器官不完善。由此可见，有限的脑容量限制了猿人的创造和想象力，使得他们生产力低下，加之要面对凶猛的野兽和恶劣的自然环境，所以群居成为他们存活的唯一方式。就是在这样的群居生活中，人类第一次形成了社会组织，一起生活、劳动、抵御自然灾害，在早期协作中产生了生存经验的交流。

研究认为，直到 150 万年前，匠人[③]作为猿人的一支在非洲大陆进化出现，人类才真正进入直立人时代。在当时，匠人学会用石头打造工艺复杂的石斧，工具帮助他们在资源匮乏的

---

① 恩格斯在《劳动在从猿到人转变过程中的作用》及《家庭、私有制和国家的起源》等著作中，从生物进化的角度，提出了“攀爬的猿群”“正在形成中的人”“完全形成的人”等概念，代表人类依次递进的发展阶段。

②“露西”是美国科学家唐纳德·约翰逊于 1974 年在埃塞俄比亚发掘出的一副较为完整的雌性古猿化石，属于早期猿人——阿尔法南猿，生活在 350 万年前，已可直立行走。古人类学研究中一般仅能发现化石碎片，很少发现完整的颅骨或肋骨，所以此次发现尤其重要，为古人类学研究提供了大量科学证据。

③ 匠人属于人科的已经灭绝的物种，生存于 180～130 万年前的东非及南部非洲，处于上新世末期到更新世初期。匠人在 190 万到 180 万年前从能人的后裔中分离出来，这一支迁移出非洲后，直立人几乎立即又从匠人的后裔中分开。

原始社会获得了促进大脑发育的蛋白质食物。据研究考证，匠人的脑容量已是现代人的 67%左右。距今 20 万年前，早期智人[1]在地球上出现，他们是形态上介于直立人与晚期智人的人类，从外部特征看，已经非常接近现代人类，他们的平均脑容量已经达到现在人类的 96%左右。脑容量增大意味着大脑沟壑增多、大脑皮层面积增加，而大脑皮层是思维的器官，所以此时的人类，已经不断形成了思维、语言和意识，大脑逐渐可以保存和提取记忆。在生活与劳动中，也产生了具体的、有目的的教学行为，表现为长者对幼者生活、生产经验的传授。因此，这一时期人类大脑的发展为教育产生奠定了物质基础。

虽然当时人类教育内容仅限于狩猎、采集、工具的制造和使用等方面，教育形式也比较简单，即长者将自己积累起来的生活、生产经验通过言语描述和实际演示的方式传授给幼者，这样朴素的身教和言教已经基本脱离了动物本能的驱使，并有力地推动了原始人类的进化过程。由此可见，原始教育起源于人类社会生活、生产的实际，随着生产力的发展和人类自身的进化，教育才逐渐从生活和生产的社会活动中独立出来。

二、原始社会教育的内容和形式

距今 5 万年前，经过大自然残酷的考验，早期智人已经进化成为晚期智人。他们分布广泛，逐渐适应了自然环境的变化，并能够对生活环境进行原始的改造。在社会形态上，原始人群内部分工开始出现，性别、年龄、血缘意识增强，他们开始形成按辈分划分的婚姻集体，形成以血缘关系为标准的结构，步入氏族公社阶段。这一阶段人类在生产上进入旧时器时代后期[2]，所使用的工具不再局限于简单、粗糙的刮削器、砍斫器等，而开始使用并打制精致的尖状、细长石器，并出现箭头和各种组合工具，这意味着人类生产力水平已经有了巨大进步。我们通常认为氏族公社开始于距今 1.5 万年至 5000 年前，包括母系氏族公社和父系氏族公社两个阶段，并经历了由旧石器时代向新石器时代的转变。

母系氏族时期，男女两性分工出现，女性通过采集这样的原始农业生产方式提供稳定的生活资源而在氏族中占有重要地位，虽然氏族内部生产资料共有、集体劳动、共同分配，但女性对于资料的分配权高于男性，并且氏族中血缘关系依靠母系传承，男子属于母系亲属单位。随着生活的稳定，男性的体力优势越发明显，生产力的提高直接促使了生产成果的增加，男性逐渐取代女性的主要地位，母系氏族公社也过渡为父系氏族社会。渐渐地，一夫一妻制和家族观念形成，私有观念也开始增强，父系氏族社会的后期则是相对独立的父权家长制家庭，这样的家庭单元成为社会的基层组织，推动了原始社会向奴隶社会的转变（见图 1-2）。

---

① 早期智人通常指距今 20 多万年开始生活在中更新世晚期的形态上介于直立人和晚期智人之间的人类。最早被人们重视的是在尼安德特河谷发现的人类化石。因而过去古人类学上曾将早期智人化石统称为“尼安德特人”。

② 石器时代是考古学家假定的一个时间区段，为考古学上的术语，分为旧石器时代、中石器时代与新石器时代。旧石器时代，指人类使用打制石器为主的时代，从距今 260 万年延续到 1 万多年以前；中石器时代，即人类既使用打制石器，也使用磨制石器的时代，距今 1.5 万年至 8 000 年；新石器时代，指人类使用磨制石器为主的时代，大约从 1.8 万年前开始，结束时间从距今 5000 多年至 2000 多年不等。

图 1-2　原始社会时期的人类

氏族公社时期的教育内容依旧以实际生产、生活为主，但教育内容不断丰富，形式也更多样。

（一）幼儿教育的内容

1. 生产劳动教育

氏族公社时期的教育活动还没有从生产劳动中独立出来，这是当时的生产力低下造成的，每个人必须尽自己所能才可以满足最起码的生活所需，所以儿童在此时要学习技能，参与或协助劳动。火种的保存和使用，石器、陶器、骨角器等工具的使用，捕猎、耕作、畜牧技术的掌握等，都是幼儿模仿学习的内容。社会学家通过观察研究发现，当成人在进行生产劳动时，幼儿就在一旁观察并模仿这些生产劳动，久而久之，幼儿由模仿到帮手，最后成长为独立工作的劳动力。

2. 社会知识教育

人类进入氏族公社时期后，婚姻制度在母系氏族社会由群婚制向对偶婚制转变，再过渡到父系氏族社会的一夫一妻制，社会便出现了夫妻、母子、父子等亲属关系。在这一时期，幼儿需要学习区别、认识血缘亲属关系，这一点和我们现代基本一致。这类社会知识的学习能帮助人们认识家族内外成员关系、孝敬父母、享有和承担不同亲属关系中的相应权利与义务。

另外，由于生产力的进步，原始人类开始考虑优化衣、食、住、行各方面的问题，所以相关知识也是幼儿日常接触到的学习内容。例如，分辨更适宜人类食用的食物；知晓可以制衣的植物和皮革，并收集制作饰品；认识船和车等交通工具等。这些都是人类生产力和智力进步到一定阶段后的产物，是一个漫长的过程，上一代希望自己的后代珍视并更进一步，所以长辈必须通过口耳相传的方式将这些知识传承下去。

3. 其他

在氏族公社之前人类已经学会制造乐器了，到氏族公社时期，乐器获得了改良。原始人类伴着歌、舞，吹奏乐器成为生活中重要的一部分，这些活动也由最初的即兴发展为固定形式，最终成为幼儿模仿学习的一项内容。另外，绘画和泥塑在氏族社会时期也逐渐形成，这是原始人类发挥想象力和创造力的一个重要体现。绘画的内容除了与日常生活相关的写实描绘外，还出现了用于记录的几何图案，这些绘画的形式、原料及内容的选取都是幼儿学习的内容之一。

由于当时的人类通常会将无法解释的自然现象归结于神灵的作用，所以氏族公社普遍具有崇拜观念。人们树立相应神灵的图腾，并用祭祀来表达崇拜与敬畏之情，因此最原始的宗教与禁忌礼仪就产生了，与之相关的内容是包括幼儿在内的每个族群人员都要熟知且不可违抗的。此外，因为族群捍卫领地与生存的需要，使用刀、斧、弓箭等武器，学习作战方法，锻炼强健体魄，都是氏族社会时期幼儿必须学习的内容。

知识链接

图腾崇拜

图腾崇拜是集自然崇拜、生殖崇拜和灵魂崇拜于一体的原始宗教仪式。它没有理念和逻辑上的追求，只是反映人类初民时期单纯的思维和天真的幻想。“图腾”一词出自印第安语，意即“他的亲族”，是原始人类认为与本氏族部落有血缘关系的某种动物、植物或其他自然物，一般被用作本氏族部落的标志和护佑者。由于原始人类逻辑推理能力很弱，因此他们本能地觉得许多物体都同自己一样是活的，活动量越大的对象，物活感越强。首先是动物，其次是具有生长和凋谢现象的植物，再次是运动变化明显的河川，以及日、月、风、雨等，都可作为某氏族的崇拜对象。这种物活感促使图腾观念在原始宗教中臻于完善。每个氏族部落都有自己的图腾，它们是氏族的象征和名称，常常被形象地刻画出来。

——孟昭毅、曾艳兵:《外国文化史》，北京大学出版社 2008 年版。

（二）幼儿教育的形式

根据一些学者的研究，原始社会幼儿教育的方法可以概括为以下几方面。

1. 观察与模仿

由于原始社会的教育与生活、生产劳动没有分离开来，并且教与学也是结合进行的，所以，幼儿在此时期的学习主要是依靠以游戏为载体的模仿来进行的。幼儿对长辈捕猎、取火、使用工具、绘画、舞蹈的模仿帮助他们日后成为独立劳动者奠定了基础。

2. 讲授及示范

原始社会时期的人们通常会在生产、生活过程中，即时对幼儿进行相关经验和知识的讲授和示范，对族群中的传说、谚语、歌谣则是采用故事的方式传授。他们采用口耳相传的方式讲授和示范相关知识内容，这样不仅便于长者传达、教授，而且也有利于幼儿理解、掌握。

3. 奖励和训诫

在教育过程中，幼儿表现良好会受到奖励（称赞和奖品），这样能强化他们的良好行为；如果幼儿表现不佳，尊长会对他们进行训诫、警告，以防再次发生。

4. 集体活动教育

由于原始人类具有社会性，所以当时的长辈已经明白需要通过集体活动教育的形式培养幼儿的社会性，让他们在集体活动中初步了解集体赋予每个个体的使命，体验得到集体赞誉和认可的喜悦。

三、原始社会教育的特点

在原始社会中，人类的进化都是由生活环境的变化而展开的，这是身心发展条件、生产力发展水平所限制的，所以被动且漫长。但是进入氏族社会之后，人类的各方面发展明显加快，教育与社会发展密切相连，并对社会发展产生了重要影响。通过分析，我们可以得出此时期的教育特点主要有以下几方面。

（一）教育的平等性

由于原始社会时期人类生产力低下，所以他们必须群居，族群中的每个人都参与劳动而获得最起码的生存保障，共同生活、共同劳作、生产资料共有，这样的生产方式决定了与生产还没分离的教育活动的平等性。族群中没有阶级、剥削和压迫，将每个幼儿接受同等教育、培养成合格的家族成员是生存的保障手段。社会成员之间的差别仅仅表现为因性别和年龄造成的分工不同，但他们接受的教育是平等无阶级的。

（二）教育的社会性

原始社会的教育建立在生产资料公有制的基础上，族群内所积累下来的生活、生产经验和技能也属于特殊的生产资料，所以教育活动的开展需要“全民参与”。这体现在族群中的每位长辈都有责任参与幼儿的教育活动；另外，由于原始社会内部亲属关系尚未划分清晰，所以幼儿要接受所有长者的教育，属于真正的“公养公育”。

（三）教育的现实性

群居的原始人类生产力低下，为了生存，他们几乎要将日常生活的全部精力投入到生产中，所以，教育必然要立足现实，为生活、生产服务。其内容不仅有捕猎、采摘、驯养动物等，还有绘画、舞蹈这些用以记录日常生活、祭祀的必备技能。原始时期的教育内容都是在为现实服务。

（四）教育的非独立性

从原始社会的教育目的来看，教育是生存的手段之一，族群将积累下的生活和生产经验传授给下一代，服务于生产、生活，所以教育的内容也必然围绕着生产生活展开，教育的手段也仅限于简单的口耳相传。由此可见，原始社会的教育没有正规的形式、固定的时间和地点，以及专职的教师，“为生产、生活而教，教生产、生活”，是日常生活的一部分，尚未独立。这也说明了原始社会教育依附于生活、生产的非独立性。

四、原始社会的儿童观

原始人类的儿童观与现代尊重、爱护幼儿的观念有较大差异。一些学者认为，由于原始人类的认识具有局限性，惯用迷信解释问题，有缺陷的婴儿的出生会被看作不祥之兆，所以长者一般都会将其丢弃或者杀害；另一些学者分析称，因为原始社会资源匮乏，所以人类在不能计划生育的时期，会选择丢弃计划之外的和有天生缺陷的婴孩，这样不仅能为氏族保存生存资料，而且还可以更疼爱现有的婴孩；还有一些学者指出，进入父系氏族公社时期后，男性占氏族主要地位，掌握大部分生产资料，一些女性生产婴儿之后，为了哺育婴儿，很长一段时间内不能与男性交媾，这样会影响自己的婚姻关系，从而直接威胁自己的生存，于是这些女性会选择杀婴、弃婴。①根据以上观点，杀婴和弃婴虽然愚昧、野蛮，但这离不开具体的社会历史条件，所以，原始人类的儿童观是具有历史局限性的。

知识链接

《三个原始部落的性别与气质》之阿拉佩什人

由于地理环境、交通、生产方式等原因，世界上还存留了极少一部分原始部落，这为人类学、教育学、遗传学等众多学科提供了非常宝贵的研究资料，填补了前人研究的空白，充实了相关研究成果，不再妖魔化、愚昧化原始社会人群，更客观地看待人类的发展。

1935 年，美国人类学者玛格丽特·米德（Margaret Mead，1901—1978）对位于太平洋的阿德米雷尔提群岛进行考察后，写下《三个原始部落的性别与气质》一书，其中谈到新几内亚岛的阿拉佩什人（Arapesh）精心养育孩子的情况。书中写道：

"在孩子出生后的第一个月总是离不开大人的怀抱。母亲出门时用一个特制的网袋把孩子挂在胸前，或用一根深色的布吊带把孩子挂在乳房下……如果孩子暴躁易怒就用吊带，这样就能够及时给孩子喂奶。孩子的啼哭是要不惜任何代价去避免的灾难，这种态度一直延续到孩子们以后的生活。"

"人们适当地提醒孩子行为举止要注意年龄上的差异和顺序。因此，当孩子给祖父办事时，大人会吩咐他要比给父亲办事更卖力些。这会使孩子陶醉于另外一些温和、成功及满足感之中。"

"在阿拉佩什人教育中，大人重视鼓励孩子要尊重他人的财产，并培养他们对自己家庭财产的安全感，而不是占有欲。如果孩子侵害了他人的财产，就会受到严厉的谴责；但是对于家庭的财产，则完全不同。孩子哭的时候可以给他要的任何东西。如果父母有不愿意让孩子损坏的东西，他们就把这些东西拿走，孩子也从不奢望占有他们。当孩子再长大些时，阿拉佩什人就会告诉孩子一些东西将来是属于孩子自己的，不过父母现在还可以继续使用它们。"

"孩子长大一些时，他们的活动不再局限在父母的照料中，而是扩大了活动的范围。孩子可以跟随大人到各家各户来往走动；还可以到一些亲戚家住上一个星期。这些活动扩大了孩子活动范围和视野，使儿童感到世界上所有的地方都是安全的。这一时期，成人对孩子的监督并不严格，很少申斥或管束他们。但是一旦孩子间，特别是年龄差异较大的孩子间出现打架斗殴时，成人就会立即制止。"

由上可见，在原始社会的教育是无规制的、适应自然环境和生活的教育。因此，原始社会关于儿童特性的认识反映了当时人们对自然和生活环境的一种适应，其中一些与现代人是共同的，比如对自己认可的孩子的关爱，但有一些是有差异的。

——郭法奇：《外国学前教育史》，北京大学出版社 2015 年版。

① 杨汉麟：《外国幼儿教育史》，人民教育出版社 2011 版，第 19～20 页。

第二节　古代东方国家的幼儿教育

原始社会末期，氏族公社规模逐渐扩大，成为部落群体，人们在此过程中因为生产力和智力的不同贡献，而产生了身份的区别。成为领袖的人拥有了属于自己的家庭和统治权力，并占有一部分生产和生活资料，逐渐形成私有和阶级观念。根据史实考证，公元前3000多年的古代东方是世界上率先进入文明时代的地区，包括古埃及、苏美尔、古巴比伦、希伯来等国家或民族。这些国家或民族的建立，促进了家庭教育的发展和学校制度的建立，教育的发展也逐渐脱离最初的原始状态，由此进入一个全新的时代。

一、古代埃及的幼儿教育

古埃及发源于北非的尼罗河流域，约在公元前3500年进入奴隶制社会，它先后经历了早王朝、古王国、中王国和新王国时期等7个时期31个王朝，[①]公元前332年被马其顿王亚历山大灭国，后来又被罗马帝国占领。因为地处沿尼罗河流域，所以埃及温暖多雨、土壤肥沃，适宜农业和畜牧业的发展，物质条件的充裕促进了埃及数学、几何、航海、天文、医学等学科的繁荣发展。这些知识不仅是统治阶级贵族所需要的，而且也是平民百姓所要掌握的。文化与教育相辅相成，所以广泛的教育需求成为古代埃及教育发展的重要条件，同时教育也为文化的传播与维护提供了支撑。

（一）家庭教育

在学校产生之前，教育的责任主要由家庭承担。4岁以前的幼儿，由母亲教养，4岁以后，女孩继续跟随母亲学习家务或农活，男孩则要跟随父亲在生产生活过程中不断学习生产技能、宗教歌曲、初步的社交礼仪等知识。人们认为，幼儿只有在家庭教育中学得好，才能顺利进入职官学校接受正规基础训练，但是从事祭祀、医生、建筑师、军人等职业的家庭，一般是世袭制，所以幼儿要跟随父亲一直学习，即子承父业。

古埃及时期的家长对幼儿教育表现出一定的关注，母亲会为幼儿制作各种玩具和护身符，世界上最古老的玩具就是在埃及被发现的。但是父母对幼儿的读写教育比较欠缺，他们认为读和写只是以读写为职业的人才需要学习。由于古埃及王朝兴盛，统治者治理得力，所以人们对国家的归属感强烈，讲究社会责任感和家族荣誉。为此家长们非常注重培养幼儿良好的社会行为、宗教信仰和伦理道德等知识，以维持社会的稳定和繁荣。

---

① 古埃及文明形成于公元前3150年，共经历了早王朝、古王国、第一中间期、中王国、第二中间期、新王国、后期埃及时期7个时期31个王朝。其中古埃及在十八王朝时（前15世纪）达到鼎盛。

图 1-3　古埃及金字塔与狮身人面像

（二）宫廷学校

古王国时期，埃及专制王权强盛，物质文明水平极高，被誉为世界七大奇迹之一的古埃及金字塔就诞生于此时，因此古王国时期又被称作“金字塔时代”（见图 1-3）。法老是古埃及最高统治者，公元前 2500 年，法老为了巩固和维护其统治地位，便在宫廷中设立学校，专门教授王公贵族子弟。他派国中最顶尖的人文学者授课，据史料记载，法老很关心后代的教育，有时甚至会亲自给这些孩子教课，偶尔也会陪他们游戏玩耍。

宫廷学校将幼儿教育与初等教育合并为一体，所以接受幼儿教育和初等教育的年龄没有明确的界限。五岁起，皇室子弟就要到学校里学习文字、习俗、礼仪等课程，并被灌输宗教崇拜和忠诚国君的观念。老师们的教学多采用填鸭式的方式，如果幼儿表现不好，会遭到严格训诫，体罚对于学生来说是家常便饭。

由此可见，古埃及的教育阶级色彩浓重，孩子接受什么样的教育，基本取决于其出生的家庭，教学内容与生产、生活关联大，教学内容单一，教学方式死板，体罚盛行，女童的教育被忽略。

知识链接

古埃及金字塔的故事

古埃及文化中最引人注目的部分就是艺术，其中主要包括建筑艺术、雕刻艺术、绘画艺术等。古埃及建筑艺术特点是气势恢宏、形式朴拙、庄严肃穆，而金字塔集中反映了这些特点。

“金字塔”源于希腊语，意为“糕饼”，是古希腊人食用的一种尖顶状的食物。汉语翻译为“金字塔”是因为它的四面都是等腰三角形，颇似汉字的“金”字。19 世纪下半叶中国有人见之称为“埃及王陵”，或直译为“皮拉米”。1904 年康有为游历埃及后，在其《海程道经记》中明确称之为“金字塔”，一直延续至今。

据专家统计，现已勘查到的大小金字塔有 80 余座，但比较完整并可供研究的仅有 30 余座，都位于尼罗河西岸，北起开罗的东北角，向南延绵百余公里。因为古埃及人认为尼罗河东岸是太阳升起之地，象征生命之源，而西岸是太阳降落之地，是亡灵的世界，因此金字塔都建在了西岸。古埃及法老生前享受荣华富贵，死后也要延续这种生活，于是在生前就千方百计想将坟墓修造好。法老的想法随着生产力的发展、经济实力的增强在不断变化，逐渐由初期的建造简单的墓室发展为营造宏伟巨大的金字塔，希望能利用这样高的天梯上天。

古埃及国力最强盛时期被称为“金字塔时代”。最具代表性的金字塔也是在此时期建立，它们是以开罗西南部吉萨高地上的三大金字塔和一系列小金字塔组成的金字塔群，成为人类建筑艺术史上的奇观。三大金字塔中最大的是斯尼弗鲁之子胡夫的金字塔。它原高 146.59 米，现为 137.18 米，四方形塔基边长约 230 米。据统计，整座塔约用巨石 230 万块，平均每块重 2.5 吨，最大重 30 吨。塔面的巨石磨得很平，之间的缝隙很小，不拖灰，薄刀也插不进去。塔面不仅外观雄伟壮丽，内部结构也异常复杂精确，整座建筑设计科学合理。与胡夫金字塔相比邻的是其子卡夫拉的金字塔，它规模虽小于前者，也高达 143.5 米，闻名遐迩的狮身人面像就矗立在其附近，直至现今，这些大金字塔还留给人们许多难解之谜。

——孟昭毅，曾艳兵:《外国文化史》，北京大学出版社 2008 年版。

二、古代希伯来的幼儿教育

古代希伯来民族起源于美索不达米亚平原、幼发拉底河畔的吾珥，其最早的首领是亚伯拉罕，属于游牧民族。公元前 18 世纪末，他们向西越过幼发拉底河侵入迦南[①]。公元前 1600 年，因饥荒灾害，古希伯来人逃入埃及，成为法老的奴隶。约四百年后，在新首领摩西的带领下，历时 40 年回到了迦南，并在其间创立了犹太教（见图 1-4）。公元前 1010 年，大卫王建成统一的希伯来王国，公元前 935 年，希伯来王国分裂为北方的以色列和南方的犹太王国。以色列于公元前 722 年遭亚速人灭国，犹太国于公元前 586 年被新巴比伦吞灭，并且有数万名犹太上层人被俘虏成为“巴比伦囚虏”，直到公元前 538 年，才得以返回家园。此后几百年间，犹太人返回故乡，建立圣殿，历经马其顿和罗马等外族的侵略，顽强生存。公元前 70 年，重建的圣殿被拆毁，罗马人将他们遣散，希伯来人彻底失去了自己的家园，并开始了长达一千多年的流浪和灾难。希伯来人在长期的动荡中，依靠犹太教带给他们的精神力量支撑存活，所以他们将神学作为教育核心，以求实现民族统一和复兴。

图 1-4　摩西带领族人出埃及

① 迦南地，也叫迦南美地。原意为“低”，指沿海低地，是一个古代地区名称，大致相当于今日以色列、西岸和加沙，加上临近的黎巴嫩和叙利亚的临海部分。据圣经记载，这是一块“流着奶和蜜”的土地。

（一）育儿习俗

历史上，希伯来人有善于创新、坚韧不拔、信仰忠诚、凝聚力强的民族特点。他们将孩子，特别是男孩看作是上帝的恩赐，并认为男孩会为家族增加劳动力，扩大家族规模，守护祖业。

对待新生儿，他们认为用盐水给孩子擦身，能健其体魄，并依照宗教传统给出生八天的男婴施行割礼。希伯来幼儿的哺乳期较长，一般都会由生母哺乳至三岁左右[①]，结合现代医学可知，这样能提高孩子抵抗力，并给予幼儿充分的关爱。

希伯来人将《摩西十诫》[②]中的内容奉为箴言，其中明文规定妻子是丈夫的财产，必须受丈夫管束，子女必须听命于父亲才能长久生存。由此可见，希伯来奉行父权为主的家长制，父亲就是法官，对家中一切事物起决定作用，当然也包括孩子的教育。但是这样父权为主的思想在摩西的改革之后，逐渐增添了民主色彩，儿童在家庭的地位上升，注重亲情，教育的方法也改为引导式教育。例如，犹太教经典之一《塔木德》（Talmud）中定义子女并非父母私有物，而是未来的天国公民，他们具有独立的人格；家长应努力理解儿童，唤起他们的兴趣，赢得他们的积极同情，要为他们提供玩具，乃至与儿童共同游戏娱乐。[③]古希伯来的儿童观与同期的其他国家对比，有独到与进步之处。

知识链接

《塔木德》的历史

人生的大门往往是没有钥匙的，在命运的关键时刻，人最需要的不是墨守成规，而是一块砸碎障碍的石头。——《塔木德》

公元前 586 年，犹太王国被灭之后，大批犹太人沦为“巴比伦囚虏”。这样，巴比伦逐渐发展为犹太人最主要的文化和精神中心，集中了许多有影响的犹太贤哲和宗教研究人员，他们以维护犹太教传统及犹太精神价值为己任，潜心研究神学，著书立说，在公元 2 世纪至 6 世纪之间编纂了犹太教口传律法集，即《巴比伦塔木德》和《巴勒斯坦塔木德》，统称《塔木德》，形成了塔木德文化。由于《巴比伦塔木德》编纂于《巴勒斯坦塔木德》之后，更主要是犹太实际生活中的实践，所以其律法权威性远远超过《巴勒斯坦塔木德》。一般意义上的《塔木德》指的就是《巴比伦塔木德》。

《巴比伦塔木德》全书约 40 卷，分为 6 部：一为农事、二为节日、三为妇女、四为损害、五为神圣之事、六为洁净与不洁，共 250 万字，全部用希伯来文写成。这部巨著不仅是一部注释《圣经》律法部分的权威经典，而且是一部丰富多彩的文学作品。其内容除宗教训诫和道德说教外，还包括大量的神话故事、历史传说、民间习俗，乃至天文地理、医学算术及植物学知识。整部作品通俗易懂，睿智隽永，成为犹太人处世的指南，同时也对处于流散状态

---

① 朱维文：《希伯来文化》，浙江人民出版社 1988 年版，第 108～112 页。

②《摩西十诫》又称“十诫”，传说是神在西奈山的山顶亲自传达给摩西的，是神对以色列人的告诫，它作为《圣经》中的基本行为准则，流传了下来，影响深远，它是以色列人一切立法的基础，也是西方文明核心的道德观。

③ 杨汉麟：《外国幼儿教育史》，人民教育出版社 2011 年版，第 28 页。

的犹太人维护民族统一性、加强凝聚力起到了无比重大的作用。对没有自己的祖国并流离失所的犹太人来说，《圣经》和《塔木德》就是祖国。孩子们从父母那里接受关于戒律和生活习俗的教育，并在犹太教会中接受拉比（犹太教教士）的教导。这样，在成长的过程中，他们就会强烈地意识到自己是犹太人。

《塔木德》凝聚了上千年来 2000 余名犹太学者对自己民族历史、民族文化、民族智慧的发掘、思考和提炼，是整个犹太民族生活方式的航图，是滋养世代犹太人的精神支柱，是其他民族的人走进犹太文化、接触犹太智慧的一扇必经大门。《塔木德》早已成了犹太人真正的衣钵。到处流浪的犹太人随身携带着这本书，追求自己的梦想。

——塞妮亚：《塔木德：犹太人眼中的第二部〈圣经〉》，上海三联书店 2015 年版。

（二）教育内容

古希伯来的教育以神学为核心，培养后代宗教信仰是他们的目标。《圣经》中所记载的最著名的先知以赛亚（Isaiah）主张婴儿从断奶时就应开始接受教育；犹太哲学家斐诺（Philo，公元前 50 年—公元前 20 年）认为婴儿在襁褓中就应知道上帝是宇宙间唯一的神和创造者，所以幼儿教育主要围绕《圣经·旧约》①展开。

家庭教育是希伯来人早期主要的教育形式，男孩接受职业技能、音乐等训练，女孩学习家务和礼仪。希伯来人流放巴比伦期间，建立了犹太会堂，由于受到当地先进文化的影响，在公元前 538 年，他们返回故乡后，开始在犹太会堂内设立将幼儿教育与初等教育合为一体的学校，由专门的老师“拉比”负责教幼儿读写和理解一些简单的律法②知识。可见，希伯来的家庭教育和学校教育没有以知识传授为中心，而是注重幼儿宗教信仰和道德观念的树立。

（三）教育方法

希伯来人的教学方法较同时期其他国家来说更显灵活与先进。比如，他们鼓励幼儿在成人引导下观察现象、主动分析问题、提倡合作与竞争等。但是，其教育手段也不免留下时代印记，比如主张幼儿依靠记忆、背诵学习《圣经》内容，实施体罚等。总结其教育方法，主要可归为以下几点。

1. 记忆与背诵

由于希伯来教育围绕宗教思想展开，所以记忆和背诵主要体现在幼儿学习《圣经》章句上。幼儿进入学校学习，拉比（老师）会以口授方式摘取《摩西五经》③的若干词句，指导幼儿反复诵读，最终让幼儿能够清晰记忆与背诵。

2. 主张体罚

希伯来人认为幼儿的天性是愚昧、堕落的，所以要学习《圣经》修养心性。《圣经》中有许多关于主张体罚幼儿的词句，比如“不忍用杖打儿子的是恨恶他，疼爱儿子的随时管教”“杖打和责备能增加智慧，放纵的儿子使父母羞愧”等，这些词句直接导致希伯来人在对幼儿的

---

①《圣经·旧约》实际上是一部有关犹太人早期生活的百科全书，它完整地展示了犹太民族的发展史，生动、形象地再现了犹太人民广阔的生活画面，详尽地记载了他们在各个领域的杰出成就，深刻地反映了他们的道德观、价值观。

② 希伯来教育中所说的律法比现在意义上的法律在内容上要广泛得多，它同时还包括道德伦理、卫生、民法和宗教等内容。

③《摩西五经》既包括许多神话故事和历史故事，又是宗教法典。

教育问题上惯用体罚。

3. 其他

在学校中，拉比会在幼儿间举行竞赛，以提高他们的学习积极性；同时也主张互助学习，以增进他们对知识的理解和掌握，同时培养他们团结互助的意识。幼儿在接受道德教育时，拉比不仅要求他们深入了解律法知识，而且还要求他们言行一致，将学到的知识贯彻到一言一行中。这体现了希伯来人提倡理论联系实践的教育方式。同时，希伯来人关于天地万物的自然哲学观也影响了幼儿的教育，比如在他们看来，世间没有任何事物是一成不变的，所以提倡幼儿用多个角度去观察和分析问题，这样不仅能帮助他们形成辩证的思维方式，而且能培养他们灵活的应变能力。

古希伯来人重视早期教育，但是内容和方法都相对单一。而且他们以宗教意识为教育活动的核心是狭隘的。不过也许正是因为有了矢志不渝的宗教信仰，希伯来人才在众多苦难中团结起来，生存繁衍，最终使其文化与民族精神得以继承发扬。

三、古代印度的幼儿教育

古代印度并不是一个独立的国家，而是一个地理概念，它位于今南亚次大陆地区，印度河和恒河流经全境。公元前 2500 年左右，该地区达罗毗荼人创造出“印度河流域文明”，也称“哈拉帕文明”，这是以农业为基础发展起来的城市文明。公元前 1500 年左右，来自中亚的雅利安人（欧罗巴人种）侵入南亚次大陆，征服当地土著居民，并建立了原始形态国家，创立了更为持久的“吠陀文明”（公元前 1500 年—公元前 600 年），史学家以公元前 1000 年为界，分为前后吠陀时期。

从公元前 1000 年到公元前 600 年，古代印度逐渐形成了一种森严的阶级压迫制度——种姓制度，即将人由高到低分为四个阶级（种姓）：第一等是“婆罗门”，即僧侣；第二等是“刹帝利”，即武士；第三等是“吠舍”，即农民和从事工商业的平民；第四等是“首陀罗”，即奴隶及处于奴隶地位的穷人。婆罗门和刹帝利被定义为“高级种姓”。当时的教育事业完全掌握在婆罗门手里，并且只有高级种姓的人才有接受教育的权利。

知识链接

印度的文化根基——种姓制度和婆罗门教

种姓制度和婆罗门教是古代印度文化的重要组成部分，是了解古代印度文明的重要前提。没有种姓制度和婆罗门教，难以想象印度社会的演进过程。几千年来，种姓制度始终存在，尽管现今的印度政府已经颇为严肃地正式宣布废除种姓制度，但是种姓之间的差别并未消灭。长期以来，婆罗门教占据了印度社会的首要地位。尽管婆罗门教于公元 4 世纪逐渐衰落，但是她仍以顽强的生命力渗透进印度教中，使印度长期成为宗教性国家。种姓制度和婆罗门教是古代印度雅利安人的双胞胎，孕育了印度几千年来的精神文明。

种姓的梵语词汇是“瓦尔纳”，意即“颜色”“品质”。雅利安人肤色白皙，自诩为高等种姓，而被统治的达罗毗荼人肤色黝黑，被视为卑贱种姓。这种强调肤色的因素，深深扎根于印度北部的雅利安文化中。雅利安人刚刚进入印度时，并无种姓的意思。由于当时社会已进入阶级社会，其内部已分化出 3 个阶级，即执掌宗教事务的僧侣贵族、行使行政与军事权力的世俗贵族，以及从事各种生产活动的平民。当雅利安人与非雅利安人分离，雅利安人就将被征服、被统治的原地居民称为“达撒”或“达休”，这样种姓制度逐渐形成。主持宗教事务的祭祀被称为“婆罗门”；武士和世俗贵族被称为“刹帝利”；农工者被称为“吠舍”；被统治的当地人被称为“首陀罗”，他们只能从事卑贱的工作。处于首陀罗之下的还有被称为“不可接触者”的“贱民”。种姓为职业世袭、内部通婚、不与外人杂糅的社会等级群体。它从属父母、肉身传承，永世不得改变。每个种姓都有各自不同的社会职责和义务，包括传统的职业，特定的生活方式和习俗。

婆罗门教由公元前2000年左右生活在印度西北部雅利安人游牧部落信仰的吠陀教演化而来。吠陀教信仰多神，崇拜各种被神话的自然力以及部族的祖先和英雄等。凡日月星辰、雾雨雷电、草木山川以及各种动物几乎都被幻化为神，并根据这些神所处的位置，分为天、空、地三界。其教义主张善恶因果、来世说，来世是否幸福，取决于现世对婆罗门教的信仰程度，并提倡“清净”“寂静”“离欲”等。婆罗门教是古代印度由原始社会向奴隶社会过渡时期的一种精神产物，现实生活中种姓差别、劳逸不均等不平等现象，促使人追求一种虚幻的天国幸福，而厌弃尘世。这些思想特征，作为印度历史文化积淀的一个重要因素，不仅对后世的印度宗教产生过这样或那样的影响，而且其哲学内核在后世的各种哲学流派中也都能发现印痕。

——孟昭毅、曾艳兵：《外国文化史》，北京大学出版社 2008 年版。

（一）婆罗门教育

公元前 2000 年，印度产生了吠陀教，后来由它发展成为婆罗门教。在当时的印度，婆罗门是权力的拥有者，为了维护自己的统治地位，他们利用教育培养人们的宗教意识，并维持压迫的种姓制度。

婆罗门种姓的幼儿在 3～5 岁时行过“剃度礼”，便开始接受家庭教育，内容为婆罗门教经典《吠陀》。吠陀是雅利安人用梵文书写的记载印度公元前 2000 年前后历史的著作，文体多是赞美诗、祈祷文和咒语。因为婆罗门教认为吠陀是一种完全听闻上天启示的经验，而不是由任何凡人思想所完成的，所以为了避免对神灵的亵渎，幼儿在学习时，不允许抄写章句和提问，只能死记硬背。但是这样的方式对幼儿学习造成了极大的困难，所以，基本只有婆罗门种姓才会受到较完备的吠陀教育，如刹帝利的子弟不得不减少《吠陀》经典的学习数量，以抽出时间学习军事或与实际有关的知识。当时的印度也盛行家长制，父亲掌管孩子的一切，甚至有孩子的生杀大权，同时也会在孩子教育上承担重任，母亲则负责孩子的身体保健，并教授他们生活常识和行为规范。

公元前 8 世纪后，印度出现一种在婆罗门家庭中开办的“古儒学校”。年幼儿童需要通过老师“古儒”的测试后，才可迁入古儒家中学习，学习年限可达 12 年之久，学习内容依旧是《吠陀经》。这种古儒学校讲究师道尊严，也盛行体罚，并萌芽了对后世影响深远的一种教学组织形式——“导生制”，即古儒在教学时，常年利用年长儿童做助手，再由助手教授年幼儿童知识。

（二）佛教教育

公元前 6 世纪至公元前 5 世纪，古代印度国家普遍发展，列国分立，婆罗门教势力衰弱，森严的种姓制度也被打破，佛教应运而生。

佛教是古印度迦毗罗卫国的王子乔达摩·悉达多（约公元前566—公元前486年），即释迦牟尼所创。佛教认为人生皆苦，苦的根源在于人所有的欲望，只要人们戒欲，忍耐顺从，刻苦修行，方可达到极乐。佛教反对婆罗门种姓制度，讲求众生平等，因而赢得了被压迫民众的支持。

佛教的幼儿教育分为家庭教育和寺庙教育。一般情况下，幼儿在家庭接受教育，耳濡目染学习佛教教义，树立公德意识，培养良好的行为习惯。他们要早起、打坐，定期参加宗教仪式，吟诵简单经文，培养对佛祖的虔诚崇拜，塑造艰苦朴素、吃苦耐劳、积德行善的心性，为日后皈依佛门，领受“五戒”①，成为在家居士②做准备。

如果有父母执意让子女终身为僧为尼，可在幼儿八岁时将他们送入寺院或尼庵去专心修行，当然也有父母在幼儿五六岁时就提前将他们送入佛门的。进入寺院或尼庵后，幼儿的教育自然以佛教教义为核心，要天天背诵经文，冥想，还要笃行佛法外出化缘，训练道德品质和言行举止。

古代印度的幼儿教育具有浓厚的宗教神学色彩。婆罗门教育具有种姓压迫性质和浓重的宗教色彩，幼儿主要在家庭接受教育，以诵记《吠陀经》为主要内容。佛教教育则主张众生平等，更注重道德行为规范的养成。

本章小结

原始社会的幼儿教育具有“公养公育”的特点，教育没有阶级性，教育内容与生产、劳动密切相关，教育的形式单一。由于历史的局限，原始社会存在弃婴、杀婴等恶劣习俗。在原始社会末期，生产力发展迅速，氏族社会瓦解，私有制萌芽，婚姻制度也开始向一夫一妻制过渡。

人类进入阶级社会后，幼儿教育具有阶级性，教育的责任主要由家庭承担，教育开始逐步走出生产、生活的局限，普遍与宗教教义有关，家庭教育基本施行父权制。

思考与练习？

1. 古代社会中，对国王的称谓有很多，下列选项中，把国王尊称为“法老”的是（　　）
   A. 古希腊
   B. 古罗马
   C. 古印度
   D. 古埃及

---

① 五戒：戒杀生、戒偷盗、戒邪淫、戒妄语、戒饮酒。

② 在家修行的佛教徒。

答案:【D】

——2017 年上半年幼儿教师资格证考试《综合素质》选择题第 17 题

2. 试论原始社会幼儿教育的主要特点及其成因。
3. 简述古代东方国家幼儿教育的内容和方法。
4. 试论原始社会与奴隶社会幼儿教育的区别及成因。

【拓展阅读书目】

[1] [美]玛格丽特 · 米德. 三个原始部落的性别与气质[M]. 杭州:浙江人民出版社,1988.
[2] 赵声良. 文明的穿越:世界四大博物馆巡礼[M]. 北京:中国青年出版社,2014.

第二章　古代希腊、罗马的幼儿教育

教育不是灌输，而是点燃火焰。

——[古希腊]苏格拉底

内容提要

本章分两节介绍西方奴隶制下幼儿教育实践及理论的发展。第一节介绍古代希腊幼儿教育发展概况，包括雅典和斯巴达的教育，以及柏拉图、亚里士多德的教育思想。第二节介绍古代罗马幼儿教育发展概况，以及昆体良和普鲁塔克的教育思想。

学习目标

1. 掌握古代希腊城邦中雅典与斯巴达的幼儿教育概况。
2. 了解柏拉图、亚里士多德、昆体良及普鲁塔克的幼儿教育思想。
3. 对比古代东方国家教育与古代希腊、罗马的幼儿教育。

公元前 10 世纪，巴尔干半岛和亚平宁半岛地区分别诞生了古希腊和古罗马文明。它们的教育被看作是西方教育的开端，其文明之声也一直在世人耳畔回响。学习本章的内容，能帮助我们更好地掌握西方幼儿教育发展的内容、形式及思想渊源。

第一节　古代希腊的幼儿教育

古代希腊不是一个国家，而是一个地理概念。它位于欧洲西部，以希腊半岛为中心，包括爱琴海、爱奥尼亚海岛屿以及今土耳其西南沿岸地区及意大利南部和西西里岛东部沿岸地区。公元前 8 世纪，古希腊进入奴隶社会，出现了众多城邦国家，最具代表性的是斯巴达与雅典，它们由于地形和政治制度等因素的差异而产生了不同文化与教育模式。

一、斯巴达的幼儿教育

斯巴达是古希腊最大的奴隶制城邦国[①]，位于伯罗奔尼撒半岛，四周群山环绕，交通阻塞，

---

① 城邦是指一个独立、自主、单独的以城镇为中心，结合周围农区组成的国家，又译为“城市国家”。

面积八千多平方公里，以农业生产为主，人口总计 30 万左右。斯巴达是寡头政治[①]的政体，3 万斯巴达人剥削压迫共计 25 万的希洛人和平民。[②]因此，为维护其统治，斯巴达采取全体公民集体生活作战，时刻处于戒备状态；加之其封闭的地理环境，斯巴达人还反对物质享受、文化娱乐和商品贸易。

斯巴达教育完全掌握在统治阶级手中，他们重视军事训练，强调坚韧性格的塑造，而轻视文化教育。斯巴达人认为幼儿是国家的共同财产，所以对婚配和新生儿的挑选均由国家负责，以此保证“优生优育”。出生的婴儿若有生理缺陷或畸形，就会被抛弃到野外的弃婴场，而合格的、将来有可能成为强健战士的婴儿才能交由父母抚养。

斯巴达人的家庭中，父亲对幼儿没有教养责任，孩子由母亲负责抚养，母亲可谓是国家的保姆。在新生儿护理方面，母亲通常会将其放在酒中洗浴，她们相信这样能强健孩子体魄。为了让婴儿四肢伸展，增强适应能力，她们从不将婴儿置于襁褓中。并且，斯巴达人还致力培养幼儿不哭不闹、逆来顺受的行为习惯。幼儿稍大时，母亲就会设立各种身心方面的考验，以培养他们艰苦朴素的态度和坚强勇敢的个性。

男孩五六岁时，会被父母带到公共场所去观赏和聆听关于英雄事迹的演出和讲解，树立榜样，使他们受到熏陶。

男孩在 7 岁以后，会被送到国家设立的教育机关过军营生活。他们将接受严苛的军事训练及性格教育。在这里孩子们食不果腹，衣着单薄，枕着石板、裹着芦苇而眠，天刚破晓就要起床参加训练，做苦工。教育机关的目的是把他们培养成骁勇善战、坚韧不拔、机警且服从的人。

女孩虽说不用参加如此严苛的训练，但为了在必要时肩负起保卫城池、为国家生育健壮孩子的重任，她们也需在体育馆或家中接受专门的军体训练，如竞走、掷铁饼、投枪、格斗等。

斯巴达人的教育虽然严酷，但这和他们所处的地理环境与政治局势有关，为了国家存亡和民族兴盛，幼儿也要肩负己任，一切的活动都要服务于社会和国家。

二、雅典的幼儿教育

公元前 8 世纪，雅典已成为古希腊著名的城邦之一。它地处巴尔干半岛的南端，拥有优良的海港、丰富的物产及发达的农业和手工业。通商贸易让雅典人接收到大量来自东方的先进文化，从而促进了本国科学技术的进步。雅典实行民主制政体，最高权力机关是公民大会，全体公民（包括奴隶主和有公民权的平民）都有参加公民的权利（参与的权利），并可以投票决定一切重要事务。这一政体注定了对公民素质的多元要求，体现在雅典人希望培养身心和谐发展的公民。具体而言，教育应培育身体强、懂雄辩、通才艺、熟商道的复合型人才。

雅典人认为教育应该是在兼顾个性前提下培养公民性，只有个体身心和谐发展，才能履行好公民的职责。雅典人所说的“身”方面的教育不仅指个体要身体健康，能投入战斗，还应注意肢体线条匀称和动作的灵活性等；“心”方面的教育是“音乐教育”，将音乐、文学、

① 寡头政治即由少数人掌握政权的一种统治形式。

② 斯巴达居民分三类：第一种是斯巴达人，外来侵略者，奴隶主，在内部实行财产公有；第二种是希洛人，斯巴达人的奴隶；第三类是庇里阿西人，属于无政治地位的自由平民。

文化教育为一体，比现代人对音乐的定义更加广泛（见图 2-1）。

图 2-1　雅典学院（拉斐尔）

雅典的婴儿出生后，要接受父亲的严格检查，不合格的婴儿会被丢弃或者交由奴隶抚养，如果合格，其家族会举行一系列的仪式庆祝。[①]当然，由于重男轻女思想，所以他们认为男孩的出生更令人愉悦。幼儿从出生到 7 岁，无论男女，将在家中接受教育。孩子的教育父母不承担主要责任，主要是乳母、女奴负责。雅典富裕人家喜欢雇佣斯巴达妇女来哺育新生儿。待幼儿断奶后，则由上了年纪、具有生活智慧的女奴来担当幼儿的家庭教师。听摇篮曲、唱歌、听故事[②]、玩骰子、玩玩具[③]，有时也会养宠物[④]，以及道德行为规范，都是幼儿在家庭教育中学习的内容。7 岁以后，女童会继续在家过着幽居生活；男孩则要（先后或同时）到专门的学校去学习诸如文法、弦琴、体操等知识与技能，以追求身心和谐发展。

三、柏拉图的幼儿教育思想

（一）生平及教育活动

柏拉图（Plato，公元前 427 年—公元前 347 年）是古希腊著名的哲学家（见图 2-2）。他

① 婴儿出生后，会根据孩子性别，在门外挂上相应的物品（男孩挂橄榄枝、女孩挂羊毛）；出生 5 天时，由奶奶或祖母主持仪式，以表对神灵的谢意，并设宴庆祝；出生 7 天时，为婴儿取名并设宴；婴儿满 40 天，孩子的名字将会载入族谱。

② 雅典幼儿一般会听寓言、神话、童话故事，《伊索寓言》因其有趣生动、贴近生活，能启发人思考，而长期受到幼儿追捧。

③ 雅典人十分重视玩具对幼儿教育的作用，他们的玩具种类繁多，有娃娃、皮球、小马、小狼、铁环、陀螺、玩具车、拨浪鼓等。

④ 雅典幼儿喜欢喂养宠物，包括小鸟、小狗、小羊、乌龟、老鼠等。

出生于一个没落的贵族家庭，母亲是梭伦[①]的后代。早年曾学习文学、音乐和绘画，写过诗歌和悲剧，20 岁左右开始跟随苏格拉底[②]进行哲学研究。公元前 399 年，苏格拉底被处死，柏拉图也离开雅典，四处游历，并在此期间考察各地的政治、宗教、法律等制度，他也研究天文、数学、音乐等理论以及各种哲学流派的学说。公元前 387 年，柏拉图自西西里返回雅典，创办阿加德米学园[③]（柏拉图学园），收徒讲学，并培养了包括亚里士多德在内的一大批学生。他在学园讲学 40 年，直至逝世。其代表作主要有《理想国》《政治家篇》《法律篇》，他在书中构建了一个从优生、优育到成人教育的系统教育体系，幼儿教育是其中的重要组成部分。

图 2-2　柏拉图雕像

（二）幼儿教育思想

1. 优生优育思想

柏拉图是最早提出优生优育的思想家，在其著作《法律篇》中指出父母在孕育生命时应该保持清醒的态度，“孩子不应该在父母的身体处在酒醉后逐渐醒来时被怀胎。受胎、结胎、胎儿都要结实。胎儿的发育要有序而不受干扰。醉鬼生不出身心健全的孩子。”[④]这一观点与现代医学所提倡的备孕观念一致。

在《理想国》中，他提出为了优生优育，应该破除现有的家庭形式，实行共妻共子制度，由国家掌握婚配，这显然是受到斯巴达类似政策的影响。

2. 早期教育目的及意义

柏拉图非常重视早期教育，在《理想国》中写道：“凡事开头最重要。特别是生物，在幼小柔嫩的阶段，最容易接受陶冶，你要把它塑造成什么样，就能塑成什么样。先入为主，早年接受的见解总是根深蒂固不容易更改的。一个人从小所受的教育把他往哪里引导，却能决定他后来往哪里走。”[⑤]由此表明，柏拉图认为人所受的早期教育会决定其今后的发展。

3. 学前教育的划分及内容

“所有的孩子，从 3 岁到 6 岁，都得集合在村长的神庙里——每个村庄的孩子都聚集在同

---

① [古希腊]梭伦（Solon，公元前 638 年—公元前 559 年），生于雅典，古希腊时期雅典城邦著名的改革家、政治家。出身于没落的贵族，他年轻时一面经商，一面游历，到过许多地方，漫游名胜古迹，考察社会风情。梭伦是古代雅典的政治家、立法者、诗人，是古希腊七贤之一。

② [古希腊]苏格拉底（Socrates，公元前 469 年—公元前 399 年），古希腊著名的思想家、哲学家、教育家、公民陪审员。其和他的学生柏拉图，以及柏拉图的学生亚里士多德并称为“古希腊三贤”，被后人认为是西方哲学的奠基者。

③ 阿加德米（Academus）是以希腊英雄阿加德米命名的一个运动场，柏拉图的学园就开设在这个运动场附近。后来因为柏拉图对人类文明的卓越贡献，西方以“Academy”指代高等学术机构。

④ [古希腊]柏拉图：《法律篇》（卷六），张智仁等译，上海人民出版社 2001 年版，第 190 页。

⑤ [古希腊]柏拉图：《理想国》，郭斌和等译，商务印书馆 1986 年版，第 71 页。

一个地方。由保姆看管，保持良好的秩序，不得干坏事。保姆同她们的孩子群作为一个完整的整体，都受为实施监督而选出来的 12 个妇女的监督。”①他将幼儿教育分为两段，第一阶段：0～3 岁；第二阶段：3～6 岁。

在内容方面，柏拉图赞同雅典的“身心和谐教育”，认为幼儿不仅应该注意体魄的锻炼塑形，而且还应该学习“音乐教育”（概念与雅典的“音乐教育”一致）。并且，柏拉图还提出男女童应该学习不同内容的观点，“当男孩和女孩到了 6 岁时，男女就应该分开；男孩同男孩一起过日子，女孩同女孩一起过日子。每个人都得去上课。男孩到骑术、射箭、掷标枪和投石器的那里去。女孩如果愿意，也可以去。”②这一说法不仅对男女童教育内容做了新的设想和规划，也表明女童有平等接受教育权的观点。他还提出要选择那些由母亲或保姆审核过的，有利于塑造幼儿高尚品德的故事以及勇敢、坚强的英雄故事，这样能为孩子树立榜样。

4. 强调游戏的重要性

“如果把新的东西引进儿童的游戏中，他们就会不可避免地变成同上一代完全不同的人”③“我们的孩子必须参加符合法律精神的正当游戏。因为，如果游戏是不符合法律的游戏，孩子们也会成为违反法律的孩子，他们就不可能成为品行端正的守法公民了。”④由此可见，柏拉图认为游戏是符合幼儿兴趣和身心发展规律的活动，甚至提出要为游戏立法，以法律形式规定游戏规则的设想。但由于他秉持“理念论”⑤哲学思想，所以主张幼儿应该玩同样的游戏和玩具，这一点是不符合幼儿身心发展规律的。

5. 利用法律管教幼儿

“法律是整个社会框架的黏合剂，把一切成文的和制定了的法律同还没有通过的法律联系起来。法律、习惯、政制，都是国家黏合在一起所需要的，并且每种规范都永远是相互依存的。……如果这些制度受到小心谨慎和有条不紊的遵守，到了 3 岁的时候，一个男孩或女孩的早期训练就会得到这一制度的巨大帮助。”柏拉图认为，如果社会上每个人都遵守法律秩序，营造遵纪守法的氛围，那么法律能够在幼儿早期教育中发挥重要作用，接受法律的管束对幼儿身心和谐发展有促进作用。

虽然柏拉图在关于优生优育和幼儿游戏的观点上存在前后矛盾现象，但他的幼儿教育思想在教育史上是具有开拓性的。比如，阐述了早期教育对个人成长及国家命运的影响；倡导优生优育及胎教的观念；建立了较完整的早期教育体系；认为幼儿教育目标应该是培养身心和谐的自由人；关注早期教育内容的筛选；明晰了游戏在幼儿教育中的重大意义。这些思想深深地影响着后人。

---

① [古希腊]柏拉图：《法律篇》（卷七），张智仁等译，上海人民出版社 2001 年版，第 211 页。

② [古希腊]柏拉图：《法律篇》（卷七），张智仁等译，上海人民出版社 2001 年版，第 211 页。

③ [古希腊]柏拉图：《法律篇》（卷七），张智仁等译，上海人民出版社 2001 年版，第 215 页。

④ [古希腊]柏拉图：《理想国》，郭斌和等译，商务印书馆 1986 年版，第 140 页。

⑤ 柏拉图把世界分成现实世界和理念世界，认为现实世界中的一切个别的可感觉的事物都不具有真理性，只有理念才具有真理性；现实世界只不过是理念世界的反映，但可能是虚幻的、歪曲的、暗淡的、不完全的反映，要把握真理，就必须超越现实世界，走向理念世界。柏氏的所谓理念其实就是共相、概念和普遍的真理。

四、亚里士多德的幼儿教育思想

（一）生平及教育活动

亚里士多德（Aristotle，公元前 384 年—公元前 322 年），古希腊哲学家、思想家和教育家（见图 2-3）。公元前 367 年，他师从柏拉图，辩证地吸收其思想，并在阿加德米学园学习和从事教学工作 20 年。他追求真理的态度成为古希腊以来西方文化的传统。公元前 342 年，亚里士多德担任马其顿王子亚历山大的家庭教师。公元前 335 年，他在雅典创办"吕克昂学园"，收徒讲学，一生著述丰富，涉及哲学、政治学、物理学、伦理学、逻辑学、植物学、文学等各个领域，被后世奉为百科全书式思想家。他关于教育的思想和观点，主要反映在《政治学》和《伦理学》等著作中。

图 2-3　亚里士多德雕像

（二）教育的基本原理

1. 从灵魂学说出发的教育顺序和目的

亚里士多德指出："人生的经历，有如一切生物的创生顺序，其诞生必先有所因，始于父母的婚配而后有胎婴这个后果，但这一后果既诞世为人，则以此作为起因，又当各有其果（目的）：操修理想而运用思想正是人生至高的目的。……就创生的程序而言，躯体先于灵魂，灵魂的非理性部分先于理性部分。情欲的一切征象，例如愤怒、爱恶和欲望，人们从开始其生命的历程，便显见于孩提；而辩解和思想的机能则按照常例，必须等待其长成，岁月既增，然后日渐发展。于是，我们的结论就应该是：首先要注意儿童的身体，依次而留心他们的情欲境界，然后才及于他们的灵魂。可是，恰如对于身体的维护，必须以有造于灵魂为目的，训导他们的情欲，也必须以有益于思想为目的。"[①]亚里士多德承袭了老师柏拉图的灵魂学说，并做了更深入的阐释。他提出：人的灵魂由三部分组成：第一部分是植物的灵魂，即身体的生理部分；第二部分是动物性部分，代表人的本能、欲望和情感；第三部分是理性部分，是真正的人性部分。顺应灵魂的三个部分，亚里士多德主张应该进行三种教育，即体育、德育和智育。三者之间的实施要遵循一定的顺序规律：体育应该服从德育，德育应该服从智育，低级的部分应该服从高级的部分。教育的最高目的应该是发展灵魂的高级理性部分和意志部分，最终使人身心和谐发展。

2. 原始的"内发论"与"外铄论"

亚里士多德的思想具有辩证法因素，这与他"中庸"的社会政治观点相呼应，亦表现在他关于感觉与认识的关系讨论上。他摇摆于唯物主义与唯心主义之间，即认为人心犹如一块"白板"，知识来源于对事物的感觉及后天经验；又主张真理只能通过理性活动而获得。他认为每一类事物都蕴藏着发展的可能，教育的目的就是将人与生俱来所被赋予的潜力变为现实。他的这些思想为后人的"内发论"和"外铄论"思想提供了理论支撑，尤其给儿童发展心理

① [古希腊]亚里士多德：《政治学》（卷七），吴寿彭译，商务印书馆 2009 年版，第 401 页。

学领域的研究提供了启示。

3. 教育的作用与年龄分期

亚里士多德主张教育应顺应自然，遵循幼儿的身心发展规律，他指出："教育的目的及其作用又如一般的艺术，原来就在效法自然，并对自然的任何缺漏加以殷勤的补缀而已。"[①]并且他通过观察，将儿童身体成长阶段划分为三个时期：0～7岁为第一时期（乳齿更换），其中又可分为前期0～5岁，后期5～7岁；7～14岁为第二个时期（情欲初始）；14～21岁为第三个时期（机体成熟），并发现儿童在成长阶段有不同的心理状态，提倡教师应努力根据这种身心发展规律来安排教学。此观点与他认为教育不是生硬地塑造幼儿，而应尊重幼儿身心发展规律的观念互为例证。

（三）有关幼儿教育的论述

1. 优生优育

亚里士多德提出婚配是优生优育的第一步，并且提出人们应该在适宜的年龄孕育生命，不宜过早也不宜过晚；他主张计划生育，"各家繁殖的子嗣应该有一定的限数，倘使新娠的胎婴已经超过这个限数，正当的解决方法应该在胚胎尚无感觉和生命之前，施行人工流产。"[②]同时，他发现孕妇的身心状态对胎儿的影响很大，由此提出关于孕妇养护的观点，"孕妇要注意自己的身体；进行经常的操练，提取富于滋养的饮食。立法家可以规定孕妇们每日须到专司育儿的女神坛庙进香一次，促使她们养成经常运动的习惯。但思想不同于身体，孕妇应避免劳神苦思，保持安静的情绪；因为胎婴在妊娠期间恰好像植物对于土壤那样，显然要从母体吸收其生长所需要的物质"[③]。其中大部分观点也是现代医学所提倡的。针对古代多国弃婴杀婴的习俗，他提出"新生的婴儿应该都一样哺养，抑或有些可以抛弃？这当然可以订立法规，凡属畸形与残废的婴儿停止哺养。"[④]也就是除了畸形或残疾的婴儿外，禁止弃婴，这一思想虽然有局限性，但在当时已是人权上很大的进步。

2. 保育问题

亚里士多德在幼儿保育方面提出了许多建议，他提倡为了保障身心成长，幼儿应该多摄取乳类营养，不应饮酒，循序渐进地培养耐寒的体魄。"无论从动物界方面来看或鉴于那些力求其子嗣体魄强壮而健斗的野蛮民族所实行的实例，都是明确的，乳类最适宜于儿童身体的发育。如欲免于疾病，应戒儿童饮酒以愈少为愈好。及时诱导孩儿作适宜于他们肢体的各种活动是有益的。"[⑤]"让婴孩尽早训练成耐冷的习惯也是有益的；这种习性既可促进健康，也可作为长大后征入军役的先期训练。……凡在儿童身上可能培养的习惯，都应该及早开始，然后渐渐加强这些训练。儿童的体质富于内热，自然适于耐寒训练。"[⑥]。

3. 教育内容及形式

亚里士多德认为对幼儿在 0～5 岁时期的教育应该以游戏为主，"从婴儿期末到五岁儿童

---

① [古希腊]亚里士多德：《政治学》（卷七），吴寿彭译，商务印书馆2009年版，第405页。
② [古希腊]亚里士多德：《政治学》（卷七），吴寿彭译，商务印书馆2009年版，第406页。
③ [古希腊]亚里士多德：《政治学》（卷七），吴寿彭译，商务印书馆2009年版，第405页。
④ [古希腊]亚里士多德：《政治学》（卷七），吴寿彭译，商务印书馆2009年版，第406页。
⑤ [古希腊]亚里士多德：《政治学》（卷七），吴寿彭译，商务印书馆2009年版，第407～408页。
⑥ [古希腊]亚里士多德：《政治学》（卷七），吴寿彭译，商务印书馆2009年版，第407～408页。

期内，为避免对他们身心的发育有所妨碍，不可教他们任何功课，或从事任何强迫的劳作。但在这个阶段，应使进行某些活动，使他们的肢体不致呆滞或跛弱；这些活动应该安排成游戏或其他的娱乐方式。”[①]。幼儿可以进行适当锻炼，但不应该进行功课学习和劳作活动，这样会加重他们的负担，并有碍身心发展。

当幼儿进入 5～7 岁年龄段，应该对他们所接触的事物加以重视，“务使他们隔离于任何下流的事物，凡能引致邪恶和恶毒性情的各种表演都应慎防，勿令耳濡目染”[②]，还要对他们的日常生活进行监导，“教育监导应注意儿童日常生活的管理，尤应注意不要让儿童在奴隶们之间消遣他们的光阴。凡儿童在七足岁以下这个时候，训导都在家庭中施行；这个时候容易熏染，任何卑鄙的见闻都可能养成不良的恶习。所以，立法家的首要责任应当在全邦杜绝一切秽亵的语言。人如果轻率地口出任何恶言，他就离恶行不远了。对于儿童，应该特别谨慎，不使听到更不使口出任何恶言。……人在幼时，务使他隔离于任何下流的事物，凡能引致邪恶和恶毒性情的各种表演都应加以慎防，勿令耳濡目染。已经安全地渡过了开始的五年，儿童就可以在往后的两年，即到七周岁为止，旁观他人正在从事而他们将来也应从事的各种功课和工作。”[③]所以为他们创造良好的家庭氛围是各种优秀习惯与行为形成的重要保障。另外，要初步培养他们的辩证能力，因值得快乐的事而快乐，因正当的痛苦而痛苦，学会节制、勇敢。

与古代东方相比，古希腊由于受到民主政体的影响，思想自由，产生了许多异于同时期其他国家的思想，例如在孕妇养护、优生优育、胎教等方面的思想具有创见性；他们提出应尽早对幼儿进行教育，对游戏在幼儿教育中所起的作用也进行了深入分析。特别是亚里士多德认为教育应该遵循幼儿身心发展规律的“顺应自然”思想，为后世的相关研究提供了指引作用。

知识链接

民主光环下的希腊宗教与神话

古希腊宗教并不是一种严格意义上的宗教，它的“宗教性”比较薄弱，在宗教领域的影响也不大。希腊宗教起源很早，是在原始宗教的基础上吸收克里特·迈锡尼宗教和埃及宗教等在荷马时代逐步发展形成的，没有固定的经典和教义。但古希腊宗教也有其独特性，它对西方文化和文明形成和发展有一定的影响。

多神教是希腊宗教的重要特点。古希腊各城邦、家族，甚至个人都有自己的保护神。希腊原始宗教是自然崇拜与祖先崇拜、英雄崇拜的混合物，崇拜宇宙万物和自然神灵。

希腊宗教的信仰与希腊神话关系密切，宗教和神话常常无法分辨。希腊宗教大体上是一种万物有灵的多神教。古希腊宗教没有统一的体系，不同的人在不同的时代信仰不同的神祇，对神祇也有不同的解释。大体上说，古希腊的奥林匹斯山有十二主神，他们分别是：

---

① [古希腊]亚里士多德:《政治学》(卷七)，吴寿彭译，商务印书馆 2009 年版，第 408～409 页。

② [古希腊]亚里士多德:《政治学》(卷七)，吴寿彭译，商务印书馆 2009 年版，第 402～405 页。

③ [古希腊]亚里士多德:《政治学》(卷七)，吴寿彭译，商务印书馆 2009 年版，第 409～411 页。

1. 宙斯：众神之神，雷电之神（在古代人看来，雷电大概最有威力，对人类的威胁最大，也最为直接）

2. 赫拉：天后

3. 波塞冬：海神

4. 雅典娜：智慧女神

5. 阿波罗：太阳神

6. 阿尔忒弥斯：月神

7. 阿芙洛狄忒：爱神、美神

8. 阿瑞斯：战神

9. 赫尔墨斯：神使

10. 德米忒尔：农神

11. 赫准斯特斯：火神、匠神

12. 哈特斯：冥王

此外，重要的神还有冥后帕尔塞涅福、酒神狄俄尼索斯、小爱神爱洛斯等。在众神中，宙斯的权力也不是至高无上的。

古希腊宗教的另一个重要特点是神与人同形同性。早期希腊宗教中的神是人化的神或神化的人。希腊的神具有人的形象和感情，多数神像社会上的贵族。他们和人一样具有七情六欲。希腊的神并不是圣者，他们在道德上也有瑕疵。我国美学家宗白华说："当时人尚系在山泽原野中与天地的大气流衍及自然界的奇禽异兽的活泼生命相接触，且对之有神魔的感觉。他们从身心里感觉万物有神魔的生命与力量。所以他们调绘的生物也琦玮诡异，呈现异样的生气魔力。希腊人住在文明整洁的城市中，地中海日光朗丽，一切物象轮廓清楚。思想亦游泳于清明的逻辑与几何学中。神秘琦诡的幻感渐失，神们也失去深沉的神秘性，只是一种在高明愉快境遇里的人生。"……神失去了神圣性，而人身上原本就有神性。

世俗性是希腊宗教的又一特点。在古希腊，不存在真正意义上的宗教崇拜，也没有用来指导人们行为准则的宗教经典。早期希腊宗教的主要活动是献祭，人们向神供奉，祈求神赐福于人，而不是为了赎罪。人们并不担心神的惩罚，他们把冥府看作是逝者的安息之地。他们也没有明显的天堂地狱、因果报应的观念。希腊宗教没有独立的宗教组织，没有控制社会和人们日常生活的祭司阶层。希腊祭司大多由俗人担任。

——孟昭毅、曾艳兵：《外国文化史》，北京大学出版社 2008 年版。

第二节　古代罗马的幼儿教育

古罗马是指在公元前 9 世纪初从亚平宁半岛（今意大利）中部的罗马城兴起的一个城邦。其历史共分三个阶段：第一，王政时期：公元前 753 年至公元前 509 年；第二，罗马共和时期：公元前 509 年至公元前 27 年；第三，罗马帝国时期：公元前 27 年至公元 476 年。

从公元前 6 世纪开始，罗马开始通过战争来扩大自己的疆土，公元前 3 世纪起开始吞噬意大利南部的希腊城邦，并通过多次战争，于公元前 1 世纪吞灭了马其顿王国，从而征服了希腊全境，所以古罗马深受古希腊文化的影响。虽然如此，其文化还是表现出许多独特的风貌，教育亦是如此（见图 2-4）。

图 2-4　古罗马广场遗迹

一、古罗马的幼儿教育概况

（一）罗马共和时期的幼儿教育

由于共和时期的罗马是农业国家，所以教育的目的旨在培养农夫及将军。虽然幼儿主要在家庭接受教育，并且父权主导家庭一切事物，包括孩子的生杀大权，但当时古罗马提倡父母亲自教养幼儿，祖父母等亲戚也可照看幼儿，甚至还会在家族中选出一位品德端正者主管儿童教育。待到幼儿年满 7 岁，男孩会跟随父亲外出，在工作或参加社会活动中接受熏陶，有些儿童会到学校学习文化知识；女孩则会继续在家向母亲学习家务和手工活，一般年满 14 岁就会成婚生子。共和时期的教育主要通过父亲的格言及歌谣的方式教授幼儿以德行、礼貌及宗教相关的知识。《道德格言》①是民间流传甚广的作品。同时，男孩还要认真学习《十二铜表法》②，以培养他们成为敬畏神明、孝敬父母、忠于国家、遵纪守法的人。在共和后期，由于受到古希腊先进文化的影响，罗马人还提倡幼儿学习希腊语的基本知识，为今后进一步学习打基础。

（二）帝国时期的幼儿教育

罗马帝国时期，国力强盛，版图横跨欧、亚、非三大洲。财富与物质的充沛并没有促进罗马文化和教育的发展进步，父母们贪图享乐而将幼儿交给侍女或奴隶照看。幼儿生活在一种极为不良的氛围中，受到恶劣的影响。同时，统治者为了巩固其地位，将教育置于国家的监管之下，在地方开设初等学校，在宫廷中开设宫廷学校，后期还将宗教神学加入教育中，

---

①《道德格言》系罗马的一位名叫加图的监督官为了教育其儿子所编写的格言集，因其内容言简意赅、易于诵记而广泛流传，甚至对中世纪乃至近代的儿童教育都产生过很大的影响。

②《十二铜表法》也叫“十二表法”，是古罗马国家立法的纪念碑，也是最早的罗马法文献。因将有关法律镌刻在 12 块铜牌上并在闹市中展示而得名，其内容分别为传唤、审判、求偿、家父权、继承及监护、所有权及占有、房屋及土地、私犯、公法、宗教法、前五表之补充、后五表之补充等十二篇。

使教育沦为其意志工具，控制着国家的下一代，贵族子弟变得更加浮夸奢靡；平民后代被压制，变得唯唯诺诺。

二、昆体良论幼儿教育

昆体良（Marcus Fabius Quintilianus，约公元 35 年—公元 100 年），古罗马帝国时期著名教育家（见图 2-5）。少年时期随父亲到罗马求学，接受雄辩术教育，公元 70 年被任命为一所国立拉丁语修辞学校的主持人，从事教育 20 年之久，退休后将自己教学雄辩术的经验与心得著成《雄辩术原理》一书。此书集合了古希腊、罗马的教育精髓，被誉为西方第一部系统的教育学论著。

（一）论早期教育及误区

古罗马时期，人们认为儿童是愚钝的代表，在孩子 7 岁之前，不应该对其进行教育，但昆体良却认为孩子一般都生而具有智力活动与理解能力，愚钝与低能属于一种反常现象，是稀有的。昆体良认为，幼儿在 7 岁之前记忆能力很强，完全可以学习一些只靠记忆就能掌握的初级知识。所以，他非常重视幼儿教育，认为人的教育应该开始于出生的那一刻，即使孩子天赋异禀，也不能不加以教育。

图 2-5　昆体良雕像

同时，他也提醒家长和老师要避免误区。他认为早期教育对幼儿来说不应是苦差事，要避免课业负担太重而让幼儿厌恶学习的情况出现，所以他提倡幼儿教育应关注孩子身心特点，劳逸结合，并且教育的内容和方法都应符合幼儿意愿和兴趣。他进一步指出游戏对幼儿发展的作用：幼儿喜好游戏“是天性活泼的标志，那种总是迟钝麻木、没精打采的，甚至对那个年龄所应有的激动也默然无动于衷的学生，我是不指望他能热心学习的”[①]。所以他提倡将发展智力和培养德行的目标寓于游戏中，这样幼儿能在游戏中既学到知识又收获快乐。

（二）对家长、教师及保姆的要求

昆体良认为家庭氛围对一个人的成长至关重要，所以他对父母、教师和保姆分别提出要求。父亲应承担起教育孩子的主要责任，如果父亲从孩子一出生起就抱以希望，赋予关怀，那么孩子应该会表现得大有前途；家庭中挑选保姆要重视其身体素质、品德与言行，最好是受过教育之人，因为保姆的品德、学识和举止会直接印刻在长期与之接触的幼儿身上；家庭选择教师一定要注重德才兼备，并且在管教学生时，能严慈相济，最好能激发孩子的学习兴趣。

（三）因材施教

昆体良重视教育的作用，但是也看到个体之间的天赋差异。他认为优秀的教师应“善于

① 任钟印：《昆体良教育论著选》，人民教育出版社 2001 年版，第 26 页。

精细地观察学生能力的差异，弄清每个学生的天性的特殊倾向”[1]，然后，要把握不同学生的特点，设计相应的教学方法，并根据其实际情况进行调整，使每个人在他最有才能的方面得到进步，扬长避短。

（四）反对体罚

古代各民族的教育方式大都简单粗暴，体罚甚至鞭打是孩子们避免不了的遭遇。昆体良认为，体罚是只适用于奴隶的手段，实质上是一种凌辱；有时候体罚也不能纠正孩子的错误行为，那么体罚就会使孩子习以为常；如果对孩子进行正面劝阻加监督，那么体罚就没有作用；如果对孩子惯用体罚，随着孩子进入青春期，体罚便也失去了作用，这样会使孩子变得更难以教养。他提倡：对幼儿的教养，首先应为他们设立最完善的准则，再次是施以监管。比如关于幼儿的语言学习，昆体良是教育史上首次提出双语教育问题的人，在幼儿双语（希腊语和拉丁语）学习中，他认为罗马文明是希腊文明的继承者，所以应该先学习希腊语，即为学习者立定应该先学希腊语再学拉丁语的准则。

三、普鲁塔克论幼儿教育

普鲁塔克（Plutarch，，约公元 46 年—公元 120 年）是罗马帝国时代的著名传记作家、散文家、哲学家、历史学家，其代表作有《比较列传》，又称《希腊罗马名人传》（见图 2-6）。他出生于希腊，知识渊博，游历各地，其教育思想集中体现在他的散文《论儿童教育》中。

（一）天性与教育

普鲁塔克认为，我们要注意在教育过程中培养幼儿的德行。他认为，天性、教导与练习之间协调配合，才能培养德行：“天性如果不通过教导加以完善，就是不实之华；教导如果无天性之助，就是残缺不全；练习如果没有这两者的帮助，就不能完全达到目的”[2]。他进一步表明关于成功归因的观点：许多实例都告诉我们，努力、勤奋、意志力往往有化腐朽为神奇的效果，即使努力与天性相反，前者产生的作用也必定远大于后者。[3]

图 2-6　普鲁塔克雕像

（二）对父母与教师的要求

普鲁塔克认为父亲是孩子最好的榜样，其应提高自身修养，避免邪恶的习惯。并且，他认为母亲应尽可能亲自哺育幼儿，一方面，幼儿可塑性强，与母亲接触能满足他们对爱和关怀的需要；另一方面，母亲对孩子的态度会影响幼儿，帮助其德行的形成。他认为优秀的教师应该是品德高尚

---

① 任钟印：《昆体良教育论著选》，人民教育出版社 2001 年版，第 87 页。

② 杨汉麟：《外国幼儿教育史》，人民教育出版社 2011 年版，第 69 页。

③ 杨汉麟：《外国幼儿教育史》，人民教育出版社 2011 年版，第 69 页。

又富才华之人，这样才能为幼儿营造一个良好的成长氛围。

（三）教育内容

除了当时社会基本的教育内容之外，普鲁塔克还提倡幼儿教育应涵盖其他内容。第一，哲学。他认为身体的健康可以通过医学和体操锻炼获得，但是精神的健康就必须依靠“哲学”[①]训练，所以，他表明想要教育幼儿成为完美之人，不能脱离哲学指导；第二，记忆力训练。他在肯定了记忆力对个体学习的重要性的基础上，强调记忆力训练是每个幼儿都应该参与的，无论是以改善还是提高为目的。

（四）教育方法

在教育方法上，普鲁塔克反对带有侮辱性的体罚，而提倡采用鼓励和申诉的方式进行教育。认为“对于自由民儿童，称许和申诉比任何这种不体面的处理方法都更有效。称许足以扬善，申诉足以救失。我们应该视具体情况交替运用各种称许和申诉。”[②]他指出对幼儿表扬不宜浅显、虚伪、夸张，否则幼儿要么无法体验真正被认可的快乐，要么变得骄傲自满，不思进取。

知识链接

罗马最珍贵的财富

罗马留给我们最宝贵的财富集中于两个方面，即行政管理经验和法律精神。罗马采取共和制度来管理国家，我们今日所称的“共和国”一词就是来源于罗马。所谓共和制，最重要的特征就是国家的最高统治者由有选举权的人选举产生。罗马共和国的政治制度包括如下内容：公民大会、元老院、行政官吏。

公民大会也称“部落大会”，35个部落的公民组成部落大会，该机构主要由平民控制，选举保民官。公元前287年后，该机构获得立法权。元老院是罗马共和制的代表者和维护者，是所有政治机构中最重要和最有权力的机构。元老院控制公共财政，制定行省总督，并可向司法行政长官指派军队。在外交上也是主要决策者，负责接见外交使节和派遣外交代表。在司法上有时还组成特别审判法庭。

罗马共和国的行政官吏包括执政官、独裁官、行政长官、监察官、保民官。执政官执掌最高权力，由推举出来的两名贵族担当，他们行使最高权力，创建立法，充任大司法官、军事首脑及大祭祀长，与罗马王政时代的国王一样拥有绝对的统治权力。……不过，他们的权利受到非常严格的限制：他们只执政一年，以后供职于元老院；他们是两人执政，任何一名执政官都可以凭借简单的否决有效地阻止对方的行动和决定。这样一来，由于执政官没有太多的展示进取心、发挥创造性的机会，罗马政府趋于保守和谨慎。

我们看到，罗马共和制是介于君主制和希腊直接民主制之间的制度，从机制实践角度看，

---

① 此处的“哲学”指伦理学或道德哲学。

② 杨汉麟：《外国幼儿教育史》，人民教育出版社2011年版，第72页。

而不是从观念角度看，它对西方的影响可能更大一些。但它们的制度主要还是贵族统治。元老院基本上是贵族的天下，其权利又大于执政官。如此，罗马的奴隶主贵族和富人们通过操纵政治控制了罗马共和国。

有人说，罗马曾经三次统治过世界，第一次是以武力，第二次是以宗教，第三则是以法律，尤以法律对世界的统治最为持久。确实，罗马的光荣是同罗马法律辉煌成就联系在一起的，这不仅因为罗马法曾经达到古代法的最高成就，而且还由于罗马法对于后世广泛持久的影响。直到今日，无论是在东方还是西方的法律制度中，都可以找到罗马法的影子。

古罗马拥有完备的法律体系，包括市民法（仅适用于罗马公民）、万民法（通用于所有人）和国家关系（用于调节罗马人与其他民族之间的关系）。罗马法起始于公元前450年的《十二铜表法》，它是从罗马的宗教观念和习俗演变而来，认为法律审批是神的意志的体现，是受到神关注的。基本特征有：第一，十二表法律内容是综合性的，涉及土地占有、债务、家庭、诉讼等方面，有些内容完全是与某些意识相关的，显然有旧时宗教的影响；第二，十二表法适用于所有公民，没有例外，这就是强调了法律的普遍适用性，禁止特权。同时法律还规定，一般公民如不服法官判决还可以上诉至公民代表大会，一定程度可以避免法官的武断；第三，十二表法非常强调法律程序，一切要依法律条文办事，法律条文没有做出规定的，司法官就不能受理。

该法典对西方文明的影响被认为仅次于《圣经》，其接班思想和原则已融入西方乃至世界各国的法律中。

——孟昭毅、曾艳兵：《外国文化史》，北京大学出版社2008年版。

本章小结

古希腊时期，雅典与斯巴达的幼儿教育由于地理条件、政治体制等不同条件，而显现出不同的特色。雅典人擅于通商，思想自由，讲求民主，注重培养身心和谐的幼儿；斯巴达人重军体、个性的训练，以培养军人为目标。总体上，古希腊人重视幼儿体质素质，存在弃婴现象；母亲在幼儿生活与学习中担负重任。古罗马的教育注重父权，注重幼儿德行的培养。柏拉图、亚里士多德、昆体良、普鲁塔克是上述时期的具有代表性的教育学家，柏拉图与亚里士多德讲求优生优育，以培养身心和谐的人为目标，重视游戏的作用，并对幼儿教育进行了年龄分段；昆体良与普鲁塔克在前两者的基础上加入了自己的新观点，对早期教育、天性与教育、因材施教等教学原则都进行了论述。这些理论和思想为后世开拓幼儿教育领域提供了方向和指导，是非常具有创见性的。

思考与练习?

1. 指南针、造纸术、印刷术和火药是中国古代文明的标志性成就，深刻影响了中国和世界文明的进程。下列选择中，把这些发明传播到西方的是（　　）

A. 来华的留学生

B. 西方船舶冒险家

C. 阿拉伯商人

D. 派赴西方使者

答案:【C】

——2017 年上半年幼儿教师资格证考试《综合素质》选择题第 18 题

2. 试论古代罗马的幼儿教育模式特点。

3. 试比较斯巴达与雅典幼儿教育模式的异同及原因。

4. 试论柏拉图、亚里士多德、昆体良、普鲁塔克关于幼儿教育的主要观点。

【拓展阅读书目】

[1] [德]特奥多尔·蒙森. 罗马史[M]. 李稼年，译. 北京：商务印书馆，2015.

[2] [古罗马]普鲁塔克. 希腊罗马英豪列传[M]. 席代岳，译. 合肥：安徽人民出版社，2012.

第三章　西欧中世纪和文艺复兴时期的幼儿教育

你知道得很多，但如果你不把你的知识用于你的需要，那就没有什么用处。

——[意]彼特拉克

内容提要

公元 476 年，西罗马帝国遭受日耳曼人与国内奴隶的双重打击而走向灭亡，从此西欧奴隶制社会宣告结束，进入了封建社会的历史时代。公元 5 世纪末至 14 世纪文艺复兴之前的这段时期历史上称为“中世纪”。本章第一节介绍西欧中世纪儿童观以及基督教会提倡的“性恶论”“原罪说”“禁欲主义”对幼儿教育产生的重要影响。第二节介绍 14～17 世纪文艺复兴时期的幼儿教育，这一时期幼儿教育的发展集中体现为对中世纪“性恶论”儿童观以及“原罪说”的强烈批判，儿童教育观逐渐发生转变，详细介绍了代表人物伊拉斯谟和蒙田的儿童教育观。

学习目标

1. 了解西欧中世纪的儿童观。
2. 了解西欧中世纪基督教会与封建贵族的幼儿教育实施情况及特点。
3. 掌握文艺复兴时期儿童教育观的转变。
4. 理解和掌握伊拉斯谟的儿童教育观。
5. 理解和掌握蒙田的儿童教育观。

第一节　中世纪的幼儿教育

在教育史上，中世纪被称为“神性时代”，神对人的思想、精神甚至肉体的控制被认为是这一时代教育的基本特征。因此，西欧中世纪的教育带有浓厚的宗教色彩和明显的等级性，其教育目的在于培养教会的僧侣、封建官吏和骑士。

一、西欧中世纪的儿童观

西罗马帝国之后的欧洲基督教盛行。基督教会在思想意识上极力提倡“原罪说”和“禁欲主义”。教会宣布“肉体是灵魂的监狱”，要求禁绝或控制一切成为万恶之源的欲望。中世纪“禁欲主义”成为基督教会所提倡的世界观的主要特征，为了让人们相信“禁欲主义”的荒唐说教，使上帝的神话成为人们的信仰，基督教会鼓吹一切认识都来自“神启”，禁止文化教育的传播，禁绝独立思考。

（一）“性恶论”与幼儿教育

人性的善恶问题是基督教思想家讨论教育本质的前提和中心问题之一。《圣经·旧约》记载了人类祖先亚当和夏娃偷食禁果而犯罪的故事。基督教学者认为人类是灵魂堕落的表现，人类之罪不是出于个人行为的结果，而是人类由其始祖亚当和夏娃那里遗传下来的“原罪”，任何人都无法摆脱它。“原罪”这一概念被著名的基督教会神学理论家奥古斯丁发展为“原罪论”，成为基督教的重要教义之一，并成为罗马教会的官方学说。这一学说大肆渲染“性恶论”，鼓吹儿童是带着“原罪”来到人世的，故儿童生来性恶，要想控制儿童邪恶的本性并使其成为高尚的人，就必须惩罚他们的肉体，使其经历生活的磨难，不断赎罪，压制他们的欲望，净化灵魂。

以“性恶论”及禁欲主义为依据，教会提出摧残肉体以使灵魂得救的观点。从幼年起就抑制儿童嬉皮欢闹、游戏娱乐的愿望，并采取严厉的措施来制止这类表现，戒尺、棍棒是中世纪学校教育中不可缺少的教育工具。对儿童进行约束与惩戒成为中世纪幼儿教育的重要特征，教育中体罚盛行，体育完全被取消。

（二）“预成论”与幼儿教育

欧洲中世纪前期，在基督教宗教蒙昧主义的统治下，还有一种被称为“预成论”的儿童观。“预成论”认为，当妇女受孕时一个极小的、完全成形的人就被植于精子或卵子中，人在一瞬间就形成了。儿童（或新生婴儿）是作为一个已经制造好了的小型成年人降生到世界上来的，儿童与成人的区别仅是身体大小及知识的多少不同而已。因此，儿童被看成小大人，一旦能行走和说话，就可以加入成人社会，玩同样的游戏，穿同样的服饰，被要求做出与成人同样的行为举止。可见，在“预成论”中，儿童与成人在各个方面不应有太大区别，因为从幼儿期开始，儿童的身体和个性已经开始成人化了。在这一观点的影响下，欧洲 14 世纪以前的绘画，总是不变地以成年人的身体比例和面部特点来画儿童肖像。显然，“预成论”的要点是否认儿童与成人在身心特点上的差异，也否认了儿童身心发展的节律性、阶段性。

“预成论”的形成与流行，除了与古代自然科学的落后有关之外，还有两个原因：一是由于古代儿童死亡率高，故人们不愿对儿童的特点给予较多关注；二是与成人的自我中心主义有关。

在“预成论”的影响下，无论是在学校教育还是在家庭教育中，人们都忽视儿童的身心特点、爱好及需要，对待儿童采用整齐划一、简单粗暴的态度与方法，这种影响一直延续到近代。例如，从中世纪一直到 18 世纪，在法国的贵族家庭中保留着这样一个习惯：小男孩即要求穿骑士服，佩带宝剑，犹如成年男子的装束；小女孩则要求浓妆艳抹，穿拖地长裙，打扮得像贵妇人。近代法国著名启蒙思想家及教育家卢梭曾与这种理论及社会现象进行了坚决的斗争，这在其著作《爱弥儿》中有所体现。

知识链接

基督教的基本教义

基督教的基本教义包括：一是“三位一体”论。即信仰“圣父”上帝，并相信圣父、圣子（基督耶稣）和圣灵是三位一体的。二是福音论。相信教会是由基督建立的，在世界上负有宣传福音的使命。三是原罪论与救赎论。相信人乃是上帝按照自己的形象所造，由灵魂和身体所组成的，在万物中居于最高地位，但因背离上帝而陷于罪恶之中，不能自救，唯有依靠基督才能蒙救称义，获得永生。四是天启论。认为上帝的启示是知识的唯一来源。

——[美]G. F. 穆尔：《基督教简史》，郭舜平等译，商务印书馆 1981 年版。

二、西欧中世纪幼儿教育的实施

（一）基督教会的幼儿教育

1. 教育目的

中世纪时期的教育，基督教会居于垄断地位。教会是唯一拥有并传递知识的地方，教士就是掌握知识之人，一切真理就来自《圣经》，教育的目的就是使受教育者虔信上帝、熟读圣经，以求做一个合格的基督徒。因此，基督教会的幼儿教育就是要从小把儿童训练成为一个个笃信上帝、服从教会的“圣童”，从而为培养一个真正的基督徒奠定坚实的基础。

2. 教育的方法和内容

基督教会的幼儿教育是通过基督教徒对子女进行宗教意识的熏陶，以及幼儿跟随家长参加众多的圣事礼仪和节日活动来实施的。

对幼儿来说，出生后第一件事就是要参加由神父主持的“洗礼”或“浸礼”。此后，幼儿就跟随家长到教堂或在家里欢度各种宗教节日，例如圣诞节、复活节、万圣节等，从中萌生对宗教的好感，确信人的最大幸福就是爱上帝、爱人人。领受所谓圣灵无所不为、无所不能、全智全能的神秘感。待幼儿稍懂事后，便对他们灌输以下思想：儿童生来就是个有“原罪”的人，人生来要经受苦难，学会忍耐服从，逆来顺受；宣扬每个人都是上帝的子民，上帝是仁慈的、全能的，人只要虔诚地敬仰上帝，死后灵魂就可得救，升入天堂；要使灵魂升入天堂，人人必须参加教会规定的宗教仪式和圣事活动，这些职责要伴随终生。

此外，幼儿还要更多地参加教会组织的圣事活动。例如参加主日的祈祷、读经（跟着诵读圣经）、唱诗（唱诵赞美上帝的颂词）和听“圣事论”（由教士粗浅地讲述基督教各种“圣事”的名称、由来、意义、规则等）。有时还要求欣赏教会音乐，陶冶其宗教情感和增强对上帝的信仰。

（二）世俗封建贵族的幼儿教育

西欧中世纪是基督教神学垄断与帝王贵族封建统治并行的年代。基督教对民众进行的思想欺骗成为维护封建统治的支柱，而封建贵族对民众的政治控制、经济掠夺又成为基督教会不断发展的社会保障。它们是一对互为依存、结伴而行的“畸形儿”。

封建贵族的幼儿教育一般按等级分为两类：

1. 宫廷学校的教育

参加宫廷学校学习的只有皇室中的王子、王孙、公主和少数机要大臣的子弟。这是专为王室儿童设置、实施的宫廷教育。在中世纪初期，西欧最具实力的法兰克王国的统治者就意识到了发展文化教育的重要性。早在查理马特在位期间（Chales Martel，715—741 年），就在宫廷中设立了以王室和贵族子弟为对象的学校。后来的查理曼大帝（Charlemagne，742—804 年）更是大力发展文化教育，通过广揽知名学者为教师，宫廷学校成为欧洲重要的世俗教育形式，其教育方法主要采用问答法。通过问答形式，儿童学到不少作为未来统治者所必需的有关自然和社会的知识以及某些粗浅的哲理。

2. 骑士早期教育

西欧封建统治者除了利用宗教对人进行精神奴役外，还要仰仗武力镇压维护其政权。当时战争的胜负靠武士来决定，武士是封建贵族中最低一等的贵族，即骑士。骑士立马横枪地冲杀和战斗，既是保卫封建庄园的需要，也是一种非常时尚的竞技活动。随着骑士地位的提高和作用的增强，骑士教育应运而生。

骑士教育的实施分为 3 个阶段，即出生至 7 岁为第一阶段，7 ~ 14 岁为第二阶段，14 ~ 21 岁为第三阶段。第一阶段即骑士养成的幼儿教育时期，儿童在家庭中接受父母的教育，教育的主要目的是熏陶宗教意识，培养道德品质和身体养护。

对儿童进行宗教意识的熏陶在骑士早期教育中占有重要地位。因为训练骑士的首要标准是虔敬上帝，听命于教会，甘为宗教而献身，而树立这些观念必须从幼儿抓起。其教育方法是由父母从孩子懂事起就灌输有关神学的初步概念，并要求儿童应随着年龄的增长多参加一些宗教仪式和节日活动，以便为日后成为一名虔诚的基督教徒打下思想基础。道德品质的培养，则由父母共同教育儿童从小树立“忠君爱国”之心，效仿贵人、贵妇讲求阶层间封建礼节，注重谈吐文雅，以便成年后能坚定地效命于国王和上一级封建主。养护身体是根据骑士“彪悍勇猛”的标准提出的。为了能够横枪立马、纵横厮杀、英勇顽强、克敌制胜，骑士必须从小养护身体，具有健壮的体魄。因此，合理的饮食、适宜的锻炼、严格遵守作息制度和生活习惯便成为幼儿身体养护的主要内容和任务。

西欧中世纪的幼儿教育按照儿童所处社会地位的不同，进而实施不同的教育内容，具有神学性和等级性的特点，整体上比较粗浅、简单。

第二节　文艺复兴时期的幼儿教育

在中世纪基督神学的严密禁锢下，古希腊、古罗马的文化被埋没了近千年，自 14 世纪中叶开始到 17 世纪初，欧洲大陆上掀起了搜集、整理、研究古希腊、古罗马文化的热潮，这是欧洲在意识形态领域里向封建主义和天主教神学体系发动的一场伟大革命运动。它砸开了禁锢古希腊、古罗马的文化的枷锁，把欧洲的学术文化思想推向了一个繁荣的时代，这就是欧洲历史上著名的文艺复兴运动。

一、人文主义及教育观念的转变

“文艺复兴”原意指人文学科的“复兴”。基本含义有二：一是指古希腊、古罗马文化的复兴；二是指反抗中世纪的精神桎梏，追求人个性的圆满发展的人类精神的觉醒。文艺复兴运动实质上是新兴资产阶级在意识形态领域掀起的一场反封建、反教会的伟大思想文化运动。

文艺复兴首先产生于意大利，其在学术思想上涉及艺术、文学、教育、哲学各个方面，其主张个性解放、个性自由、个人幸福，尊重人的价值，反对禁欲主义，反对压抑，宣扬个人是生活的创造者和享受者。

文艺复兴的指导思想是人文主义。人文主义是一种崇尚现实、崇拜人生，反对来世观念，以“世俗的人”为中心的世界观，提倡以“人性”反对“神性”，以“人权”反对“神权”，以“人道”反对“神道”，显然这是与基督教对立的一种世界观。中世纪的教会和封建主都把儿童看作是被“原罪”污染的待赎罪的“羔羊”，压抑摧残他们的身心，向儿童灌输宗教意识，麻醉和禁锢他们的头脑。人文主义的新教育则提出儿童是自然的生物，是正在成长和发展的新人，应该得到成人的悉心关怀和照顾，父母要热爱儿童，为儿童创造良好的教育环境，让儿童自然地、愉快地、健康地成长，强调通过智育、体育、美育和道德教育来培养儿童的完美精神和高尚情操。人文主义重视并强调环境的陶冶作用，主张建立优美的校舍，为儿童营造舒适的学习乐园；强调尊重儿童天性，顺应儿童身心发展的一般规律和个性差异，尊重儿童的个别差异；强调教师的言传身教和以身作则，要求父母、老师要注意自身言行，为儿童树立表率；反对压抑个性，主张减少体罚，甚至取消体罚，注重兴趣引导，提倡体育和游戏的重要意义。

以上这些思想，虽然还不系统、不全面，但相对于中世纪前期的教育，已经有了重大进步，并深刻影响到后来的教育。

二、伊拉斯谟的儿童教育观

伊拉斯谟（Erasmus，1469—1536年）出生于尼德兰，是文艺复兴时期著名的人文主义学者及教育家，他对欧洲教育具有重大影响。他在巴黎大学受到人文主义的影响后，游历欧洲，一生致力人文主义的宣传，其教育思想深受昆体良的影响。主要作品有《愚人颂》（1509年）和《基督教君主的教育》（1516 年），其中不少内容涉及幼儿教育。《论童蒙的自由教育》（1529年）是伊拉斯谟重要的幼教著作，其在著作中探讨了幼儿教育中的诸多问题。

（一）教育的目的、任务

伊拉斯谟针对“原罪论”“性恶论”等观念，提出儿童生性本善，且这种善良需要通过持续不断的良好教育才能得以巩固和发展。与此同时，伊拉斯谟还提出，人并非生而为人，必须通过教养、理性、道德的规范和约束才能成为人，而教育的目的就融合在道德目的中，即培养“善良”的人。教育的任务则是在年轻人头脑里播下虔诚的种子，使年轻人能够热爱并透彻、认真学习自由学科，使年轻人为生活的义务做好准备，掌握基本礼仪。

（二）教育的作用及环境的重要性

伊拉斯谟深信教育对改造社会和改造人性发挥着重要作用。他认为教育无论是对国家、君主还是平民百姓，都是极其重要的。一个国家要想治理得好，有赖于君主的贤明，而一个贤明君主的培养，则有赖于教育。此外，他还呼吁国家担负起培养年轻一代的重任。他提出影响儿童成长的 3 个因素——“自然”是儿童接受教育的能力，即天赋部分；“教导”是教育和指导的熟练应用；“练习”是进行运用，借助能动性促进发展。伊拉斯谟认为人的先天禀赋不同，而“教导”和“练习”是起主导作用的，任何人都是可教育的，教育对人的作用不可低估。

伊拉斯谟非常重视环境对儿童成长的影响。一方面，家庭环境优越的儿童更要加强教育，将道德的种子播撒在儿童精神的处女地，随着年龄的增长，它会日渐生长和成熟，植根于生命过程中；反之，则越易荒芜，以致长满无用的野草和灌木。另一方面，重视儿童的交友环境，他认为应让儿童和品德优良、谦虚谨慎的孩子交朋友，避开成群的顽童、死硬的酒鬼、下流的人，特别是溜须拍马的人，不要让儿童闻其声、观其行，以免受到不良影响。

（三）论幼儿教育

1. 重视早期教育

伊拉斯谟提出对儿童的教育可从襁褓时期开始。他认为幼儿尚处在有待成熟的过程中，稳定的习惯很少，且儿童天生喜欢模仿，因此成人需给儿童以良好的范例，以便使有益的思想充满孩子未成形的心灵。

2. 教育要遵循儿童身心发展的特点

作为文艺复兴时期的人文主义教育家，伊拉斯谟反对中世纪教会对儿童的压制态度和严酷的体罚，倡导自由教育，主张尊重儿童的身心特征，照顾儿童的个性，采取扬长补短的方法。他指出，“儿童”这个词在拉丁语中意味着“自由者”，因此，自由的教育是符合儿童的，如果用恐怖的教育手段来使之弃恶，将原本是自由的儿童奴隶化，是极其荒谬的。此外，他还要求教师切不可把幼小儿童视为小大人，施教时必须考虑儿童的身心特征，并照顾个别差异。他要求教师在教育过程中首先要仔细观察、掌握孩子的性情，然后有的放矢，采取措施。教师发现孩子的弱点，长善救失，设法将其引上正路：如果发现孩子的长处，应扬长避短，使孩子更加出色。

3. 幼儿教育的方法

（1）热爱儿童。

伊拉斯谟强烈地抨击了当时的学校虐待儿童的做法，指出儿童会将对教师的热爱转化为对学习的热爱，故教师能否深受儿童爱戴乃是至关重要的。

（2）采取中庸之道。

伊拉斯谟认为教师必须采取中庸之道，即严厉与慈爱相结合，表扬与批评相结合。教师责备学生，“而不使其感到失落”；赞扬学生，“而不流于谄媚”，教师的言语应该私密且态度和蔼，适当减少训诫的严肃性。

（3）采用直观教具。

伊拉斯谟探索了教育方法的改进，提出了“事物先于文字”的直观教学法，主张在教学中采用直观教具。与此同时，他也批评有的人为了吸引儿童的兴趣，不分良莠，将一些荒谬的谜语、精灵和恶魔的故事对儿童和盘托出，认为这些毫无教育价值的材料不仅浪费了儿童宝贵的时间，而且对其成长十分有害。

可见，伊拉斯谟的许多教育观点承袭了昆体良等前人的思想，同时也对后来夸美纽斯等人产生了重要的影响。

三、蒙田的儿童教育观

蒙田（Montaigne，1533—1592 年）是文艺复兴晚期法国人文主义思想家、散文作家及教育家。他出生于法国海港城市波尔多的一个新贵族家庭，受过良好教育，曾从事过多年的法律工作。主要著作《散文集》(中译本名为《蒙田随笔》) 是享誉世界的文学名著，其中有一些篇章专门论述了儿童教育问题。

（一）培养绅士的教育目的

蒙田理想中的人是身心两方面和谐发展的，因此他所憧憬的教育目标是培养出体智全面发展的绅士。他主张教育要兼顾儿童的心智和身体两方面。他以自身为例，蒙田本人患有哮喘病，体质柔弱易感，所以他认为这对他的“心智活动是一个沉重的负担”，故而“只使他们的心智健全是不够的，还必须增强他们的体力，如果心智得不到体力的支持，就要受到过分的压力”。蒙田服膺柏拉图的理论，认为心智与身体决不能一个得到训练，而另一个没有训练，两者同时需要指导，好像两匹马配合起来拉车一般。我们所训练的，不是心智，也不是身体，而是一个人，我们决不能把两者分开。

（二）教育必须顺应儿童天性

为了培养身心和谐发展的人，蒙田重视早期教育，认为儿童的教育是人类学问中最困难、最重要的事情。他批评过中世纪的神学强调超自然，离开了现实，离开了人类生存的生活基础的教育方式；也批评过经院主义教育不注意研究儿童的天性，执教时往往和儿童的天性背道而驰，只注重儿童的记忆，不给儿童发展智力的机会，不给儿童独立行动的自由，以至于把儿童变成胆怯的人。

他提出作为教育工作者，应当遵循自然，顺应儿童的天性。把儿童培养成具有自然精神的绅士：应当了解儿童的天性，否则是不可能教育好儿童的。这与亚里士多德的自然教育观点是一致的，也与文艺复兴时期出现的依据自然、遵循自然的思想是一致的。

（三）教育内容和方法

蒙田同其他人文主义者一样，主张学习广博的知识。他重视人文学科的学习，在语言、诗歌、历史、哲学等领域都有独到的见解。

关于语言，蒙田提出的是一种自然、平易和不矫揉造作的语言，是一种有表现力、简洁、紧凑的实质的语言。关于历史，蒙田认为学习历史的重点在于学习美德，而不是死记年代。例如一个好教师灌输到学生脑子里的东西，主要的不是迦太基灭亡的日期，而是汉尼拔和西比奥留下的教训。关于哲学，蒙田认为哲学应该成为人类行为的试金石，成为使行为正直的规则。关于身体方面的教育，他认为一切运动和锻炼，如长跑、击剑、音乐、舞蹈、打猎、骑马，都应该是学习的一部分。关于学习方法，蒙田反对死记硬背，主张深入理解所学的知识，并且要行动。他告诫道：“不要孩子多背诵功课，而是要他行动。他应该在行动中复习功课。”此外，蒙田还提倡独立思考和练习。

（四）论教育

蒙田既尊崇博学多能，又重视教育。他认为教育儿童应树立“道德的崇高和价值就在于实践时容易、快乐和有用”的观点。他指出“获得它的方法是自然，而不是勉强”。他强调道德应自幼培养。他指出儿童犹如黏土，趁他还湿润而易塑，“让旋转的轮赶紧把他抟造”。在所有德行中，蒙田特别提到谦虚，不固执己见，勇于承认自己的错误，以及正直等品德。蒙田在德育方法上也表达了独特的见解，提出了有新意的看法。蒙田反对娇生惯养，主张严格要求儿童。他不同意“把一个孩子挨紧抚抱、娇养溺爱，使其在父母的膝盖上长大”。他分析了溺爱子女的恶果，指出对孩子的过错不能姑息迁就，强调父母和教师要为孩子做出榜样，使孩子自然地接受一些影响，如通过旅游观察别人的仪态、举止，会使儿童学会嫉恶向善。

（五）对教师的要求

蒙田认为儿童的教育和成长完全在于导师。教育目的是培养思想健全、有判断力和能充分理解人生意义的人而非徒有虚名的学者。蒙田本人喜欢有智慧、有判断力、习惯文雅和举止谦逊的人，而不是空空洞洞、只有书本知识的人。可见，他认为教师应当是头脑精明而非学识渊博的人。教师应让学生说话，让他们轮流表达自己的观点。他说：“教育的权威往往阻碍着好学的人。”对学生来说，由于教师剥夺了学生独立思考的自由，从而使学生变得更加奴性，更加怯懦。他还主张教师不应只传授知识，运用照本宣科、死记硬背的方法教学，让学生只接受知识，而应像苏格拉底那样听学生说话。“能够迁就和指导学生的幼稚步态就是一颗崇高强劲的灵魂的标志。”①此外，教师更要注意让儿童理解所学的知识，依据儿童各方面能力的提高判断学生是否将所学知识化为己有。

蒙田揭露了当时儿童教育中的种种弊端，尽管他没有写下系统的专著，但其散文的字里行间充满了睿智的教育观念，闪耀着新的教育思想的火花。蒙田不仅在文艺复兴时期留下了值得讴歌的业绩，而且对后世教育理论的发展也做出了铺石垫路的贡献。

本章小结

西欧中世纪儿童观以及基督教会提倡的“性恶论”“原罪说”“禁欲主义”，使得这一时期的幼儿教育具有强烈的神学性和等级性；文艺复兴对西欧中世纪的儿童观、教育观进行了强烈批判，反对向儿童灌输宗教思想，使其成为服从上帝的“圣童”，并提出遵循儿童身心发展特点、培养绅士的教育目的以及“热爱儿童”“顺应儿童天性”等全新观点，使得儿童教育观由此发生重要转变。

思考与练习

1. 被誉为意大利文艺复兴“三杰”的是（　　）。

① [法] 蒙田：《蒙田随笔》，梁宗岱、黄建华译，湖南人民出版社 1987 年版，第 211 页。

A. 达·芬奇、米开朗琪罗、拉斐尔

B. 达·芬奇、泰戈尔、拉斐尔

C. 莎士比亚、达·芬奇、但丁

D. 米开朗琪罗、拉斐尔、托尔斯泰

答案:【A】

——2012 年上半年幼儿教师资格证考试《综合素质》选择题第 16 题

2. 为体现“幼儿为本”的教育理念，教师不正确的做法是（　）。

A. 尊重幼儿人格

B. 为幼儿提供适合教育

C. 调动幼儿的主动性

D. 让幼儿主动选择课程

答案:【B】

——2016 年上半年幼儿教师资格证考试《综合素质》选择题第 2 题

3. 简述文艺复兴时期儿童教育观发生了哪些变化。

【拓展阅读书目】

吴式颖. 外国教育史教程[M]. 北京：人民教育出版社，1999.

第四章　夸美纽斯的幼儿教育思想

任何人在幼年时代播下什么样的种子，那他老年就要收获那样的果实。

——[捷克]夸美纽斯

内容提要

本章主要介绍夸美纽斯的幼儿教育思想，第一节对夸美纽斯的生平进行介绍并论述其代表作；第二节探讨夸美纽斯的教育理念；第三节主要论述教育的作用以及教育适应自然的原则；第四节是夸美纽斯对母育学校的设想，包括其性质、任务以及教学内容等。

学习目标

1. 了解夸美纽斯的“泛智论”、教育适应自然的原则。
2. 把握夸美纽斯的幼儿教育思想。
3. 了解母育学校的教育内容。

第一节　生平及幼儿教育代表作

一、生平简介

夸美纽斯（Johann Amos Comenius，1592—1670 年）是 17 世纪捷克著名的爱国主义者、教育家（见图 4-1）。1592 年，夸美纽斯出生于“捷克兄弟会”的磨坊主家庭，早年失去父母成为孤儿，由兄弟会资助完成中等教育和高等教育。在大学学习，因其对封建的经院主义教育感到厌恶和不满，产生用捷克语编写百科全书来传播科学知识的愿望。1616 年，大学毕业后担任兄弟会牧师并主持兄弟会工作。此后，他一生都在为争取民族独立、改革教育而活动。

图 4-1　夸美纽斯

1618 年，捷克人民举行了反对德意志天主教贵族统治的起义，随后爆发三十年战争。夸美纽斯在战火中失去了全部手稿和珍贵藏书，又在战后瘟疫中失去妻儿，在反封建斗争失败的日子里，夸美纽斯怀着悲愤的心情于 1623 年完成社会政治性文学著作《世界迷宫与心的天堂》以揭露贵族的贪婪、教会的黑暗以及人世间的不平。1627 年，德国皇帝下达迫害新教徒的法令，为坚持新教信仰，夸美纽斯随兄弟会 3 万居民离开德国迁居波兰的黎撒城。在黎撒城，夸美纽斯主持改为古典中学的兄弟会学校，长达 13 年。在此期间，所著的《语言和科学入门》《母育学校》《大教学论》《泛智先声》等享誉世界的教育著作出版。

1641 年，夸美纽斯应邀前往英国研究泛智问题，到达英国后因其爆发内战，泛智问题研究中断。1642 年转赴瑞典，希望瑞典政府能帮助捷克人民取得独立，但愿望未能实现，最终于 1648 年再度撤回黎撒城，期间撰写了《论天赋才能的培养》《组织良好的学校准则》《世界图解》等著作。1656 年，瑞典与波兰发生战争，波兰人疑心兄弟会同情瑞典人，于是放火烧毁兄弟会最后避难所黎撒城，夸美纽斯又再一次几乎失去全部所著手稿。随后，夸美纽斯前往荷兰阿姆斯特丹，仍坚持不懈地致力教育工作，并出版教育论著全集《走出经院哲学迷宫》。1670 年逝世于荷兰，享年 78 岁。

二、幼儿教育代表作

夸美纽斯一生著作颇丰，多达 256 种，涉及多个研究领域，幼儿教育是其中的重要领域之一，主要代表作有《母育学校》《世界图解》《大教学论》。

（一）《母育学校》

夸美纽斯劝告父母应为儿童入学做好准备，倡导在每个家庭成立母育学校，由母亲对 1~6 岁的儿童进行学前教育。因此，他认为应为父母与保姆写一部手册，将责任白纸黑字地写出，放在眼前。随后《母育学校》应运而生，并于 1633 年正式出版。《母育学校》系统地阐述了父母的责任、儿童的价值，以及学前教育的意义、任务、内容、方法等，以及如何帮助儿童从家庭教育过渡到学校教育的衔接问题。该书被称为历史上第一本学前教育学，虽不足 5 万字，但却详尽阐述儿童期的意义及教养方法，是母亲教育启蒙期儿童的指南。

（二）《世界图解》（见图 4-2）

俄国教育家乌申斯基评价《世界图解》，指出该书“是考虑儿童年龄特征、按照教育要求来给儿童讲述科学知识的开端”。《世界图解》是世界上第一本图文并茂对儿童进行启蒙教育的百科全书。全书共有大小插图 187 幅，正文共 150 课，每课有一幅插图，序言和结束语各有一幅插图，是一本内容丰富、图文并茂的幼儿启蒙教育读物。该书对大千世界和全部语言做了简要介绍，给各种事物配上图画并给予名称和描述，涉及自然（宇宙、地理、植物、动物、人体）、人类活动（手工业、农业、运输、文化）及社会生活（国家管理）等方面的知识。①

他认为这本图书有三种用途：（1）有助于在头脑中形成印象。（2）使小家伙们习惯于快乐来自书本的观念。（3）有助于学习阅读。②夸美纽斯试图通过图文并茂的形式激发孩子的学习兴趣，使其获得有关世上最主要事物的概念，从而逐渐形成从事更高阶段学习的能力。

---

① 任钟印：《夸美纽斯教育论著选》，人民教育出版社 2005 年版，第 88 页。

② [捷克]夸美纽斯：《大教学论·教学法解析》，任钟印译，人民教育出版社 2006 年版，第 242 页。

知识链接

图 4-2　《世界图解》插图——儿童游戏

孩子们常常爱玩用泥土做的弹子[1]
要么在九柱戏[3]中滚球[2]，
要么就用击棍[4]把球打进圆圈[5]里，
还用抽绳[7]抽陀螺[6]玩；
用芦苇管[8]或弓[9]进行射击。
他们还做踩高跷[10]和打秋千[11]等活动。
（文章中的数字与图片上的数字相对应）
——任钟印：《夸美纽斯教育论著选》，人民教育出版社 2005 年版。

（三）《大教学论》

《大教学论》是近代第一部比较系统的教育学著作，奠定了现代教育学的基本框架，标志着教育理论发展史上一个全新阶段的开端。①该著作总结了古希腊至文艺复兴时期有益的教育经验及要求，要求改革经院主义教育，建立新的教育教学理论体系。全书分为 6 个部分，涉及总论（教育的目的、任务、与人发展的关系、教育规律等）、体育、教学论、德育论、学制、课程及总结。在本书中夸美纽斯拟定了人类教育史上第一部完整的单轨学制，使学校系统相互衔接，首尾一贯，并且有目的地将学龄前儿童进行教育的特殊形式——母育学校（学前教育）纳入学制中。

① [捷克]夸美纽斯：《大教学论·教学法解析》，任钟印译，人民教育出版社 2006 年版，第 1 页。

第二节 教育的基本原理

一、教育的作用

夸美纽斯受文艺复兴时期人文主义思潮、英国哲学家弗兰西斯·培根的影响，把人看作是最优美、最完善的创造物，而教育能对人的发展产生重大的作用；同时，他还强调教育对社会生活也起着重要作用。

（一）教育的社会作用

夸美纽斯高度评价了教育对社会生活的作用。他指出，教育与别种事情是一样的，上帝既已给我们方法，那么我们应当负起责任，使全部基督教的青年能够受到热切的激励，使他们心气充实，爱好天国的事物，摆脱黑暗的境地，天国便会一天一天地扩展开来。夸美纽斯认为，教育是人类得救的主要手段，他希望通过教育改变社会道德普遍堕落的现象，从而减少黑暗与倾轧，得到光明与和平，同时他坚信，受过良好教养的民族，将善于利用自然力和地下宝藏，扫除愚昧和贫穷，从而取得生活的富足、幸福。①

（二）教育在人发展中的作用

夸美纽斯指出，神给予人以年轻的岁月是为了把人塑造得具有人性，因此在年轻的岁月中，除了受教育外，不适合做任何事。他认为，人生来便有道德、学问、虔信的“种子”，但它们的发展取决于人所受的教育。他还指出，只有通过恰当的教育人才能成为人。教育对一切人都是需要的，迟钝的人需要教导，他们就有可能摆脱天生的迟钝，聪明的人更需要教导，因为一个活跃的头脑若不被有益的事情占据，就会忙于无益的、稀奇古怪的事情。他认为，既然是人，就必然不应当成为野兽、成为野性的牲畜或无生气的木头。所以，一切生来就是人的人都有受教育的必要。

二、论普及教育的思想及学校体系

（一）“泛智论”

“泛智”是一种全面的、能为所有人掌握的全部知识。②夸美纽斯提倡一种“大教学论”，这就是说，一种把一切事物教给一切人类的全部艺术，对学生进行“百科全书”式的教育。他认为，不论是富人还是有权势的人的孩子，一切孩子，不分男女，不分出身高贵或出身平民，不分富裕或贫穷，只要生活在一切城市和小镇、村落和小村庄中的孩子，都应该上学。因此，他建议教育应包括适合于一个人的一切事项，是出生到这个世界来的一切的人都应得的教育。所以，应当尽可能使一切人都应得的教育，使他们能互相鼓励、互相促进。③为了说明人人都可以接受教育，夸美纽斯还表示：“我们差不多找不出一块模糊的镜子到了完全反映不出任何影像的田地，我们也差不多找不出一块粗糙的板子粗糙到了完全不能刻上什么东西的地步，而且

---

① 王天一、夏之莲、主美玉：《外国教育史（上册）》，北京师范大学出版社 1984 年版，第 123 页。

② 刘新科：《国外教育发展史纲》，中国人民大学出版社 2010 年版，第 96 页。

③ [捷克]夸美纽斯：《大教学论·教学法解析》，任钟印译，人民教育出版社 2006 年版，第 243 页。

即便如此，镜子还可以擦干净，木板也可以先刨平”，由此告诫教师，不要对儿童的发展失去信心，更不能轻易武断地把儿童视为难于教育的人，而放弃对其应有的教育。[①]“不论贫富贵贱、不论性别，一切男女青年都应该进入学校”成为夸美纽斯教育的基本主张及口号。

（二）学校体系

为了实现普及教育的主张，夸美纽斯提出在全国范围内建立统一的学校制度。根据儿童的年龄特征，把人从出生到成年（0～24岁）接受教育的过程分为四个时期，平均每个时期六年，由相应的学校进行教育（见表4.1）。

表4.1　学校体系

时期	学校	任务
婴儿期	母育学校	锻炼外部感觉以辨认周围事物
童年期	国语学校	训练内部感觉，即想象力和记忆力与认知器官结合
少年期	拉丁语学校或文科中学	训练学生理解并对感觉所收集信息做出评判
青年期	大学和旅行	与意志有特别关系的学问

夸美纽斯认为，这四类学校可以和一年的四季做比较。母育学校使人想到充满了各种花卉芬芳的、温柔的春天；国语学校代表夏天，它将丰满的谷穗和早熟的果实展现在我们面前；拉丁语学校相当于秋天，在这里，田地里和葡萄园里的果实都得到收获并贮存在我们头脑中的粮食仓库里；最后，大学可以比作冬天，这时，我们准备用作各种用途的果实已经收获，使我们足够维持我们生命中的余年。[②]夸美纽斯拟定的学校制度是人类教育史上第一部完整的单轨学制，打破了封建教育的等级限制，使学校系统相互衔接，也为近代资产阶级的学校教育制度奠定了基础。

三、教育要适应自然原则

17世纪，经院主义教育仍占统治地位，夸美纽斯认为此旧学校具有种种弊病，不仅用无用的死文字去填充学生的大脑，不重视实际事物；还让学生靠死记硬背记住无用的知识，而不是让学生通过观察和思考学习知识，造成时间和精力的浪费，使得学校成为儿童恐怖的场所，变成了他们才智的屠宰场。[③]他认为，若想要改变这种违背自然的学校教育，就应该在各方面遵循自然的法则，教导的恰切的秩序应当从自然中去借来，不能受到任何障碍，[④]对此提出教育要适应自然，即“自然适应性原则”，此原则贯穿于夸美纽斯整个教学思想中。

夸美纽斯的“自然适应性原则”包含着两方面含义：

其一，遵循自然界的“秩序”。他认为在自然界中存在一种起支配作用的自然法则，称为“秩序”或“事物的灵魂”。他指出，人作为自然界的一部分就应服从自然普遍的法则，人的教育也应遵循此法则。只有将人事的过程尽量与自然过程相符，才能奠定发展的基础，我们

① 王天一、夏之莲、朱美玉编：《外国教育史（上册）》，北京师范大学出版社1984年版，第125页。
② [捷克]夸美纽斯：《大教学论·教学法解析》，任钟印译，人民教育出版社2006年版，第236页。
③ [捷克]夸美纽斯：《大教学论》，傅任敢译，人民教育出版社1957年版，第57页。
④ [捷克]夸美纽斯：《大教学论》，傅任敢译，人民教育出版社1957年版，第74页。

应遵循自然的方法，就像鸟儿孵化小鸟一样，年轻人的教育也应该遵循同样的道路。夸美纽斯在《大教学论》中提出“自然遵守合适的时机”，他举例鸟类并不是在寒冬或炎夏孵化小鸟，而是在温暖适宜的春天。因此，适应自然的教育也应从人类的春天——儿童时期开始。

其二，遵循人本身的“自然”。夸美纽斯认为，教育应遵循人类的自然本性，考虑儿童的年龄特征、天性。他强调，要使儿童能够顺其自然的发展就应废止强制性教育的错误观念，按学生的年龄循序渐进地教导，并表明教师是自然的仆人，不是自然的主宰，应让每个人都顺着他天生的倾向去发展。①

第三节　儿童观及幼儿教育的意义

一、儿童观

夸美纽斯认为儿童是无价之宝，是上帝的灵魂，②我们要关心儿童。同时他认为应尊敬儿童，并主张严厉惩罚冒犯儿童的人。

夸美纽斯认为，人性乐于与事物一道工作，并且在改变、造就事物的过程中实现对事物的主宰。因此，去束缚它的行动是困难的，而这种倾向在童年早期就表现出来，气质越活泼的儿童其倾向就越强。他举例，若光听，儿童会没有兴趣，他们想要表达让别人听见他们的声音。所以儿童是自由地按照自己的思想行事，具有主动性，我们应给予儿童充足实践的余地。另外，夸美纽斯也强调不应限制儿童的探索，当你在限制儿童的时候就是在压制他们。他指出：人的感官乐于与对象联系，苦于与对象分离，因为感观只有在那些对象中才能找到营养。这就是儿童在听说他们从未见过、从未听过、从未探索某物时，急切地冲向前看、听、尝的缘故。③

二、幼儿期的意义

夸美纽斯用自然规律做类比，指出人人知道一棵老树的枝干具有什么样的性质，从其生长初期就必须使之这样来形成，所以在人身心最早形成的阶段中，就应该这样来塑造，使其成为终身应当成为的那样。任何人在年幼时代播下什么种子，那他老年就要收获什么样的果实。④由此可以看出，夸美纽斯认为，幼儿期奠定人身心发展的基础和格局，正如“三岁看大，七岁看老”。因此，作为父母就应当承担其责任，不应全部交托给教师。他还表明幼儿期教育的目的有三：（1）信仰与虔敬。（2）德行的端正。（3）语言和艺术的知识。作为父母应该为年幼子女在这三方面打下基础，通过对其照顾和勉励，使其保持健全和健康，成为智慧、有才能的人。

---

① [捷克]夸美纽斯：《大教学论》，傅任敢译，人民教育出版社 1957 年版，第 215 页。

② 任钟印：《夸美纽斯教育论著选》，人民教育出版社 2005 年版，第 12 页。

③ [捷克]夸美纽斯：《大教学论·教学法解析》，任钟印译，人民教育出版社 2006 年版，第 358 页。

④ 任钟印：《夸美纽斯教育论著选》，人民教育出版社 2005 年版，第 24 页。

第四节　论母育学校

一、母育学校性质、意义和任务

（一）母育学校的性质

夸美纽斯根据儿童的年龄特征，为其成长与发展构筑了一个四级单轨体制。母育学校处于单轨体制中的第一级，即在婴幼儿期（0～6岁），儿童在母育学校——家庭中进行教育，第一级学校的教师将是母亲。夸美纽斯认为，稚龄儿童需要更多的监护与照顾，这并非一位教育很多儿童的教师力所能及的，因此应该由母亲来继续教导。[①]

（二）母育学校的意义

母育学校包括儿童生活的头六年，是为儿童以后所要学习的一切奠定基础。他从儿童、家庭到国家三方面论证了家庭教育的意义：（1）从儿童发展来说，对儿童进行早期教育有助于人格的形成和发展，为今后的学习奠定基础。（2）从家庭方面来说，不仅从生育孩子中得到快乐，而且教育和训练儿女来锻炼他们的热情，[②]完成父母应尽的义务和责任。（3）从国家层面来说，好的家庭教育可以促进儿童发展，从而在整体上提高民族素质，使社会得以改造。

（三）母育学校的任务

夸美纽斯根据儿童发展的连续性和阶段性，将儿童的发展分为四个阶段，每个阶段前后衔接，相互联系，同时每一阶段儿童的发展特点不同、需求不同，因此各阶段又会有不同的教育任务。他认为幼年期儿童的身体迅速成长、感觉器官不断发展。因此，在母育学校教导主要是通过感性知觉的媒介，给儿童有关他们周围的自然界和社会生活的生动印象和基本观念，进行知识、言语、行动三方面的教育。

二、母育学校的教育内容

《母育学校》是一本母亲教育启蒙期儿童的指南，内容丰富，涉及体育、智育、德育、劳动教育等多方面。

（一）体育健康

夸美纽斯认为，如果儿童没有活力，缺乏生机，那么父母是难以成功地把其培养成人。此外，儿童的身体细小柔弱，骨骼较软，肢体的任何部分都还未成熟和完善。所以，作为父母应该注意子女的身体，细心保护儿童的健康。

内容：（1）出生前，孕妇应保持自身的健康而不致伤害其儿女。如注意节制、合理饮食；还应约束自己的情感，避免招致突然的恐惧、陷入过度的愤怒或怨恨，伤害到胎儿；应以愉快的心情和敏捷的行动从事日常工作，那么将来儿女的天性也会如此。（2）出生后，适当地清洁儿童。母亲应当亲任护士，哺乳喂养对儿童的健康是有益的；当儿童可以坐、站、跑时，应给

---

① 任钟印：《夸美纽斯教育论著选》，人民教育出版社2005年版，第68页。

② 任钟印：《夸美纽斯教育论著选》，人民教育出版社2005年版，第18页。

予保护，如护膝板等，防止跌倒时造成伤害。此外，如非必要时，应避免给孩子喂药，若幼年惯于服药，儿童就不会有充沛的力量；饮食方面，应避免让儿童喝酒或吃过烈和辣性的食物。

方法：（1）正当的秩序。即对儿童的生活制定一定的秩序，有助于儿童的健康，成为今后规则化的基础。如每天睡多久、玩多久、进餐多久等，使孩子习惯于恰当的秩序。（2）锻炼和娱乐。夸美纽斯认为，一个孩子的活动、游戏愈多，他的睡眠也愈香甜，胃的消化愈加容易，身体的发展也就愈快。[①]因此，要为孩子提供合适的锻炼场所，并予以适当游戏，能使孩子间相互跑跳、彼此追逐。

（二）德育

夸美纽斯认为，儿童生下来不是要做一头小牛或一头驴，而是要成为一个有理性的人。[②]他仿效柏拉图和亚里士多德，认为睿智、节制、勇敢和公正是最重要的德行。[③]他引用习语“成年时未受过管教的，到老年就没有德行”来说明道德教育的重要性，为此，他列举了儿童的德行方面需要学习的内容及方法。

内容：（1）节制和俭朴方面。夸美纽斯认为应将其列为道德学习的首位，因为二者是健康和生活的基础，也是其他品德的根本。因此，儿童应按照自然需求定量饮食和睡眠，切勿过于贪婪塞胀肚子。（2）整洁和礼仪方面。衣服、身体保持清洁并习惯于端庄有节。（3）尊敬长辈方面。认真倾听长辈们的教诲。（4）待人处事方面。应惯于说实话、待人亲切，有礼貌并甘于乐意服侍长辈。

方法：（1）榜样。夸美纽斯指出，在儿童面前为他们提供一个永久的、优良的范例是必要的，因为上帝已在他们的天性中播下模仿的种子。[④]儿童有模仿别人的欲望，因此父母应端正自身言行，为儿童树立榜样。（2）训诫。当儿童犯错时，不应威吓打击，而应让他有所畏惧、自我反省，适时地斥责和训诫他们即可。若无效，则可采用鞭打（夸美纽斯反对体罚，认为只有教育无效时才能视情况使用）。（3）练习。夸美纽斯主张在练习的过程中培养幼儿的德行。例如，教儿童优雅地用餐。

（三）智育

夸美纽斯认为智慧是一切事物的开端，作为父母不仅应该为儿童提供生活之资，还应该用尽方法和手段让儿童劳动，以此让其心灵充满智慧。于是他提出疑问，父母何时让儿童从事获得智慧的练习？他表明应从婴儿时期就开始教育。他认为，我们的知识是凭借感观、理智、交流得来，如果想要获得事物的知识就需要学会运用感观，它是知识的向导。所以从母育学校起就应该锻炼儿童的外部感觉，以辨认周围事物；另外，儿童具有的最初概念是一般的、模糊的，虽然他们能用感观感受，但是却不知道感觉的具体对象，所以学习应从一般概念开始。因此，为了能让父母知道如何更好地去训练儿童的智慧，他还设计了一系列教学大纲，涉及天文学、物理学、地理学、历史、经济学、政治知识、几何、算数、音乐等学科，

---

① 任钟印：《夸美纽斯教育论著选》，人民教育出版社2005年版，第36页。
② 任钟印：《夸美纽斯教育论著选》，人民教育出版社2005年版，第52页。
③ 曹孚：《外国教育史》，人民教育出版社1962年版，第95页。
④ 任钟印：《夸美纽斯教育论著选》，人民教育出版社2005年版，第51页。

内容丰富且全面。

内容：（1）自然事物。知道元素的名称——风、火、水、地；动植物名称及区别、用途。（2）天文学。日、月、星辰，随后学习太阳升落、月亮圆缺等。（3）光学。何为黑暗和光亮、颜色的区别。（4）地理学。了解出生和生活的地方，山川、河流、大地。（5）历史学。回忆昨天、最近、一年以前在做什么。（6）政治学。知道国家君主、议员等，以及各种会议。（7）几何。大、长、短、宽、厚、薄以及尺寸。（8）语言。强调祖国语言的学习。

（四）劳动教育

夸美纽斯反对懒惰，认为“懒惰是撒旦①的蒲团”，只要撒旦知道某人闲散无事，那他就一定会去占据他，先是产生坏思想，然后就会做出更可耻的事。因此，从幼年起就应该用一切办法训练儿童勤勉从事力所能及的劳动。②所以，他认为儿童在幼年就应该习惯从事家事和劳动不致厌恶懒惰，从而逐渐获得劳动技能。如学会倒水、做手工等。

（五）游戏和玩具

夸美纽斯倡导在儿童期进行游戏。他指出，游戏要比懒惰好些，因为游戏的时候，人专注于某种事物，而这种事物又经常能磨炼人的能力。③此外，自由是人的天性，所以人性是喜欢游戏和娱乐的，自然儿童也是喜欢游戏的。他认为，游戏不仅是儿童的天性，也对儿童的学习发展有重要作用，因此，儿童通过游戏并在游戏中就能够自然地、不自觉地感知事物。他指出，儿童并不是单独游戏，而需要同伴和家长的参与。一方面，儿童还不能从事真正的工作，需要家长和他共同游戏，增加知识的同时体验爱与陪伴；另一方面，儿童之间相互游戏，在游戏关系中更能促进彼此的成长，儿童之间就应当每天相互聚集共同游戏。

儿童常在游戏中模仿他们所看到的事，那就应该让他们做。但夸美纽斯指出，现实中的刀子、玻璃等不适合儿童玩耍。因此，应为儿童提供玩具以代替工具，如铁刀、木剑、锄头、小车、滑板、房屋建筑物等，使儿童在其中能够自得其乐。他还提出，只要对儿童没有伤害，不论儿童喜欢玩什么东西，与其限制他们，不如满足他们，这样对精神和身体都有好处。④

（六）进入公共学校的准备

幼儿逐渐成长进入童年期时，将离开家庭进入国语学校接受初步教育。此时，父母应该考虑子女入学前应如何安排使其扩大眼界，而不应轻易地送他们到学校接受教育。夸美纽斯指出，若父母没有准备就将子女送入学校是不明智的，如同小牛奔向市场或羊群闯入牛群一样，学校将为此所困扰并在合适时候惩罚儿童。因此，明智的父母就应该在儿童入学前做好准备，使其顺利过渡到国语学校中。

那么，如何为入学做好准备？夸美纽斯提出以下具体建议：（1）儿童快入学时，父母应以快乐的心情鼓励儿童，好像节日和收获葡萄时节快到时那样。例如，在儿童与同伴共同游

---

① 撒旦：是指《圣经》中记载的堕天使（也称“魔鬼”），是反叛上帝耶和华的堕天使，曾经是上帝座前的天使，后来因骄傲自大妄图与上帝同等，率领三分之一的天使背叛上帝，后被赶出天国。

② 任钟印：《夸美纽斯教育论著选》，人民教育出版社2005年版，第57页。

③ 任钟印：《夸美纽斯教育论著选》，人民教育出版社2005年版，第57页。

④ 任钟印：《夸美纽斯教育论著选》，人民教育出版社2005年版，第44页。

戏、学习时应允许儿童添置新物品。（2）告诉儿童入学获得学问是美好的事情，如此才能变成伟大的人。（3）努力激发儿童对于未来教师的喜爱之情。如亲切地提到老师的名字，而不是用惊吓的方法驱使他们进入学校。

最后夸美纽斯指出，儿童的自然能力表现不同，有的较早甚至 4 岁之前就表现出来了，而有的发展较慢。因此，他提出几点标准以此判断儿童是否达到进入公立学校的要求：（1）是否真正获得在母育学校所应学会的东西。（2）是否发现这个儿童对问题有注意、辨别与判断的能力。（3）是否有进一步学习的要求和欲望。

本章小结

夸美纽斯被尊称为教育发展史上的“哥白尼”，其教育代表作《大教学论》总结了古希腊至文艺复兴时期有益的教育经验和思想，标志着独立教育学的诞生。莱布尼茨指出，夸美纽斯在教育学中的发展所起的作用，跟笛卡尔和培根在哲学的发展中、哥白尼在天文学的发展中所起的作用是一样的。[①]他在批判旧教育的基础之上提出了一整套较为系统的教育理论体系，并根据儿童发展的年龄特点，设想规划出符合儿童发展的单轨学制及相应的学习内容，全面而又系统。就幼儿阶段的教育来说，他主要具有以下贡献：（1）指明家庭教育的重要性，明确教育幼儿为父母的义务和责任。（2）撰写了历史上的第一部学前教育学专著《母育学校》，辅之以世界上第一本图文并茂的儿童读物《世界图解》。（3）历史上第一次将幼儿期的学前教育纳入单轨学制。

当然，夸美纽斯的思想受到时代和自身认识的局限，其教育思想中具有浓厚的宗教色彩，具有一定的片面性。尽管如此，他提出教育要符合儿童身心发展的特点，教育适应自然的原则在现今仍具有重要意义，班级授课制和学年制也是教育史上的创举。毫无疑问，他是杰出的教育家。

思考与练习

1. 被称为“教育史上的哥白尼”和“现代教育之父”的教育家是（　　）。

A. 杜威　　B. 蒙台梭利　　C. 福禄培尔　　D. 夸美纽斯

答案：【D】

——2012 年上半年幼儿教师资格证考试《保教知识与能力（幼儿园）》真题选择题第 5 题

2. 世界上第一部论述学前教育的专著是（　　）。

A.《母育学校》　　B.《爱弥儿》　　C.《社会契约论》　　D.《学记》

答案：【A】

——2012 年上半年幼儿教师资格证考试《保教知识与能力（幼儿园）》真题选择题第 14 题

3. 试论述夸美纽斯教育的基本理念。

---

① 曹孚：《外国教育史》，人民教育出版社 1962 年版，第 98 页。

4. 阐述夸美纽斯的儿童观。
5. 试评述夸美纽斯在幼儿教育方面的主要贡献。

【拓展阅读书目】

[1] 夸美纽斯. 大教学论[M]. 傅任敢，译，北京：教育科学出版社，2015.
[2] 任钟印. 夸美纽斯教育论著选[M]. 北京：人民教育出版社，2005.

第二编　近代幼儿教育

只能在自然的秩序中考察自然，而不能在变质的事物中考察自然。

——[古希腊]亚里士多德

自夸美纽斯学前教育思想产生以后，欧美各国以及日本关于学前教育的社会化探索进入一个崭新的阶段。17 世纪以后，欧美等国家逐渐达成共识——学前教育的理想化构建，是与社会化问题紧密联系的，尤其是解决贫困儿童的救济和教育问题。这一共识使学前教育社会化探索凸显出更为强烈的时代特征和意义。有研究者指出，“近代幼儿教育设施作为一种广泛的社会设施而实现大众化是在 18 世纪末至 19 世纪前叶的一个时期。在此之前，西欧各国根本不存在有广泛的社会设施且大众化的幼儿教育机构。即便在那里开办了贫苦儿童和孤儿的保护设施用以收容幼儿，那也不是以教育为目的的设施”。①不得不考虑的问题是，贫困儿童的救济和教育问题可能涉及许多方面。对这一社会问题的解决，远远超出家庭的能力和范围，它迫切需要教育家、宗教团体乃至国家或者政府共同面对。这构成了西方教育由古代向近代转变的社会条件。

此外，近代幼儿教育的发展还得益于教育思想的转变：

一方面，唯实论教育思想和自然主义教育思想逐渐成熟。文艺复兴后期，“立足现实、服务现实、讲求实效”成为社会对教育的首要要求，唯实论教育思想本着现实主义的教育精神，强调现实生活、重视经世致用，与中世纪崇信上帝的宗教主义和与文艺复兴崇信古人的古典主义分道扬镳，更多关注社会生活与现实，充分反映了社会进步对教育的客观要求。与此同时，要求以客观存在的自然为基础，适应自然发展的顺序与规律和发展儿童主观中的自然本性而实施教育的自然主义教育思想空前绝后。自然主义教育思想源于古希腊，发展于文艺复兴后期，一般分为客观自然主义和主观自然主义两类。这二者之间相互包容，互相关联，有着共同的教育指向：（1）积极寻求教育规律，为教育的科学化构建奠定基础。（2）高扬儿童价值，确立儿童的主体性地位。（3）试图探求一种完整、系统的教学原则体系和教学法体系。

另一方面，空想社会主义和主知主义思想也逐渐兴盛。空想社会主义思想产生于资本主义工业迅速发展和资本主义制度确立时期，通过揭露对劳动者的残酷剥削，提出了消灭城乡对立、消灭私有制家庭、消灭雇佣不平等关系等积极的观点，其代表人物是法国的圣西门、傅立叶和英国的欧文。这一思想试图通过人性的改善而获得合理、幸福的生活，但这一构想是以不触动原有的社会制度为前提的。主知主义发端于 17 世纪，强调知识和智力、智慧和理性之间的关系，深刻体现了西方近代社会、文化和教育发展之间的基本趋势和根本指向。

总之，自 1640 年英国率先进行资产阶级革命，学前教育的社会化探索成为必然，幼儿社

① [日]梅根悟：《世界幼儿教育史》（上册），张举等译，吉林人民出版社 1986 年版，第 1 页。

会教育及幼儿公共教育逐渐形成和发展，直至19世纪末，幼儿教育在西方各国教育制度中已初步确立了其基础地位。

第五章 近代外国幼儿教育

内容提要

本章以英国、法国、德国、俄国、美国、日本六个近代主要资本主义国家为代表，探讨近代幼儿社会教育及幼儿公共教育产生的社会背景及发展情况，具体包括：六国各类幼儿社会教育及幼儿公共教育机构的产生与发展；制度的萌芽、形成、变革与确立；各国幼儿社会教育及幼儿公共教育的发展历程对后期乃至当今学前教育发展的启示等。

学习目标

1. 了解近代西方等国家幼儿社会教育及公共教育产生、发展的背景及历程。
2. 理解近代幼儿机构的产生及发展。
3. 理解近代各国幼儿教育政策的演变与幼儿园运动发展的概况。
4. 了解近代各国幼儿教育的特点及发展趋势。

1640年，英国率先进行了资产阶级革命，这既标志着英国资本主义制度的开始，又是世界近代史的开端。自近代以来，欧美和亚洲一些国家相继进行了资产阶级革命，如1775年的美国独立战争、1789年的法国大革命、1848年的欧洲各国革命、19世纪60年代的美国南北战争以及俄国农奴制改革、日本的明治维新等。伴随资产阶级革命的进行，尤其是在夸美纽斯学前教育思想的影响下，各国关于学前教育社会化的探索都进入了新阶段。

近代以后，各国都增设了很多收容幼儿的机构，诸如孤儿院、育婴堂等。然而，“在西欧，近代幼儿教育设施作为一种广泛的社会设施而实现大众化是在18世纪末至19世纪前叶的一个时期。在此之前，西欧各国根本不存在作为广泛的社会设施而大众化的幼儿教育机构。即便在那里开办了贫苦儿童和孤儿的保护设施用以收容幼儿，那也不是以教育为目的的设施。”

18世纪末至19世纪上半叶，近代幼儿教育制度发展迅速，幼儿教育设施作为一种广泛的社会设施而实现大众化。“这种机构的增设是受了如下诸因素的影响：家庭形态的改变、都市环境的拥挤、住宅条件的不够理想、妇女的就业谋职”“国家或社会有意使所有儿童获得一段较佳生活的开始”。①

1837年，福禄培尔创立幼儿园之后，德国境内率先兴起了幼儿园运动。19世纪中后期，

① I. L. Kandel. *The New Era in Education: A Comparative Study*. New York: Houghton Mifflin Company, 1995, p.51.

福禄培尔幼儿园运动的影响逐渐波及西方各国以及亚洲的部分国家（主要是日本）。自此，幼儿社会教育在各国扎根、生长，并不断走向成熟。

第一节　英国的幼儿教育

一、英国幼儿教育产生的背景

（一）“工业革命”“贫困化”使儿童问题凸显

1640—1688 年的资产阶级革命，英国确立了资本主义制度。这为英国经济、科技、教育的发展，尤其是为产业革命的进行提供了条件。正是在这种时代背景下，英国于 18 世纪 60 年代率先开始了第一次工业革命。在这次工业革命中，蒸汽机的推广和运用，标志着人类第一次大规模将以机器大生产逐渐代替手工业劳动。这种生产力的跨越式发展，引起了生产关系的巨大变革，也引起了社会结构的巨大变动。资产阶级依靠先进的生产技术加大生产，通过减少生产成本，以使剩余价值最大化。资产阶级的利益追求，加剧了劳资关系的斗争程度。无产阶级和劳苦大众，尤其是妇女和儿童成为企业主降低生产成本、扩大剩余价值的主要途径之一。在这种情形下，低工资的女工和童工数量激增，幼儿问题日趋凸显，社会问题日趋严重。

1. 健康危机凸显，死亡率高

幼儿健康问题成为当时的首要问题。导致幼儿健康危机的主要原因来自三个方面：（1）低龄幼儿的母亲作为企业工厂的劳动者，早出晚归，无暇顾及自己的孩子。（2）家庭生活贫苦，缺少必要的保护和营养补给，儿童保育不足。（3）儿童过早的童工生活和超负荷、超强度的体力劳动，加剧了儿童的健康危机。据描述，“‘像曼彻斯特这个地方……工人的孩子有 57%以上不到五岁就死掉。’在其他工业城市，每万人死亡者中五岁以下者，里子市占 5286 人，普累斯顿占 947 人。”①

2. 知识教育缺乏，道德发展堪忧

企业主对剩余价值的榨取，让童工成为劳动力组成的重要部分。因此，平民子女接受教育的机会少之又少。对低龄幼儿而言，接受教育更是遥不可及，甚至连基本的家庭教育都难上加难——父母早出晚归，长时间在工厂劳作，子女无人照管，往往放任自流。对童工或者即将进入工厂的“准童工”而言，在面临健康威胁和教育不足问题的同时，还将面临因教育不足而导致缺少文化技术知识以更好地适应企业生产的巨大难题。

（二）幼儿机构计划的提出

英国资产阶级革命以后，尤其是工业革命的到来，加剧了贫富分化的差距。社会贫困问题达到炽烈状态，由此引发了诸多社会问题，对社会发展和稳定形成了较大威胁，“对贫民的救济和管理遂成为国家和政府的大事，对贫民幼儿的保育问题逐渐被纳入国家管理的范围，出现了一些贫民幼儿保护和养育措施。”②。

① 杨汉麟：《外国幼儿教育史》，人民教育出版社 2010 年版，第 117 页。

② 周采：《比较学前教育》，人民教育出版社 2010 年版，第 50 页。

1601 年，英国颁布《伊丽莎白济贫法》，提出要给贫穷者的孩子一定的教育机会，同时富裕的教区要援助贫困的教区，这些举措有利于稳定社会秩序和保护统治阶级利益。

1697 年，英国又颁布了《国内贫民救济法》。与《伊丽莎白救济法》不同的是，它在确保原有救济措施的同时，还专门提出了针对儿童的“纺织学校”和“贫困儿童劳动学校”两项学校教育计划。“纺织学校”的教育对象有两种：4 ~ 6 岁阶段的儿童可以自由入校；6 ~ 14 岁的男女儿童也可全部实行免费义务教育，每天最多进行 10 小时的纺纱作业，但必须是年收入不足 40 先令的家庭。关于“贫穷儿童劳动学校”计划，洛克认为，它不仅可以给母亲和儿童带来双重利益（母亲可以腾出照料子女的时间安心工作，儿童则可在学校习得一定的劳动技能和劳动习惯），还可以减少政府的救济支出（儿童入校，父母则不能领取救济金），同时还能通过儿童在学校的劳动维持学校的基本支出。①

“纺织学校”和“贫困儿童劳动学校”两项学校教育计划虽然并没有落实，但已经能够显现出今天学前教育公共服务的特性。所以，这两项计划的提出是英国政府在试图解决贫困儿童教育问题和进行学前教育社会化探索过程中的一次跨越式的革命。

（三）幼儿学校的产生

发生在 18 世纪中期的英国工业革命，突出的问题是冲击了社会下层和贫穷家庭的生活状态。工业革命以前，6 岁以前的儿童均应在家里由母亲照顾，完成家庭教育；在此之后，则应进入学校接受一定的学校教育。工业革命以后，为贫困儿童办的教育几乎不再存在，甚至由母亲负责的 6 岁内的儿童保育和基本的家庭教育生活也变得遥不可及。因此，工业革命引发的由农业社会形态转为工业社会形态的社会变革，使那些在工作场所工作的儿童（包括在工厂工作的母亲的子女）成为最早的受害者。

面对这一系列问题，一些慈善组织建立起了一些教育机构对贫困儿童进行读写方面的简单教育，但这种教育单一、枯燥，并不适合儿童长期进校学习，大量的儿童仍然需要走进工厂。作为调和儿童教育和社会变革二者间矛盾的产物，欧文的教育实验和幼儿学校应运而生。

1. 欧文与“性格形成新学园”的提出

欧文（Robert Owen，1771—1858 年），出生于北威尔士蒙哥马利郡的牛顿城，在全家七个孩子中排行第六。父亲是位马具师和小五金商，母亲是邮政员。十岁时，欧文离开了家，只身前往伦敦的哥哥那里去谋生。几个星期后，欧文又被送到斯坦福德的一家服装厂做缝衣工学徒。“家庭童工”经历，使他过早地步入社会。18 岁时，他拿着借来的 100 英镑，在曼彻斯特创办了自己的第一家工厂。

他曾说过这样一段话：“虽然实际上我什么都不懂，但我非常聪明地观察每个部门的工人。通过对每一件事情的认真观察，我在工厂的整个创建过程中保持了秩序和整齐，而且情况比我之前预计的要好得多。”通过工厂管理，欧文觉察到环境对自己和别人产生的重要影响，并着力改善工人的工作环境。他认为，人类是环境的产物，除非通过教育在道德上武装起来，否则很难有能力摆脱环境的影响。而且，良好的品格只有在合适的物质和精神环境下才能形成。为实现这些“空想”，1813 年前后，欧文在政治上变得更加积极主动，并且提出了一份工厂议案，该议案禁止雇佣 10 岁以下的童工，将工作时间限制在每天白天的 10 小时。这对当

① 唐淑、何晓夏：《学前教育史》，辽宁师范大学出版社 2001 年版，第 354 ~ 355 页。

时的其他企业主或政治家来说，显然过于激进。经过多次商议，该议案形成定论，但并不适用于所有工厂，而只适用于纺织厂，并且将童工年龄限制在 9 岁，而不是 10 岁。

欧文认为，贫苦工人阶级的生活条件不利于儿童的生存与发展；父母在工厂长期劳作，导致对儿童进行家庭教育的缺失；父母观念以及精神认知贫瘠难以形成正确的教育方法。①因此，他主张通过幼儿学校的教育，帮助儿童形成健全的性格。

最终，他购买了位于瓦巴什河畔的一块土地，并将其命名为“新和谐”（New Harmony），开始实施他的改革方案。不久，村落和工厂林立，机声隆隆，各种公用设施（会议室、阅览室、学校、医院）一应俱全、应有尽有。他规定 5 岁到 7 岁的儿童，一律无条件入学；8 岁到 10 岁的儿童，除学习外，还要参加公社各种有益活动和必要劳动，如修整花园、做家务等；12 岁以上的青少年，必须在学习知识的同时，还要在工厂、作坊等学习一定的手工技能，以便为以后参加工作做好准备。

2. 欧文的幼儿学校及其教育思想

在欧文的工厂管理过程中，他禁止雇佣十岁以下的童工。欧文认为，“教育下一代是最最重大的课题”“是每一个国家的最高利益所在”“是世界各国政府的一项压倒一切的紧要任务”。同时，他认为：“人们在幼儿时期和儿童时期被培养成什么样的人，成年后也就是什么样的人。现在如此，将来也是如此。”

1816 年，欧文耗资一万英镑在他的厂区（新拉纳克）建立了第一所接近现代标准的公共学校——“性格形成学校”（Institution for the Formation of Character）。这所学校是新拉纳克的中心建筑，为 2～14 岁的少年儿童提供良好的教育，另外还附设有成人教育班。欧文制定的教学计划，侧重于儿童性格的培养以及儿童职业能力的提高。“性格形成学校”的宗旨是：“为了培养儿童的优良情操和实用技能，使他们能够成为有用的幸福的人而对他们进行教导”。他把“读”“写”“算”“说”当作学生们必须学习的项目。欧文的教学思想、教学理念和教学计划在新拉纳克取得了巨大的成功，公共学校同时也成为对公众开放的社交和休闲中心。

“幼儿学校”（Infant School）作为“性格形成学校”（Institution for the Formation of Character）的一个部分，主要招收 1～6 岁的儿童。其中，幼儿学校主要以 3～6 岁儿童的保育和教育为中心。而 2 岁左右的儿童同样也可以进校，学习舞蹈，阅读以及一些简单的自然史和地理知识。6 岁以上的儿童在学校也有专门的教室，教学内容主要涉及绘画、地理科学等，其教学形式主要是讲座。②

在“幼儿学校”的管理上，欧文认为，人的性格是由他出生时的机体加上外在的对机体起作用的环境的双重作用下形成的。也就是说，儿童的先天天性和后天教育环境共同作用于儿童性格的发展。而且，每一个儿童在这种环境影响下都有可能形成非常低下的或非常上等的人。所以，他非常重视儿童理性的发展。

在儿童发展方面，他提出了具体的教育内容。在儿童的思维能力方面，他认为理性教育是让儿童具有独立判断能力的重要途径和主要的教育内容；在智育方面，重视实用知识的学习和实物教学；在德育方面，关注儿童遵守纪律和同伴友好关系的建立。

① [英]欧文：《新社会观》，柯象峰译，生活·读书·新知 三联书店 1958 年版，第 10～40 页。

② 郭法奇：《外国学前教育史》，北京大学出版社 2015 年版，第 69 页。

3. 欧文"幼儿学校"的影响

欧文的"幼儿学校"是英国（也是近代欧美）第一所面向工人及城市贫民子女的幼儿学校，在当时激起了巨大的社会反响，以此出现了大量幼儿学校，引发了英国近代幼儿学校运动。

1818 年，兰斯登侯爵和布鲁汉姆勋爵在伦敦威斯敏斯特开办了幼儿学校，这是继欧文"幼儿学校"后的第二所学校。在此之后的两年，怀尔德斯平夫妇在伦敦斯平脱场开办了幼儿学校。

英国大力推广幼儿学校，1824 年，幼儿学校协会（The Infant School Society）在伦敦成立。在该机构成立的 14 年间，其旨在"促进为 2～6 岁的贫苦儿童建立收容所"、对幼儿学校是否通过"使用图画和其他课程进行教学"进行监督。①

1836 年，国内和殖民地幼儿学校协会（Home and Colonial School Society）成立，并开班专门培训幼儿学校中的幼儿教师。这是对幼儿教师进行师资培训的较早的形式。

在工业革命之际，欧文的幼儿学校引发幼儿教育的巨大变革，这一重大的历史事件表明，学前儿童教育已经成为社会发展的重要组成部分。

知识链接

欧文《自传》中培养优良性格的十条经验

第一——不责骂或处罚儿童。

第二——每一受聘的教师对所有的儿童毫不例外地在口气、神色、话语和行动上始终表示出亲切的感情，以便在施教者和受教者之间产生真挚的爱和充分的信任。

第三——用观察种种现象及其性质的方法实施教学，由施教者和受教者双方以无拘无束的交谈方式做出解释，后者可以经常提出他们自己的问题，以求得理解或额外的知识。

第四——必须经常用和蔼可亲和合理合情的态度回答问题；当问题的内容越出教师的学识范围时（这是往往会遇到的事情），教师应当立刻充分承认他对该项问题缺乏了解，免得把年轻人引入歧途。

第五——室内上课没有固定的时间，但教师要注意发现学生的脑力或他们自己的脑力由于室内的教学而开始疲倦，这时，在天气晴朗时就应当把功课改为室外的体育锻炼，或在天气恶劣时改为室内的体育活动，或练习音乐。

第六——除音乐外，教师还要让这些劳动人民的子女学习军训并进行军事操练，教他们养成遵守秩序、服从指挥和严格要求自己的习惯，改进他们的仪表和健康状况，并且使他们利用最好的时机和最优良的方式预备做准备，在必要时能以最少的牺牲和辛劳捍卫他们的国家。教师还指导他们学习舞蹈……

第七——然而，这些锻炼只能持续到受教育者不再觉得他们有益和不再能够很好地享受其乐趣为止。在刚看到他们有厌倦的迹象时，就应当叫他们回到室内学习智力方面的功课……

第八——把儿童们带到户外，让他们熟悉花园、果园、田地和树林中的产品以及家禽、家

① 郭法奇：《外国学前教育史》，北京大学出版社 2015 年版，第 70 页。

畜和一般的博物学，是教育劳动阶级儿童的一个重要部分……

第九——训练劳动阶级的儿童，使他们在思想和行动上做到合乎理性并获得以后终生受用不尽的有重大价值的知识……

第十——把劳动阶级的儿童置于比其他任何阶级的儿童所处的环境更为优越的环境之中，即把他们白天安置在首屈一指的最完美的学校，使劳动阶级的儿童养成那种闻所未闻的或从未见著事实的优良性格……

——杨汉麟：《外国幼儿教育史》，人民教育出版社 2010 年版。

二、英国的幼儿学校运动

英国幼儿学校运动的出现，主要由于欧文的“性格形成新学园”和国外福禄培尔“幼儿园”的建立。欧文的“幼儿学校”引发英国出现了大量的幼儿学校。[①]他一改儿童教育的传统，为贫困阶层的儿童以及处境不利的儿童提供了一种接受教育的途径。这一伟大的教育实验，较多关注了社会发展过程中因不均衡带来的处境不利儿童的教育问题，引发英国社会的广泛关注。怀尔德斯平的幼儿学校正是在这种背景下产生的。而“幼儿教育之父”福禄培尔将英国乃至全世界的幼儿学校运动推向了顶峰。

（一）怀尔德斯平的幼儿学校

1. 怀尔德斯平及其教育思想

怀尔德斯平（Samuel Wilderspin，1792—1866 年），早年做过学徒和贫民日校的教师，是 19 世纪上半期英国幼儿学校的著名领导人。1820 年，怀尔德斯平和妻子一道在斯平脱（Spintal Fields）开办了一所幼儿学校。1825 年“伦敦幼儿学校协会”成立后，受该协会之托普及幼儿学校。在教育理念上，深受洛克影响，信奉“白板说”。[②]同时，他认为应重视幼儿的安全和健康，应将“游戏场”作为幼儿学校的重要组成部分，但游戏和其他形式的运动只能作为调整儿童注意的手段，并不能代替幼儿学校的主课。

怀尔德斯平一生著作颇丰，主要著作有《关于教育贫穷儿童的重要性》《幼儿期教育例解》《少年教育体系》《发展所有 1 ~ 7 岁儿童的身体、智力和道德力量的幼儿体系》等。

2. 教育目标与内容

怀尔德斯平试图通过“阶梯教室”以及“导生”[③]的方式，利用书本、课程等教育材料丰富儿童的知识基础。怀尔德斯平还主张，儿童每天应有一半左右的时间在户外活动和观察、了解自然。其教育内容和教育目标主要涉及德育和智育两个方面。

关于德育，怀尔德斯平旨在通过幼儿学校预防贫穷儿童因其家庭教育的缺失而导致的道德堕落，如虚伪、残酷、贪婪、暴力等行为；培养和发扬儿童的爱心、孝悌之义、秩序意识、勤俭持家之道以及尊重私有财产等。其核心在于“爱”和“尚”。

怀尔德斯平的智育思想与欧文一致，重视实物教学和学生独立思考能力的培养。反对灌输式的教育。他希望儿童能够通过独立思考、小组讨论等学习方式，习得一定的观察、比较、

---

① 在“幼儿学校的产生”中的“欧文‘幼儿学校’的影响”部分已有说明，此处不再赘述。

② 杨汉麟：《外国幼儿教育史》，人民教育出版社 2010 年版，第 119 页。

③ 从班级中挑选 2 名孩子作为“导生”，导生一般年龄偏大、学习成绩较好，其职责在于协助教师进行教学。

判断等独立求知的能力。在教学过程中，他设计了“阶梯教室”“调换架”“数学架”等教具。为顺应形势发展的需要，怀尔德斯平在智育方面主要设置了国语、算术、自然、社会、宗教、音乐等，旨在让8岁以下（8岁后被迫参加社会劳动以谋生）的儿童习得基本的读、写、算等谋生技能。

知识链接

怀尔德斯平幼儿学校一周的课程表

时间：上午9点到校，12点放学，下午2点到校，冬天4点、夏天5点放学。

星期一：上午——集合以后，做指定的祈祷，唱赞美歌。然后把石板和笔交给孩子，让他们写字和拼字。10点半游戏。11点在阶梯教室集合，跟着助教复习学过的博物绘画。下午——和上午一样，先祈祷和唱赞美歌，然后使用“教学柱”复习有关圣经故事绘画，最后在阶梯教室里对此进行提问。

星期二：上午——照例的祈祷和唱赞美歌。利用“教学柱”学习字母和拼字。游戏。在阶梯教室里复习加减表。下午——祈祷和唱赞美歌。复习九九表，回答助教提出的问题。学习朗诵方法。游戏。在阶梯教室里计算，利用黄铜制的数字和字母进行拼写。

星期三：上午——祈祷和唱赞美歌。字母和拼字。游戏。教师在阶梯教室里教授几何学图形和音乐符号。下午——祈祷和唱赞美歌。练习便士和先令的换算。游戏。教师在阶梯教室里教授算术。关于人和事物的即兴教学。

星期四：上午——祈祷和唱赞美歌。字母和拼字。教授除法、重量、尺度和时间等。游戏。在阶梯教室里上与星期一上午相同的课。下午——祈祷和唱赞美歌。利用“教学柱”学习几何学和博物要点。在阶梯教室里通过黄铜制品学习文字和数字。有关人和事物的即兴教学，这种教学要完全利用实物来举例说明。

星期五：上午——祈祷和唱赞美歌。学习文字和拼法。学习由教师设计的计算表。游戏。在阶梯教室里学习关于地理学、地图、地球仪等方面的知识。下午——祈祷和唱赞美歌。学习“教学柱”上的圣经里的画，然后在阶梯教室里就那些画提问。

星期六：上午——祈祷和唱赞美歌。文字和拼法。在教室里讲授计算表。游戏。在阶梯教室里利用“置换架”进行教学，利用黄铜制品教授几何学。宗教教学在每天，特别是星期六上午的课程里占有优越的地位。

——郭法奇：《外国学前教育史》，北京大学出版社2015年版。

（二）福禄培尔运动与英国学前教育的变化

1837年，德国教育家福禄培尔在勃兰根堡创建了世界上第一所“幼儿园”（1840年才更名为“幼儿园”）。自此，福禄培尔的教育思想开始波及英国乃至全世界。

福禄培尔的幼儿教育思想传入英国，得益于流亡英国的德国法兰克福联邦议会的议员哈勒斯·伦克夫妇。1848年，伦克夫妇来到英国推广福禄培尔式的幼儿园活动，并于1851年在英国创办德语幼儿园，专门招收侨居英国的德国儿童。三年后，他们又增加英语教学形式，开始招收英国儿童。1855年，伦克夫妇出版了《英语幼儿园入园手册》，解答参观者提出的各种疑惑，并于同年 4 月尝试开办堪称幼儿园延伸之福禄培尔主义初等学校。

初等学校打破传统的小学课程内容及教育方法，倡导发扬儿童个性的游戏化教学。自此，“双轨制”的入学机制在英国扎根发芽。所谓“双轨”：一种是以收容工人阶级和贫苦阶层子女为对象的英国本土幼儿学校；另一种是招收对象为中上层子女的德国福禄培尔式的幼儿园。前者强调儿童的纪律、规范以及读、写、算等基本技能的学习，后者则重视儿童的自由发展和游戏，倡导儿童个性的表达。但是，福禄培尔教育思想在英国传播之后，英国幼儿学校也开始减少读、写、算等训练的时间，逐渐增加游戏时间。

1861 年，英国政府公布经过修订的教育法规，开始实施通过读、写、算的测验成绩决定国库补助的政策。这一政策的实施，对倡导游戏学习的福禄培尔式幼儿园形成了巨大冲击，出现了缓慢发展甚至停滞的状态。直到 19 世纪末，学力测验作为指挥棒的影响开始淡化，福禄培尔式幼儿园开始获得发展动力，甚至出现了以招收贫民和工人阶级的幼儿为对象的免费幼儿园。

（三）保育学校（免费幼儿园）的创办与发展

19 世纪末 20 世纪初，以招收贫民和工人阶级的幼儿为对象的免费幼儿园诞生。1873 年，第一所免费幼儿园在曼彻斯特开班[①]，招收对象为 3～6 岁的儿童。这是福禄培尔幼儿园运动在英国的进一步普及和发展。20 世纪以后，免费幼儿园数量迅速增加。

免费幼儿园大多设有厨房、浴室、午休场所等，主要为贫苦阶层的孩子提供食品、衣物、洗澡、游戏等日常保育服务。这类幼儿园重点是关注孩子的身体发育情况，专门性的教育活动较少，主要以户外活动和自由游戏为主要活动。同时，“还通过福禄培尔‘恩物’和作业材料，让幼儿进行作业、唱歌、跳舞、讲故事、说童谣、演木偶戏以及家务劳动等”[②]。

1919 年后，免费幼儿园更名为“保育学校”。此时，英国已创办 13 所保育学校。其中，影响较大的当属麦克米伦姐妹于 1913 年创办的保育学校。直到 1918 年《费舍教育法》的颁布以及 1923 年“保育学校联盟”的成立，保育学校正式成为国民学校制度的一个重要组成部分。

三、英国幼儿教育政策与制度发展

自 17 世纪开始，英国政府及其他团体出台了一系列关于儿童发展的文案，如《伊丽莎白济贫法》（1601 年）、《国内贫民救济法》（1697 年）、《学徒健康与道德法》（1802 年）、《工厂法》（1833 年）、政府国库补助政策（1833 年）、《初等教育法》（1870 年）以及教育法规附件 322 号《关于幼儿教学》等。

1.《工厂法》中的儿童教育

工厂工业的迅速发展，使工人及其子女成为资本家贪婪榨取剩余价值的工具。在这一过程中，童工遭受身体和心理方面的巨大摧残，工人阶级斗争开始并愈演愈烈。为调和资本家和工人阶级的巨大矛盾，1833 年第一个《工厂法》通过。该法案规定，儿童必须接受义务教育，学习初步的读、写、算和宗教知识，以及简单的道德教育。1846 年该法案进一步强调，14 岁以下的孩子，如果未能接受初等教育，则不能被送入受监督的工厂做工。《工厂法》的颁

① 杨汉麟：《外国幼儿教育史》，人民教育出版社 2010 年版，第 124 页。

② 唐淑：《学前教育史》，人民教育出版社 2009 年版，第 283 页。

布，“为英国正式颁布《初等教育法》打下了一定的基础”[①]。

2.《初等教育法》与儿童教育

《初等教育法》(Elementary Education Act-Forster）于 1870 年由英国国会颁布，也称为《福斯特法案》，这是英国国民教育制度正式形成的标志。该法案规定，各学区有权实施 5 ~ 12 岁儿童的强迫教育。1876 年该法案的修订稿发布，规定家长送子女入初等学校是一种义务，10 岁以下儿童未受过教育则不能入工厂劳动。四年后，该法案正式规定初等教育免费。

虽然英国近代较少有专门论述幼儿教育的相关法案文件，但我们仍然能够从上述文案中看到，英国国会（政府）等部门已经意识到儿童教育的重要性。因此，将儿童接受教育的年龄逐渐下移，而且，已经形成较为完善、系统的学制要求。

知识链接

《初等教育法》的颁布及其影响

直至 1870 年，英国政府颁布了《初等教育法》(Elementary Education Act-Forster），第 74 条第一款规定：“入学儿童的最低年龄为 5 岁。”以后又进一步把五岁作为义务教育的最低年龄。其理由是：第一，贫民和工人的子女入学比待在家里安全；第二，应对幼儿进行礼貌、纪律、清洁卫生和生活习惯等方面的教育；第三，受过教育的幼儿比待在家里的同龄儿童接受能力强。这样，英国 5 岁儿童基本上都进入了幼儿学校。此外，对当时已进入幼儿学校的 5 岁以下儿童，英国政府规定仍允许他们享受免费义务教育。1900 年，5 岁以下儿童在校人数达到幼儿学校学生总数的 43.1%，学校的经费因此产生了困难。为了改变这种情况，1905 年政府派出的视察委员会在经过调查研究后向政府提出一个报告，要求 5 岁以下儿童迅速减少。幼儿学校逐渐成为 5 岁以上儿童专门享受教育的机构。而被排斥在幼儿学校之外的 5 岁以下儿童，不断上升的伤亡数引起了社会的重视，纷纷呼吁建立 5 岁以下幼儿教育机构，这样，麦克米伦姐妹就成为英国 5 岁以下儿童学前公共教育的先驱。

——霍力岩等：《美、英、日、印四国学前教育体制的比较研究（上）》，北京师范大学出版社 2013 年版。

第二节　法国的幼儿教育

1789 年，法国爆发了资产阶级革命，推翻了封建制度。三年后，建立法兰西共和国，标志着资本主义制度在法国的真正确立。曾担任过法国教育部部长的著名政治家与学者阿兰·佩雷菲特（Alain Peyrefitte）曾说，“任何一个国家的人民，都有那么一种倾向，把自己当作世界

① 王天一、夏之莲、朱美玉：《外国教育史》(上册)，北京师范大学出版社 1994 年版，第 155 页。

的肚脐眼”[①]。这也许是对法国国民的一种真实写照。

法国人何以形成这种优越的民族情结呢？确切地说，和法国跻身世界强国之列有着密切的关系。法国的世界强国形象表现在诸多方面，如政治、军事、文化、外交、教育等。尤其是，“法国在进入 19 世纪以后，还能在相当长的时间里仍然保持某种强国地位，甚至不时称霸欧陆，也在很大程度上归因于其曾在新的历史条件下适时地进行一系列思想创新和制度创新。而法国之所以能够做到这一点，显然与它长期重视发展教育，并成为在教育领域具有明显特色与优势的教育强国有很大关系。”[②]但值得注意的是，法国在近代时期的学校，除了军事院校、特种科技学校，以及法兰西学院外，大多由封建势力代表（教会）控制，学前幼儿教育也位居其中。

法国最早的学前教育组织，当属 1770 年由牧师奥柏林创办的“编织学校”，这是法国近代学前教育的开端。在此之后，受英国幼儿学校的影响，出现了众多托儿所。直到 1830 年前后，法国政府逐步将学前教育纳入中央集权的管理体制，并加强对托儿所的财政支持，这从根本上推动了法国学前教育的迅速发展。但我们也可以以此论断，法国的学前教育可笼统划分为 18 世纪 70 年代到 19 世纪 30 年代中期以具有慈善性质的贫民育儿院和幼教机构托儿所（如“编织学校”)为主的第一阶段和 19 世纪 30 年代至 19 世纪末以中央集权管理幼儿教育(“母育学校”形成）的第二阶段。

与英国相似，到 19 世纪中后期，随着福禄培尔的“幼儿园”的产生和推广，幼儿园运动落足法国学前教育的土壤，实现了法国学前教育的现代化。

一、作为慈善救济性质的幼儿社会教育机构的产生

法国近代幼儿社会教育具有慈善救济性质的幼儿社会教育机构，主要产生于 19 世纪上半叶。这类机构主要招收贫民家庭的子女以及家庭中无人顾及的儿童，显现出浓烈的公益性和救济特性。其中，最具有代表性的幼教机构和幼儿慈善团体有奥柏林的“编织学校”、帕斯特莱侯爵夫人的育儿院、柯夏的托儿所，以及马尔波的婴儿托儿所等。

（一）奥柏林“编织学校”的创办

奥柏林（John Frederic Oberlin，1740—1826 年），教师家庭出身。年轻时钻研神学，1767 年来到泰因达尔担任布鲁德堡教区的牧师。泰因达尔位于法国东北部，该地区偏僻，人们生活贫苦。奥柏林出于对穷苦民众的同情，他采取各种措施改善该地区居民的生活。尤其是他对学校教育进行改革与整顿方面的贡献最为卓著。1770 年“编织学校”的创立便是他对教育的贡献之一。

“编织学校”是法国最早的社会化幼儿教育机构。该教育机构的创立，被看作法国近代学前教育社会化的正式开端，也有研究者认为，“恐怕是一切幼稚学校之始祖”[③]。但是，“编织学校”并非法国最早的学前教育形式。在 18 世纪以前，法国的学前教育和其他许多欧洲国家一样，一直是传统的家庭教育。但是，家庭中对儿童的教育并不是系统的、延续的，尤其是在农忙季节时，家庭长者便不能对他们的孩子进行管理和教育。

---

① 阿兰·佩雷菲特:《官僚主义的弊害》，孟鞠如等译，商务印书馆 1981 年版，第 15 页。

② 吕一民、钱虹、汪少卿、应远马:《法国教育战略研究》，浙江教育出版社 2014 年版，第 2~3 页。

③ [英]拉斯克:《幼稚教育史》，周竞中译，商务印书馆 1939 年版，第 102 页。

1. 何为“编织学校”

1770 年奥柏林创设了编织学校。该学校主要是农忙时收容贫民的 3 岁以上无人看管的孩子，因此属于一种慈善机构。该学校管理幼儿的工作人员往往一边从事编织副业进行生产，一边对幼儿进行管理和教育，甚至对年龄较大的幼儿教以编织的手工技巧。“编织学校”由此得名。

2.“编织学校”的招生与管理人员

“编织学校”招收所在地区贫民的 3 岁以上的幼儿以及年幼的儿童。该学校有 2 名管理者：“一名任手工技术指导，另一名任文化、游戏方面的指导”；同时，“挑选年龄大些的女孩做‘助教’工作”。[①]

3.“编织学校”的教学内容与学习方式

“编织学校”的教学内容主要包括语言学习（标准法语、格言和童话故事）、宗教仪式（宗教赞美歌）、采集和观察、绘画学习、地理知识学习、劳动技能学习（缝纫、纺织、编织等）、历史知识学习、农村经济常识，以及游戏等。奥柏林认为，儿童的这些学习，应当完全是游戏式的，或者应该是娱乐式的。

4.“编织学校”对幼儿教育的影响

“编织学校”和当时普遍存在的教会学校都属于慈善机构，但其指向意义并不是单一的慈善救济，而是作为开发教区社会经济以及增进地区居民福利的重要手段。但直至奥柏林去世，“编织学校”一直没有得到官方的扶持，且与后期的母语学校也未能形成一定的延续关系。据推测，法国革命及新兴国家对宗教神学色彩的反对，虽然没有直接对“编织学校”形成致命的阻挠，但与教会有关的活动总会受到严格的限制。[②]

（二）帕斯特莱“育儿院”和托儿所的建立

在近代法国的贫民儿童救济活动中，法国著名女社会活动家及慈善家帕斯特莱在巴黎创办的收容贫民婴儿的“育儿院”也引起了一定的社会反响。

直到 1826 年，她依托“妇女会”（当时的慈善组织）在巴黎创办了法国最早的托儿所。这个托儿所和 1801 年创办的“育儿院”有所不同：育儿院主要对婴幼儿进行身体方面的保育和养护，但教育意味不浓；托儿所除了对儿童进行日常的身体保育外，还对儿童进行一定的教育和管理。这所最早的托儿所，当时一共收容了 80 个贫困儿童。

帕斯特莱夫人创办的妇女会托儿所开办不久，便得到了时任巴黎第 12 区区长柯夏的支持和协助。自此，法国的托儿所机构得以迅速发展。

（三）柯夏与“模范托儿所”

柯夏（J.Cochin，1789—1841 年）在对英国的幼儿学校进行了深入细致的考察和研究后，结合帕斯特莱夫人创办的妇女会托儿所的实际开办情况，于 1828 年协助“妇女会”模仿英国的幼儿学校新建了一个托儿所。

1. 柯夏的教育思想

柯夏在《托儿所纲要》（1835 年）一书中专门论述了设置托儿所的目的、性质和意义。柯

---

① 唐淑：《学前教育史》，人民教育出版社 2009 年版，第 286 页。

② 杨汉麟：《外国幼儿教育史》，人民教育出版社 2010 年版，第 126 页。

夏认为，托儿所的贫困救济的性质是不会改变的，不过在实施贫困救济的过程中，还应承担一定的教育责任，对贫困儿童进行一定的教育。

受英国幼儿教育（尤其是怀尔德斯平）的影响，柯夏设置了阶梯教室，使用教学柱和置换架等教具对幼儿进行智育训练。同时，柯夏认为应该加强对儿童德育的训练，让儿童形成一定的品德。柯夏还强调，在德育过程中，教师不能“偏向”，应多听取孩子们的意见；师生间只有建立良好的“信赖关系”，才能形成良好的“服从”品德。在智育过程中，柯夏强调应多采用直观教学法，“以实物教学为主”①。

2. 托儿所的教育内容和教育目标

柯夏的托儿所的教育内容和教育目标主要反应在德育和智育两大方面。在德育方面，柯夏要求儿童应形成一定的品格，如“对同伴的宽大为怀的感情”“公正的感情”“说真话”“服从和纯朴”“正直”“礼节、礼法和良好的仪表”“守秩序、守规矩、服从有权威的人们”“互相间有礼貌、互相尊敬”“具有道德的尊严——自尊心”“勤奋”等②。除德育外，还包括宗教、读、写、算、几何、地理、历史、图画、博物、体育等专门性的以知识教育为主的活动。

（四）马尔波与婴儿托儿所

马尔波（Firman Marbeau）的“婴儿托儿所”是对法国幼儿社会教育机构的重要补充。在此之前，法国的托儿所大都招收年龄较大的幼儿，而对年幼的乳儿和婴儿的教育则属空白。马尔波正是基于此，其“婴儿托儿所”便应运而生。

第一所“婴儿托儿所”于 1844 年 11 月创办，专门对 2 岁以下的婴幼儿提供保育服务。在此之后，为规范婴儿托儿所的管理和保育工作，马尔波撰写《关于婴儿托儿所》册子。马尔波的主张引起社会的强烈反响，甚至在欧美各国也产生了重大影响。自马尔波之后，婴儿托儿所的数量迅速增加，“1845 年增加了 5 所，1846 年发展到了 8 所”③。

二、托儿所的制度化发展与母语学校的形成

（一）托儿所的制度化发展

自拿破仑时代开始，法国形成了一整套中央集权的教育领导体制，制定了世界上较早的幼儿教育法令，旨在保护和教育幼儿。

1.《初等教育法》与托儿所发展

法国托儿所（包括婴儿托儿所）的发展，引起了法国政府和教育行政部门的注意。时任法国公共教育大臣的吉佐曾提到，可以把托儿所看作初等教育的基础。但这一提议的落实和考证，需追溯至 1833 年法国政府颁布的《初等教育法》（即吉佐法案）。自此，托儿所不仅仅是救济和管理的性质，而公证了“不仅照看和监督孩子，而且也进行教育”④的事实。1832—1835 年，吉佐对托儿所的运作经费做出了调整。他坚持：公共教育部必须对托儿所给予财政上的支持，确保初等教育的这一形式能够从根本上有所发展。有研究记载，直到 1835 年，“公共教育部给予托儿所的补助费达到 25 900 法郎，其他自治机构资助的费用达 24 000 法郎”；

---

① 郭法奇：《外国学前教育史》，北京大学出版社 2015 年版，第 75 页。

② [日]梅根悟：《世界幼儿教育史》（上册），张举等译，吉林人民出版社 1986 年版，第 124～125 页。

③ 郭法奇：《外国学前教育史》，北京大学出版社 2015 年版，第 77 页。

④ [日]梅根悟：《世界幼儿教育史》（上册），张举等译，吉林人民出版社 1986 年版，第 128 页。

"1835 年年底，法国公认的托儿所已有 93 所"。①

2. "初等教育视学官制"

《初等教育法》颁布后，时隔 2 年，法国政府又颁布了《关于在各县设立初等教育的特别视学官的规定》，"初等教育视学官制"自此确立。这一规定要求，在各县均要设立"视学官"，负责初等教育的管理工作，以及对托儿所进行视察和监督。这成为法国政府正式管理托儿所的开端。

需要作出说明的是，1835 年设立"视学官"，这标志着政府对托儿所正式进行监管。但是，"视学官"并不是唯一的监管主体。这是因为托儿所的慈善救济性质并没有完全消失，它仍然受到"妇女会"的管理和监督。直到 1836 年，"妇女会"解散，政府才从妇女会手中完全接收了对托儿所的管理权和监督权。自此，托儿所正式成为公共教育部所管辖的学校。

3. 托儿所管理和监督体系的确立

1837 年，法国最早的托儿所管理和监督体系确立。该体系规定了托儿所的创办性质和教学内容、托儿所管理者的任职资格、托儿所的管理和监督机制三个大的方面。

托儿所仍然保持慈善设施的性质，但分公立和私立两种。教学内容包括读、写、算、歌唱、画线和宗教等基本的知识性内容。托儿所的最高管理者即为所长，被称之为"监督"，满 24 岁的男女均可担任监督，但需持有三证：考试委员会提供的"能力证书"、地方自治体负责发放的"道德证书"、大学总长授予的"住地证书"。在托儿所的管理方面，教育大臣布雷于 1836 年 4 月提出托儿所应同其他初等学校一样，接受市镇村教育委员会和郡教育委员会的管理、监督和惩戒；在管理体制内部，建立托儿所女视学官制度，自上而下包括三级：首席女视学官、特别女视学官、一般女视学官。

4. 托儿所敕令

1855 年 3 月底，法兰西第二帝国拿破仑三世颁布托儿所敕令。敕令的颁布，进一步明确了托儿所的性质和管理，进一步细化了托儿所内部的相关规定和规章、保教内容、保教人员的任职资格等。

关于托儿所的性质，有研究者做出描述，"托儿所不论是公立或私立，都应当成为 2 ~ 7 岁的男女儿童在道德和身体的成长中得到必要照顾的教育设施"②。

敕令规定，托儿所的教育内容主要包括四个方面：宗教教育、读、写、算、线条画等初级知识；儿童所能理解的常识；手工作业；道德培养以及身体素质训练。③

此外，敕令还规定了托儿所内部对儿童进行奖励或惩戒等评价性的具体方式。关于奖励：表扬或奖励的对象应是那些"顺从的儿童"；奖励的方式是给予画册和"优良成绩"，且"优良成绩"可进行累计，直到一定分数时可兑换实际用品。关于对儿童的惩戒："禁止打骂儿童"、应"谆谆教诲"；对儿童的惩罚，可"罚站"，但"不超过 10 分钟"；可"赶出阶梯教室，禁止和大家一起做手工作业"；还可以"罚他（她）向后转，面对大家"等。④

保教人员方面，敕令规定了基本的任职资格。托儿所的教员，称之为"保姆"，年龄必须在 24 岁以上，限女性。为取得"保姆"资格，需对其进行学力测验和操作技术测验，测验结

① 郭法奇：《外国学前教育史》，北京大学出版社 2015 年版，第 76 页。
② [日]梅根悟：《世界幼儿教育史》（上册），张举等译，吉林人民出版社 1986 年版，第 355 页。
③ 郭法奇：《外国学前教育史》，北京大学出版社 2015 年版，第 78 页。
④ [日]梅根悟：《世界幼儿教育史》（上册），张举等译，吉林人民出版社 1986 年版，第 357 页。

果必须合格。学力测验的内容较多，具体包括教以问答、读、写、算（四则运算、换算等）、地理常识、唱歌、手工等；操作技术主要指进托儿所对儿童进行现场指导和保教。

敕令对托儿所的设施也提出了具体要求。敕令规定，托儿所必须设有一间供儿童休息和娱乐游戏场，一间上课用的教室；同时，还应设有一个阶梯教室，该教室需要有 5~10 个台阶，并且中间和两侧通透，方便走动。

法国托儿所政策和机构的发展变化，预示着学前教育社会化探索已在法国开始。学前教育社会化的进程迅速加快，幼儿教育逐渐成为法国教育制度中的重要一环。

1881 年和 1882 年，法国政府两次颁布通过了《费里教育法》，确立了国民教育的三大原则，即"免费"原则、"义务"原则、"世俗化"原则。这是法国历史上实施最长久的一个教育法令。同年 2 月，政府通过教育法令，明确将托儿所等幼教机构统一更名为"母育学校"。《费里教育法》的颁布，标志着法国近代资本主义教育制度的初步确立，同时也是法国近代学前教育发展的重要转折点。

（二）"母育学校"的形成与发展

1. 何为"母育学校"

"母育学校"这一名称最早出现在 1840 年，由当时法国的教育部长卡尔诺提出。更确切地来讲，卡尔诺要求把"托儿所"统一更名为"母育学校"。但这一提议，经过了 40 年之久，最终在《费里教育法》颁布后才正式使用。法案中提到，"母育学校是初等教育的设施，那里的男女儿童将共同接受体、德、智全面发展的教育。"[①]1908 年，法国政府在发布的指令中进一步提出，"母育学校不是一般所讲的普通学校。对于有流落街头之险和处于家境不良的孤独的幼儿来说，它是保护儿童的避难所"。[②]总体来说，法国教育行政当局对"母育学校"的性质、年龄与编班、保教设施与内容做出了明确规定。

法案规定，母育学校招收 2~6 岁的儿童，并对入校的儿童依据年龄和理解力的发展两个维度分编成两个组。其中，2~4 岁为第一组；5~6 岁为第二组。显然，这种编班的形式便是我们今天非常熟悉的男女混合编班。这样一来，母育学校便如同一个大家庭，这些不同年龄的男女儿童像兄弟姐妹一样聚集在母育学校，由老师带领一起游戏、生活、成长。这在一定程度上，暗含着"母育"的深刻内涵，同时也从根本上要求教师必须像母亲一样，"采取温情、宽容、自由发展的教养方式"[③]。

1887 年，教育部门对母育学校的保育设施和设备条件提出了具体要求。要求母育学校要有独立的校舍，不许设立在男子学校或女子学校里；还要设置校长室、教员室、接待室等。因此，母育学校里的设施和先前的托儿所相比而言，设施更为齐全。母育学校内部通常包括保育室、游艺室、游戏场休息室、厕所、带厨房的食堂、物品寄存处等。在大型活动区内部，往往提供一定的操作材料，大体分为玩具类（如积木箱、小桶、手推车、跳绳、球等）和教学用具类（如地球仪、挂图、连环画、日用品等）。

母育学校的保教内容主要以知识教育为主。具体包括：（1）初步的道德教育，如向儿童灌输对家庭、祖国和上帝应尽的义务。（2）日常生活中的常识教育，如对时间和季节的理解、

---

① [日]梅根悟：《世界幼儿教育史》（上册），张举等译，吉林人民出版社 1986 年版，第 366 页。

② [日]梅根悟：《世界幼儿教育史》（下册），张举等译，吉林人民出版社 1986 年版，第 192 页。

③ 唐淑：《学前教育史》，人民教育出版社 2009 年版，第 283 页。

颜色和形状的辨认等。(3)生活技能教育，如初步阅读、语言练习、唱歌、绘画、地理基础等。(4)动手能力的培养。(5)体能素质锻炼。①

显然，母育学校较多关注儿童智育的培养，且与传统的儿童教育相比而言，宗教教育痕迹淡化，但资产阶级道德教育却日渐明显。同时，母育学校专设游戏场，且保育材料丰富，更多采取直观教学法，关注儿童的游戏活动。但是，母育学校的知识分量较重，对儿童的作业时间没有限制，致使母育学校出现了明显的小学教育的氛围和气息。这与“母育学校”所要求的“母育”是有差异的。

2. 凯果玛对母育学校的贡献

凯果玛(Pauline Kergomard，1838—1925年)，出生于教育世家，曾在师范学院就读。1879年，她被任命为托儿所的视导员，从事学前教育工作。法兰西第三共和国(1870—1940年)成立后，政府设置托幼机构改革方案起草委员会，此后又专门成立负责编制母育学校教学大纲的委员会，凯果玛开始致力于学前教育的改革工作。她曾领导了19世纪80年代法国幼儿教育机构的改革，积极投身于母育学校运动，使得政府将托儿所纳入国民教育体系。她的主要著作有《母育学校的教育》。

凯果玛认为，学前教育机构的教育有两个指向：社会性目的和教育性目的。也就是说，“社会的，意味着解决母亲不能照顾自己的孩子这个社会问题；教育的，意指要像一个聪明的母亲那样施行教育”②。凯果玛指出，母育学校并不是一所学校，过多地充斥知识教学是不正确的行为。相反，应该把尊重幼儿个性和创造精神视为学前教育工作必须遵循的第一原则。因此，母育学校的教学内容和教学方法都应适合幼儿的身心发展特点。基于此，凯果玛指出应增加游戏与活动的比例，实现母育学校应遵循的第二原则——尊重儿童的自由。

凯果玛还专门论述了母育学校的教育内容。她认为，母育学校的重点应该是保育。所以，应首先注意幼儿的清洁卫生和身体健康；其次，应采用游戏和活动的方式；再次，智育在所难免，但智力课程应该由日常生活中的常识性知识、唱歌、故事、绘画、观察、模仿以及问答等构成，而不是枯燥的读写算；最后，她尤为重视德育而反对宗教教育。

3. 福禄培尔与母育学校的发展

由于政府的重视和法律条文的保障，在20世纪上半叶母育学校出现了飞速发展的态势。到1939年，母育学校已有3831所，这为法国学前教育的发展奠定了良好的基础。

如果说法国政府是母育学校快速发展的根本动力的话，福禄培尔教育思想的影响可以说是母育学校发展的导火索。这是因为，母育学校完全采用福禄培尔的玩具、教具和教育方法，才逐渐实现了法国学前教育的现代化。

最早将福禄培尔教育思想引进法国的是别劳夫人(Mrs Buelon，1810—1893年)。1855年，别劳夫人前往法国，自此，她在法国生活了三年，共宣讲100多次。别劳夫人建议，应把幼儿园的方法引进现有的设施，尽可能使幼儿园与初等教育接轨。同时，还主张向师范生讲授福氏教育思想。不久，福禄培尔的幼儿园思想在法国大地上扎根生长，甚至法国出现了真正意义上的幼儿园。

与英国学前教育发展相似，福禄培尔的幼儿园思想落足后，先前上层社会在家里由专门

① [日]梅根悟：《世界幼儿教育史》(上册)，张举等译，吉林人民出版社1986年版，第368页。

② 杨汉麟：《外国幼儿教育史》，人民教育出版社2010年版，第130～131页。

的保姆或家庭教师进行保育和教育的儿童陆续走入幼儿园，开始接受学校教育。自此，法国双轨局面逐渐形成：幼儿园只招收上层社会的儿童；其他儿童只能进入具有慈善救济性质的托儿所学习。[①]但是，福禄培尔的教育内容、教育方法被引进法国后，却对幼儿园和托儿所的发展均产生了重大影响。例如，托儿所开始注重儿童的游戏和户外运动，在托儿所内部专门设置娱乐用的庭院，并将福禄培尔恩物作为教具等。

但是，福禄培尔幼儿园思想在法国的传播并非一帆风顺。在19世纪末期，受到“普法战争”的影响，法国各类文件和记录中，很少再有福禄培尔的名字，社会也拒绝幼儿园的发展，福禄培尔教育思想的传播处于停滞状态。[②]

第三节 德国的幼儿教育

在近代史上，德国一直是一个有着很多大小不一的诸侯邦国的封建制国家。甚至到英、法等国爆发资产阶级革命时，德国仍然面临着国家长期不统一、各诸侯国间战乱频繁、生产落后、封建割据严重等一系列问题。直到19世纪中后期，这一分裂性的国家封建格局才有所改观，逐渐结束了封建割据的局面，建立了以普鲁士为首的统一的德意志帝国。

正是由于德国统一较晚，所以其学前教育的发展要比英、法等国缓慢许多。在很大程度上，德国近代学前教育的发展，受到了法国托儿所和英国幼儿学校的根本性影响。直到19世纪，德意志的一些城市才出现了一些慈善性质的保育机构。19世纪20年代以后，德意志的部分邦国开始学习英国幼儿学校的办学经验，学前教育才开始得到发展。

然而，这一时期正值欧洲面临大面积的贫困问题，社会问题凸显。在解决贫困化的社会问题，尤其是贫困阶层的儿童以及处境不利儿童的教育问题上，德国在借鉴英国幼儿学校和法国托儿所的办学经验的基础上，形成了本土化的特点。

1840年，福禄培尔创办幼儿园（1837年创办，1840年改名为“幼儿园”）以后，其学前教育理论和教育思想风靡全国，不仅推动了德国学前教育的社会化探索，使德国的幼儿教育走向世界，也推动了世界幼儿教育的现代化发展进程。

一、保育所、托儿所及幼儿保护机构的制度化发展

（一）保育所、托儿所机构的设立

1. 巴乌利勒保育所

巴乌利勒侯爵夫人（Pauline，1769—1820年，也有研究者译为“保宁公主”）受到法国帕斯特莱夫人创办的“育儿院”的启发，于1802年在多特蒙德设立保育所。巴乌利勒夫人曾在关于“设立托儿所”的提案中指出，保育所就是“一个把被留在家里的幼儿集合在一起进行保护的地方”[③]。这说明，保育所同样具有很浓烈的慈善救济性质，旨在救济贫民，帮助参与劳动的母亲保育孩子。

---

① [日]梅根悟：《世界幼儿教育史》（上册），张举等译，吉林人民出版社1986年版，第353页。

② 郭法奇：《外国学前教育史》，北京大学出版社2015年版，第77页。

③ [日]梅根悟：《世界幼儿教育史》（上册），张举等译，吉林人民出版社1986年版，第140页。

巴乌利勒保育所属于季节性托儿所，保育时间主要集中在初夏到晚秋这段农忙时期的白天（上午六点至下午八点）。招收的对象是母亲从事农业劳动并已断奶的 1 ~ 5 岁的婴幼儿。婴幼儿入保育所时，“必须申报父母的资产、工作种类和他们的生计”①，“以防止滥用慈善资源”②。

保育所的保教人员由监管者和保姆组成。监管者通常是由 12 名贵妇人自发组成的，且保育所不需要给予任何报酬。保姆通常由来自于一些孤儿院和职业介绍学校的 12 ~ 16 岁的女孩子担任，直接照看婴幼儿。

保育所的保教人员对孩子们的一日生活进行监管，但不给他们任何束缚。保教人员每天的核心任务是对婴幼儿进行日常保育工作，如洗澡、梳头、发放干净的衣物、穿脱衣服、清洁等，并给孩子们安排游戏活动。同时教授孩子们简单的日常用语，并对他们进行道德方面的训练和生活规律的教养，如守规矩、守秩序、勤劳、亲切等。

巴乌利勒保育所是德国历史上最早的保育设施。它的创办引起了德国对贫困阶层幼儿的教育问题的深切关注，一定程度上促进了 19 世纪德国保育机构的发展。受巴乌利勒保育所的影响，哈达斯来宾于 1810 年成立了“保姆学校”；1812 年莱比锡成立了托儿所。这些保育机构和巴乌利勒的保育所一样，也是一种季节性的托幼机构。③

2.“托儿学校”

瓦德蔡克（Friedrich Wadzeck），幼儿教育家，曾做过柏林工农周刊杂志的编辑。1819 年，瓦德蔡克设立了柏林最早的“托儿学校”，专门招收劳动阶级的子女。“托儿学校”起初招收 9 个月到 2 岁的婴幼儿，后来扩展到 13 岁。“托儿学校”和德国其他早期的保育所不太一样，是常设的，并不是季节性的。这是因为，“托儿学校”以城市贫困家庭的孩子为对象，同时还招收了许多孤儿和流浪儿，并对他们进行 24 小时的保育。

3. 幼儿保护机构

1830 年，第一所“幼儿保护机构”诞生。该机构的创设与威尔玛・格罗斯曼（Wilma Grossman）是分不开的。威尔玛・格罗斯曼是法兰克福大学教授，热心幼儿教育。她在《学前教育》一书中谈到，学前教育应有专人负责，机构设施应由民众团体共同筹措解决。“幼儿保护机构”正是她的主张得以响应的结果。该幼儿机构发展迅速，至 1845 年，柏林已有 29 所，招收 2 ~ 6 岁儿童共计 3 695 人。④

4.“幼儿学校”

弗利托那（Theodor Fliedner，1800—1864 年）是阿尔萨斯州威尔特城路德新教派牧师，曾赴英国参观过幼儿学校。受英国幼儿学校的影响，1835 年，弗利托那在自己的教区设立了奥柏林式的编织学校。1836 年，编织学校更名为“幼儿学校”。幼儿学校专门招收贫困工人的子女，对其进行宗教、道德、手工、读、写、算等方面的教育与训练。弗利托那专门在幼儿学校里设立了游戏场。他认为，对儿童的教育应以游戏的方式进行，而且应该加强对幼儿进行礼貌养成、节制、勤劳、卫生等方面的教育。

弗利托那的幼儿学校的工作人员基本都是自给自足。这是因为，弗利托那的幼儿学校还

① [日]梅根悟:《世界幼儿教育史》(上册)，张举等译，吉林人民出版社 1986 年版，第 141 页。
② 郭法奇:《外国学前教育史》，北京大学出版社 2015 年版，第 80 页。
③ 郭法奇:《外国学前教育史》，北京大学出版社 2015 年版，第 81 页。
④ 杨汉麟:《外国幼儿教育史》，人民教育出版社 2010 年版，第 135 页。

附设了幼师培训机构。通过为期 3 ~ 4 月的培训，这些即将走入幼教机构的培训者必须能够承担音乐、算术、博物、德育、地理科学等课程的教学。[①]弗利托那的幼师培训班在一定程度上促进了学前教育的发展，它对幼儿学校运动的影响是巨大的。到 1851 年，该机构培训幼师累计达 400 多人。

5. 阿尔古斯堡托儿所

深受拜恩幼儿教育政策的影响，时任福音派贫民之家的少年督学威尔特受到阿尔古斯堡市议会的任命，在走访德国的一些幼儿教育设施以后，于 1834 年 7 月开办了阿尔古斯堡托儿所。在此之前的一个月，阿尔古斯堡市议会已经发出了关于开设托儿所的公告。公告指出，“设立受到承认的幼儿学校或者托儿所，并以此使其地区的学校制度达到更高的水平”是“最为迫在眉睫的”。因为，这会“必将影响到他们的整个一生”。否则，“对于整整一代人所造成的危害是笔墨难以形容的”。在幼年期“对幼儿进行身心的教育”，是为人的一生、将来的生活奠定基础的，因此将具有极大的重要性。[②]

阿尔古斯堡托儿所最初招收 59 个来自于手工业者和城市贫民家庭的孩子。据记载，当时这所托儿所共有 3 名保教人员（男女教师各一名和一位保姆）、一间游戏室、2 间保育室和一个院子。[③]一年后，随着入托儿童剧增，又新办了两个托儿所。需要强调的是，和德国其他各类幼教机构相比而言，阿尔古斯堡托儿所的性质有着根本性差异，它是靠公费设立和维持的。也就是说，阿尔古斯堡托儿所是一个公共幼儿教育设施。

据记载，阿尔古斯堡托儿所的一日生活是比较丰富的，具体内容如下。[④]

6:00—8:30	入托儿所并完成集合
8:30—10:00	进行各项练习（每项练习达半小时）
10:00—10:30	吃点心
10:30—11:00	练习（集体练习和测绘练习）
11:00—12:00	游戏时间
12:00—14:00	回家、吃饭、清洗、如厕
14:00—16:00	各种练习（重点是每天 1 小时的手工劳动）
16:00—16:30	吃点心
16:30—17:00	讲故事、游戏、回家

威尔特认为，儿童游戏与幼儿教育是相一致的。儿童游戏的过程通常分为两个阶段：把得到的所有东西都作为玩具玩的阶段（类似于“以物代物”）和集体协作游戏的阶段。正是基于威尔特的这种理念，他主张教育“不是为时过早地将儿童培养成大人”，而应该“按照法则和自然的规律”进行，避免“对他们施加任何干涉”[⑤]。因此，阿尔古斯堡托儿所的保教活动不主张“为时过早的练习”，大多以感觉和悟性的练习为主，如记忆练习、发音、字母、讲话、色彩感知、造型、身体训练等，旨在“培养人的身心的基本能力”。[⑥]

---

① 杨汉麟：《外国幼儿教育史》，人民教育出版社 2010 年版，第 136 页。
② [日]梅根悟：《世界幼儿教育史》（上册），张举等译，吉林人民出版社 1986 年版，第 175 页。
③ 郭法奇：《外国学前教育史》，北京大学出版社 2015 年版，第 83 页。
④ [日]梅根悟：《世界幼儿教育史》（上册），张举等译，吉林人民出版社 1986 年版，第 178 页。
⑤ [日]梅根悟：《世界幼儿教育史》（上册），张举等译，吉林人民出版社 1986 年版，第 179 页。
⑥ 郭法奇：《外国学前教育史》，北京大学出版社 2015 年版，第 84 页。

阿尔古斯堡托儿所创办后的第四年，威尔特提出了设立培养托儿所保姆等工作人员的预备学校的提案，旨在通过保育知识的学习与训练，形成具有自觉行动的、勤劳的、聪明的、顶用的“家庭婴儿教育的保姆”。这一提案很快得到阿尔古斯堡市议会的批准。

威尔特的阿尔古斯堡托儿所的创办理念体现了一种全新的幼儿教育视野。他对托儿所和托儿所中活动的儿童给出了新的诠释和要求：托儿所不是学校，更不是监狱，而是面向儿童的收容所，是游戏场，更是儿童之家。威尔特的教育观念及其托儿所的创办理念对以后德国学前教育的发展奠定了稳固的基础。

（二）幼儿保育机构的制度化发展

巴乌利勒托儿所在各地发展起来后，引起了政府部门的关注。从此，德国的一些邦国陆续颁布了发展幼儿教育的政策。

1814 年，石勒苏益格—荷尔斯泰因公国的《一般学校规程》规定，“监督学习”旨在对母亲有工作而不能照顾的 6 岁以下的幼儿进行保育和管理。

1825 年的黑森·卡塞尔选帝侯的指令规定的内容就更多，如幼儿教育的目的、保育时间、资金来源等。幼儿教育的目的在于保证孩子的安全和健康，以便其父母能安心工作。同时，该指令还规定了保育的时间是农忙时节的上午六点到下午六点。费用主要来源于捐助以及市镇的金库支出。

1824—1827 年间，怀尔德斯平与德国幼儿教育的发展建立了不解之缘。1824 年，德国普鲁士教育部颁发文件，推荐怀尔德斯平的教育论文《贫民儿童教育的重要性》，书中写道，“国家内部的治安，只有由理智的民众教育把对这种治安非常危险的恶劣习惯根除的时候才能实现”[①]。普鲁士政府教育部于 1827 年发布文件，要求尽快“建立幼儿学校”，“杜绝贫民儿童粗野化的恶劣习惯，提高贫困儿童的道德水准”[②]。

为实现这一目标，普鲁士政府对以贫民子女为对象的幼儿教育采取了一些扶持措施，如 1838 年承认了私人设立的“中央基金”[③]、1842 年根据国王敕令免除托儿所团体的印刷税、1843 年免除托儿所地租等。

1839 年，拜恩内务部制定了托儿所的规定，具体内容包括对托儿所身份的认证、托儿所建设的目的、托儿所的教育方式和保育策略、对管理人员的要求以及托儿所工作人员的素养要求等六个方面。[④]

这一时期的德国各邦的幼儿教育政策大致体现在以下：幼教机构虽然受到政府的监督管理，但其私人性质并未改变；幼儿教育机构的教育是稳定社会秩序的核心手段；贫民幼儿教育的重点应是保持身体健康而不是其他。有研究者指出，德国各邦的幼儿教育政策强烈地表现出了“控制但不援助”的倾向，这一倾向与英、法等国的“控制且援助”是有本质差异的。[⑤]但

---

① [日]梅根悟:《世界幼儿教育史》(上册)，张举等译，吉林人民出版社 1986 年版，第 150～151 页。

② 郭法奇:《外国学前教育史》，北京大学出版社 2015 年版，第 81 页。

③ 1838 年，普鲁士国王弗里德里希·威廉三世发布敕令，批准了为援助柏林托儿所而设立的“中央基金”，并要求这部分资金必须全部用于托儿所的设施建设上，但敕令并未指出，基金是由国家提供，而是规定由市民捐助筹集。

④ 郭法奇:《外国学前教育史》，北京大学出版社 2015 年版，第 82 页。

⑤ 杨汉麟:《外国幼儿教育史》，人民教育出版社 2010 年版，第 135 页。

总体而言，随着幼儿教育政策的发展和演进，德国各邦的幼儿教育得到了迅速发展。

二、福禄培尔的幼儿园运动

（一）福禄培尔幼儿园的产生

福禄培尔（Fredrich Froebel，1782—1852 年）出身于牧师家庭，幼年丧母，家庭生活环境苦涩严苛。1805 年，他担任一所普通学校的教师。担任教师期间，在他人的引荐下，福禄培尔访问了裴斯泰洛奇创办的 Yverdon 学校。不久，勤于思考的他便发现受人推崇的裴斯泰洛奇的教学思想也存在着一定缺陷。回国后，他承担了 9～11 岁孩子的教学工作并感到乐此不疲。这是他着手儿童教育的开始。

1809 年，福禄培尔萌生了创设“幼儿班级”的想法。该想法直到 7 年后才得以落实——他在哥廷根大学和柏林大学学习后最终在 1816 年创办了闻名世界的“卡伊尔霍大同教养院”，并开始了教育实践活动，当时该教养院里仅招收了 5 个孩子。

1829 年，福禄培尔提出了“黑伦巴计划”。计划的核心要求是设立一个国民教养院，让所有的儿童都能入学并接受统一的基础教育。“所有的儿童”将分布在“基础班及”“练习班级”“一、二部和应用班级”四个班中。此外，这个教养院还将附设一个即将招收 3～4 岁幼儿的教育设施，以保护处境不利的儿童并使其得到发展。但这里处境不利的儿童主要指“有产阶级孤儿”①。“之所以选择有产阶级的子女，是为了使他们将来能有能力经营自己的事业。”②“黑伦巴计划”中关于幼儿保教设施的设想最终沦为一个畅想，没有真正实施，但却奠定了福禄培尔幼儿园教育理论的基础。这是因为，福禄培尔对新设施的理解保持了与 1840 年“幼儿园”教育思想的一致性。他认为，幼儿教育设施“不应当是一所学校，孩子们在那里不应当接受学校式教育，而应任其自由发展。”③

1836 年，福禄培尔提出了“布格多夫孤儿院初等学校案”。提案指出，初等学校分为两个大阶段，第一阶段为“预备学校”，主要对招收的 4～6 岁的儿童进行观察、说话、数数、唱歌、造型、体操、童话、游戏等方面的活动。同年，福禄培尔又回到了卡伊尔霍，开始探索儿童教育的核心价值。他在卡伊尔霍学校的教育实验过程中不断反思，为什么学校花费很多时间用来教育孩子，但效果甚微。他最后将问题归结于有缺陷的学前教育。

他认为，尽管人们已经认识到母亲在儿童早期教育中的重要性，但现实情况中很多母亲并没有充裕的时间和能力对孩子实施教育。而且，很多家庭环境并不是儿童社会和道德发展的良好空间，反而还会限制儿童的活动和经验。这是因为社会和道德的发展，比起家庭中受限的环境，儿童更需要一个有其他同伴一起活动的空间。

1837 年，他的想法最终随着在勃兰根堡的幼儿教育机构的建立而得以实现。在这个机构中，以直观教学为主，儿童可以追随心性，自由活动，自我教育，自由发展。在福禄培尔看来，幼儿教育机构并不是随意选取的，它有着特殊的含义。这个场所“如同在神的保护和经验丰富、洞察敏锐的园丁照顾下的园地”，孩子则如同植物“得以有规律的生长”。而且，“在这里，人这一最高贵的植物，即人的幼芽，又是人类的一员的儿童们，受到神及自然的共同

① 郭法奇：《外国学前教育史》，北京大学出版社 2015 年版，第 85 页。

② [日]梅根悟：《世界幼儿教育史》（上册），张举等译，吉林人民出版社 1986 年版，第 217 页。

③ [日]梅根悟：《世界幼儿教育史》（上册），张举等译，吉林人民出版社 1986 年版，第 217 页。

教育。”[①]由此，1840年，他在一次偶然的散步中，高兴呐喊，“新机构的名字将是幼儿园”[②]。自此，世界上第一所以“幼儿园”命名的学前教育机构诞生。

福禄培尔幼儿园中的教育内容，和其在1836年提出的“布格多夫孤儿院初等学校案”中的“预备学校”有着很强的一致性，主要包括以“恩物”为操作材料的游戏活动、作业活动（包括叠纸、折纸、拼图、画画、积木、串珠等）和语言练习（唱歌、讲故事、朗诵等）。[③]

福禄培尔及其教育思想促进了幼儿园教育体系的建立，也从根本上促进了学前教育机构由“看管”向“教育”的转变。他的学前教育思想体系逐渐在德国大地上生根、发芽，并开始向世界蔓延。

（二）福禄培尔幼儿园在德国的推广

1840年，福禄培尔正式将其创办的幼儿教育机构命名为“幼儿园”以后，随即开展了宣传幼儿园的活动并取得坚实进步。具体的推广措施包括三个方面[④]：

第一，在城市展开宣传、展示和推广等活动。在城里，他们向市民家庭及其孩子展示他的恩物和游戏，并动员其使用恩物。

第二，通过出版材料进行宣传。福禄培尔通过讲座、演讲、通信等方式，宣传其教育思想与教育目的。

第三，通过组织活动进一步推广幼儿园。在德国革命中，福禄培尔积极参与进步教师集会，呼吁政府拨款增加幼儿园数量以促进幼儿园发展，还要求将幼儿园教育作为德国统一国民教育制度中的初级阶段。

在幼儿园的推广过程中，福禄培尔指出，“应尽可能地在每个小地方办一所幼儿园，要像努力在每个小地方至少设一个教堂那样。而且，我们应该像初期的简单的家庭礼拜一样，起初至少可以试验性地把几个家庭组织在一起，建立家庭联合幼儿园。”[⑤]为实现这一宏伟目标，福禄培尔在推广过程中非常关注幼儿园保育人员的培训工作。他专门培训那些热爱儿童的青年妇女，指导其了解儿童身心发展的一般规律以及正确的保教方法。福禄培尔幼儿园运动开始真正形成。

但是，随着1848年欧洲革命的失败，德国政府趋向于保守和反动，这给曾受到进步势力支持的福禄培尔幼儿园致命的一击。有研究者记载，“1851年8月7日，普鲁士政府以‘灌输无神论’及政治上有破坏倾向等莫须有的罪名”[⑥]，对幼儿园实施全国查封并禁止设立。这一禁令直到1860年才被取消。

禁令取消以后，幼儿园运动再次席卷德国各邦，出现了很多幼儿园协会。1860年，在协会的组织和领导下，福禄培尔主义幼儿园妇女促进会成立。1861年，在妇女促进协会的大力支持下，4所幼儿园和1所幼儿园师资培训机构创办。自此两年后，又成立了“家庭教育和民众教育协会”，旨在促进幼儿教育改革。改革的具体内容包括四个方面：设立幼儿园和师资培

---

① [日]梅根悟：《世界幼儿教育史》（上册），张举等译，吉林人民出版社1986年版，第223页。

② V. Celia Lascarides, Blythe F. Hinitz. *History of Early Childhood Education*. Falmer Press, 2000: 98.

③ 唐淑：《学前教育史》，人民教育出版社2009年版，第290页。

④ 郭法奇：《外国学前教育史》，北京大学出版社2015年版，第86页。

⑤ [日]梅根悟：《世界幼儿教育史》（上册），张举等译，吉林人民出版社1986年版，第223页。

⑥ 杨汉麟：《外国幼儿教育史》，人民教育出版社2010年版，第137页。

训机构，创办游戏场并由福禄培尔方法做指导，幼儿园应面向民众化的发展指向，以及女子学校引入福禄培尔方法的具体要求等。直到 1874 年，妇女促进协会与家庭教育和民众教育协会合并，成为柏林福禄培尔协会。

在禁令取消前夕，“哥特·福禄培尔协会总友”的成立，并发行《幼儿园》杂志。该组织于次年更名为“福禄培尔协会总会”。①这一组织主要负责开设幼儿园和幼儿园女教养员养成所，以及幼儿园与初等教育间的良好衔接。后期，随着规模的进一步扩大，该组织又更名为“德国福禄培尔联盟”。②

1871 年，以别劳夫人为核心的德国教育协会总会成立，福禄培尔幼儿园运动彻底席卷世界各国。

总之，福禄培尔作为“幼儿教育之父”，对学前教育的贡献是巨大的。他的贡献主要有：(1) 创立了幼儿园教育体系，实现了学前教育机构由“看管”向“教育”的真正转型。(2) 努力使“每一个儿童，不管其地位和条件如何，都能够发展其真正的本性、性格和生活的职业”的愿望变成现实并实现“自我教育以及接受教育”。(3)“训练那些将来继续教育幼儿的幼儿园的工作者”。③

第四节　俄国的幼儿教育

18 世纪初至 20 世纪初，俄国逐渐完成由封建社会向资本主义社会的长期演变。在长达 200 年左右的时间里，俄国从处于东欧一隅的内陆国家发展为横跨欧亚两大陆的大帝国。其中，彼得大帝执政时期（1689—1725 年），俄国中央集权的国家制度更加完善——沙皇拥有至高无上的权力，贵族地主阶级是统治的支柱。这一时期，近代工业化开始推进，但农奴制也日益强化，手工工场基本上也使用农奴劳动，广大劳动人民生活在水深火热之中。

18 世纪下半叶，即叶卡捷琳娜二世时期，使用雇佣劳动的手工工场增多，农奴制达到鼎盛，俄国封建专制制度的根基越来越稳固。

19 世纪初期，俄国资本主义手工工场取得优势。到 30 年代以后，出现广泛使用机器的态势，工业革命随即开始。但这一时期雇佣劳动关系也进一步突出，农民进一步分化，农奴制出现严重危机。

1861 年废除农奴制后，俄国资本主义得到迅速发展，形成了新的社会阶级：资产阶级和无产阶级。直到 19 世纪末 20 世纪初，无产阶级才作为独立的政治力量发挥巨大的历史作用。但是，此后俄国参与第一次世界大战，又加剧了国内危机，导致 1917 年二月革命的胜利和沙皇制度的覆亡。

在沙俄时代，俄国的经济与文化教育均落后于西欧。至十月革命前，一般的幼儿教育还处于萌芽状态。而且，俄国近代的幼儿教育（尤其是十月革命前的学前教育）因为严重的社会分化而有着特殊的形式。

---

① 郭法奇：《外国学前教育史》，北京大学出版社 2015 年版，第 87 页。

② [日]梅根悟：《世界幼儿教育史》(上册)，张举等译，吉林人民出版社 1986 年版，第 245 页。

③ V. Celia Lascarides, Blythe F. Hinitz. *History of Early Childhood Education*. Falmer Press，2000: 100.

一、俄国十月革命前的幼儿教育

（一）18 世纪下半叶至 19 世纪上半叶的幼儿教育

这一时期，由于俄国经济与文化的落后局面，导致学前教育发展缓慢，甚至处于萌芽或起步阶段。

1. 伊·伊·别茨科伊与儿童教养院

18 世纪中后期，伴随工商业的发展，市民阶层对教育提出了更高的要求。自此，旅居法国多年且深受启蒙运动影响的进步教育家伊·伊·别茨科伊受到女皇叶卡捷琳娜二世的重用，开始教改活动。

别茨科伊深受法国启蒙运动的影响，且熟悉法国各类慈善机构的工作。1763 年，他奏请叶卡捷琳娜二世，请求为遗弃儿童开办教养院。这是俄国第一所儿童教养院，别茨科伊被任命为院长。①1770 年开始，教养院在各省市都开办起来，俄国学前教育迅速发展。

教养院专门收容 2～14 岁的处境不利儿童，并对其进行游戏、体育、德育和劳动等方面的指导和教育。教养院的开办虽然受到女皇叶卡捷琳娜的支持，但并未受到政府的财政资助，其资金来源主要是慈善募捐。教养院由于缺乏财政资助，经常处于入不敷出的困境中，因此无法从根本上满足处境不利儿童的保育要求。②

2. 葛岑教养院

葛岑教养院于 1802 年开设，是彼得堡教养院在葛岑村的扩散。该教养院旨在“为儿童提供自然清新的生活环境，以期降低其死亡率”。③1808 年，教养院开始将 7 岁以下的儿童交由保护人抚养。直到 1832 年，奥博多夫斯基等进步教育家才呼吁应在教养院内专门设立幼儿学校，那些寄养在保护人家中的儿童，白天全部应回到幼儿学校接受教育。由于这一提议一直未能得到教养院的支持，奥博多夫斯基等进步教育家自行在教养院内部设立了一个实验幼儿学校。

1837 年，葛岑村教养院制定了新的组织制度。4 岁以下的儿童全交由保护人看管，4～8 岁的儿童寄宿宿舍（每间房子住 5～6 人，男女分开）。儿童日间需要就学于教养院内部的幼儿学校，4～6 岁为小班，6～8 岁为大班，8 岁后方可进入彼得堡教养院。在幼儿学校里，小班没有固定的学习任务和上课时间，主要以形成感受性、观察力、初步的道德观念和良好的行为习惯为主要目标；大班有较为明确的作业大纲，主要包括智力练习、朗读、计算和书写等。④

3. 收容所、孤儿院中的幼儿教育

19 世纪初期，农奴制经济的危机日益加重，社会底层民众苦不堪言，这引起了一些进步知识分子的同情。19 世纪 30 年代以后，彼得堡和其他城市相继出现了各种慈善团体，以拯救农民、乞丐，尤其是孤儿为宗旨。其中，影响比较大的有 1837 年形成的“劳动妇女救济院”。

“劳动妇女救济院”慈善机构开办了一个“收容所”，这是为外出谋生的母亲所留下的儿童设立的。在收容所里，儿童可以学习神学、书写、阅读、计算、唱歌、手工等。

---

① 杨汉麟：《外国幼儿教育史》，人民教育出版社 2010 年版，第 139 页。
② 杨汉麟：《外国幼儿教育史》，人民教育出版社 2010 年版，第 139 页。
③ 杨汉麟：《外国幼儿教育史》，人民教育出版社 2010 年版，第 139～140 页。
④ 杨汉麟：《外国幼儿教育史》，人民教育出版社 2010 年版，第 140 页。

次年，“劳动妇女救济院”又开设了四个分所，用来缓解收容所里人满为患的困境和压力。

（二）19世纪下半叶至20世纪初的幼儿教育

1861年，俄国农奴制废除，生产力发展较快，劳动妇女增多，幼儿保教问题显得尤为迫切。与此同时，德国福禄培尔幼儿园运动已波及俄国大地，幼儿教育发展势在必行。但最为活跃的仍然是慈善团体创办的托儿所、孤儿院，以及平民幼儿园等各类幼儿保育或收容机构，如1880年莫斯科省纳门纺纱厂附设的第一个工厂托儿所、1894年于彼得堡创立的第一所免费平民幼儿园、1896年皮尔穆省自治机关设立的婴幼儿夏令托儿所等。[①]

1860年前后，俄国出现了第一批幼儿园。[②]这一时期的幼儿园由私人创办，实行收费制，主要对上层阶级的子女进行教育。到19世纪末期，这类幼儿园里儿童都以学习知识为主，如识字、计算、外语和初等学校的一些课程等，由于过多强调与初等学校之间的衔接，已逐渐沦为升入初等学校的预备教育机构。

1869年，俄国最早的学前教育杂志《幼儿园》发行。此后，在彼得堡还出版了专门介绍福禄培尔学前教育体系的教育杂志《家庭和学校》。

1870年开始，福禄培尔幼儿园运动真正席卷俄国。当时，在彼得堡等地成立了“福禄培尔协会”，专门宣传幼儿园的作用和学前教育理论。

1872年，在“福禄培尔协会”的领导下，建立了私人性质的“福禄培尔学院”，专门培养学前教育工作人员。该学校起初学制为一年，而后改为三年，主要招收对象为初中毕业生或具有家庭教育经验的女青年。这一机构是俄国当时唯一培养学前教育人员的机构，“十月革命”后，更名为“学前教育大学”。[③]

1908年，在基辅福禄培尔协会的领导下，又开办了学前专科学校，学制为三年。学前专科学校开设教育学、心理学以及幼儿园教育见习等课程，旨在培养高级幼儿教师。这是俄国当时规模最大的学前教育师范学校，最多时招收338名学员。[④]在“十月革命”后更名为“人民师范大学”。

总体而言，“十月革命”以前，俄国的学前教育较为落后，学前教育也大多为具有慈善性质的私人教养院，且没有形成系统的学前教育理论体系，保教质量不高。

二、俄国十月革命后的幼儿教育

在“十月革命”前夕，沙皇政府仍然没有将幼儿教育列入国民教育系统之列，并且拨给幼儿教育的经费微不足道。但这并没有丝毫影响到社会团体对幼儿公共教育的宣传，这在一定程度上为“十月革命”以后幼儿教育的发展埋下了伏笔。

1917年“十月革命”胜利以后，俄国建立了社会主义制度。从这一时期开始，俄国学前教育的发展展开了“双管齐下”的具体措施。一方面改革沙俄时期旧的学前教育制度，另一方面逐渐完成学前教育社会化探索，社会主义学前教育体系开始建立。

“十月革命”以后，学前教育成为俄国国民教育体系中的重要组成部分。当时，俄国政府

---

① 杨汉麟：《外国幼儿教育史》，人民教育出版社2010年版，第142页。
② 唐淑：《学前教育史》，人民教育出版社2009年版，第304页。
③ 唐淑：《学前教育史》，人民教育出版社2009年版，第305页。
④ 杨汉麟：《外国幼儿教育史》，人民教育出版社2010年版，第143页。

成立教育人民委员部学前教育处，专门负责学前教育工作。

1917 年 11 月，教育人民委员部颁发了《关于学前教育的公告》。《关于学前教育的公告》明确提出，“学前教育是整个学校制度中的一个组成部分，学前教育的任务是使儿童的身心得到全面的发展”①。此外，还指出学前教育应具有公共性和服务性，应当实行免费政策，尤其是为广大工农子女提供更多进入更好的免费托儿所和幼儿园的机会。

1918 年 10 月，在苏维埃中央执行委员会颁布的《统一劳动学校规程》和《统一劳动学校基本原则》中，也指出应对 6 ~ 8 岁的儿童提供统一的、免费的学前义务教育机会，其中应包括幼儿园教育。

1919 年 3 月，新党纲顺利通过。新党纲指出，“公共学前教育是学校教育事业的基础之一，必须对全体儿童实施共产主义和全面发展的教育；为了解放妇女，使他们积极参加社会生产活动和文化活动，应广泛设立学前教育机构”。②

自此之后，学前教育的资金补充来源较为丰富。除了受政府补助的公共学前教育设施以外，那些附设在工会、企业和各个机关内的幼儿园也受到了其附属单位的大力支持。俄国学前教育设施网在短时间内迅速扩散开来，甚至蔓延到农村区域。

1930 年前后，工农业计划改革开始，广大妇女参与到社会主义建设中来，子女入园成为国家层面亟须解决的问题。因此，苏共中央委员会和教育人民委员部决定，由政府和社会力量共同筹备资金，大力开办幼儿园，尤其是各工矿企业和城镇地区更应履行义务办园。但这样一来，学前教育将面临严重的师资不足的问题。为缓解这一矛盾，教育人民委员部号召全国的教师、医生、工人、农民等社会力量投入学前教育事业。自此，拉开了“学前教育运动”的序幕。

1932 年，教育人民委员部颁布的《幼儿园教学大纲草案》规定了学前教育的基本内容和教育任务。在俄国早期学前教育的慈善性质的身体保育的基础上，开设了体育、识字、数学、音乐、美术和劳动等课程。学前教育日趋正规且有了质量保障。

1938 年，《幼儿园规程》颁布，这是继《关于学前教育的公告》和《幼儿园教学大纲草案》之后，教育人民委员部颁布第三部文件。《幼儿园规程》指出，幼儿园应以共产主义精神教育儿童，使其获得全面发展。同时，还对儿童的营养问题、幼儿园房舍、教学语言等做出了规定。

同年，教育人民委员部颁布的《幼儿园教养员工作指南》，进一步将幼儿园的工作任务和教育内容、方法等具体化。自此，学前教育体系逐渐建立起来，学前教育制度和教育内容的系统性和规范性进一步加强。

三、俄国近代学前教育思想

俄国学前教育的发展是较为缓慢的。尤其是在沙俄时期，俄国的经济与文化教育均落后于西欧。至十月革命前，一般的幼儿教育还处于萌芽状态。因此，俄国学前教育的发展受到其他国家教育思想的影响较大，诸如英国的“自由教育”、美国的“实用主义”等。在践行这些教育理论的同时，也面临着受到一些错误观点的困扰，如过分崇尚“儿童自由”。但与此同时，俄国当时也涌现出了一大批自己的教育家和教育思想，如乌申斯基、马卡连柯、克鲁普

① 唐淑：《学前教育史》，北京：人民教育出版社 2009 年版，第 306 页。

② 唐淑：《学前教育史》，北京：人民教育出版社 2009 年版，第 306 页。

斯卡娅、西蒙诺维奇、沃多沃索娃、康纳笛等。

（一）乌申斯基的幼儿教育思想

乌申斯基（1824—1870 年），俄国著名的资产阶级教育家，俄国教育心理学的奠基人。乌申斯基刚好经历俄国的农奴制危机。他的一生，都积极投身于社会民主运动和教育改革。他的改革措施曾引起反动当局的强烈不满，给他带来了放逐异国他乡的命运。也正因如此，乌申斯基有幸前往瑞士等国，考察他们的幼儿教育设施。这为其幼儿教育思想的形成奠定了良好的基础。

1. 公共教育及其“民族性”

乌申斯基认为，公共教育应贯彻民族性原则。所谓“民族性”，亦即“人民性”，但这仍然是一个庞大的概念。近代时期的俄国出现了众多派系，其中西欧派对本民族文化持否定态度，主张西化，尤其在教育问题上极其崇尚德国的教育理论。与此相对，斯拉夫派较为保守，反对社会进步，墨守成规。

乌申斯基受到进步主义思想的影响，保持自己的民主身份和立场，对西欧派和斯拉夫派的观点提出了质疑。他指出，所谓民族性，是一种社会民众所共有的天赋性向，是区别于其他任一民族的特性。民族特性的形成伴随国家和民族的产生而出现，受载于民族历史、民俗生活、民族地理特征等。民族性是一个国家或民族特有的灵性，“一个没有民族性的民族，就等于一个没有灵魂的肉体，它只能屈从于衰败的规律，只能在另一些保存着自己的独特性的肉体之中消亡”。①

乌申斯基认为，民族性的保存是需要寄托于教育的。也就是说，教育是传承民族性的重要载体。但这并不意味着完全排斥其他民族的优秀文化，当然更不是对他者文化的照抄照搬。但是，务必要保证将本民族语言的教学放在中心位置。同时，应发展广泛的学校网，让儿童普遍入学，培养其爱国主义思想。②

2. 儿童教育与儿童身心发展

乌申斯基指出，教师在教育教学的过程中，应首先研究儿童身心发展的特点，并将儿童身心发展的特点作为教育教学的基础和着力点。他在《人是教育的对象》一书中指出，“如果教育学希望全面地去教育人，那么它就必须首先全面地去了解人。”③

乌申斯基认为，儿童教育规律表现在“耐心”“惊奇”“习惯”“恐惧与勇敢”“独立性”“劳动”六个方面。这六个方面都来源于儿童身心发展的特点和需要。

关于“耐心”，他指出，“在人身上培养合理的耐心是最复杂的和最重要的教育任务之一”；④而且，“耐心”不仅仅是指儿童心理发展的特点和教育的任务与目的，更应该渗透在教育过程中，这是一种民主的教育手段和方法。关于“惊奇”，乌申斯基认为，惊奇感是儿童对新世界新事物初次感知的结果特征，但这并不意味着惊奇是儿童特有的心理表现。相比较而言，在教育教学过程中，教师更应该保持这种孩子般的能力，“那么孩子们一定能和他接近，而这种

① 郑文樾：《乌申斯基教育文选》，人民教育出版社 2007 年版，第 81 页。

② 杨汉麟：《外国幼儿教育史》，人民教育出版社 2010 年版，第 252 页。

③ [俄]乌申斯基：《人是教育的对象》（上卷），郑文樾译，人民教育出版社 2007 年版，第 16 页。

④ [俄]乌申斯基：《人是教育的对象》（下卷），张佩珍等译，人民教育出版社 2007 年版，第 846 页。

接近是最有教育效果的”[1]。关于“习惯”，他认为这是通过多次联系形成反射的结果，且这种结果对儿童的生理和心理以及社会性发展都具有重要意义。他还认为，习惯是可被累积的，一个人形成的旧习惯越多，则习得新习惯的可能性就越小且越难以完成。尽管如此，每个人仍然有必要在其神经系统中存放良好的习惯，因为这是“道德资本”，毕生都可以享用它的“利息”。[2]关于“恐惧与勇敢”，乌申斯基强烈反对教师恐吓孩子。他认为，如果孩子长期处于恐吓当中，则容易产生“软弱、怯懦、奴性、撒谎、狡猾、作假”等行为，“而不是大智大慧”。[3]如果儿童经受的恐吓越少，则表现得越为勇敢。就“独立性”而言，他主张儿童能够有更多的独立生活空间，以便其产生尽可能多的感知和行动，并为其未来的性格积累材料。但是，在这种较为宽松的氛围中，要时刻注意制止儿童专横的行为倾向，为其塑造良好的性格。关于“劳动”，乌申斯基主要是期望儿童能够习惯于克服劳动的艰苦性，在劳动和学习活动中求得进步和发展。[4]

3. 儿童教育内容

乌申斯基认为，给儿童的教育内容必须真实可靠、叙述清楚，符合儿童的身心发展规律和认知水平，而且要具备一定的教育性价值。

乌申斯基对儿童教育内容的论述，主要体现在两本儿童教科书中——《儿童世界》和《祖国语言》。据研究者描述，《儿童世界》共上下两册，囊括了自然、民族历史和地理常识、民族诗歌和寓言童话等内容。《祖国语言》共三册，专供俄语学习使用。[5]

乌申斯基对幼儿教育的贡献是巨大的。在20世纪初期，他被尊称为“俄罗斯儿童学之父”[6]。他对俄国学前教育的内容和方法做出了具体的要求，他的很多教育思想一直沿用至今。

（二）西蒙诺维奇的幼儿教育思想

19世纪60年代，西蒙诺维奇（1840—1933年）曾参加社会教育运动。早年受到福禄培尔方法和乌申斯基民族性教育思想的影响，提倡反映乡土自然生活和民众日常生活的游戏和作业，并建议伴随俄国民歌和民谣进行。他的教育思想主要见著于1874年出版的《幼儿个别教育和公共教育的工作经验》，以及当时《幼儿园》杂志中的部分篇录。

（三）沃多沃索娃的幼儿教育思想

沃多沃索娃（1844—1923年）是乌申斯基的学生，也是俄国著名的学前教育思想家和儿童文学作家。他秉承其老师的教育思想，强调幼儿教育中应坚持民族性原则以及祖国语言和民族语言在儿童教育中的重要价值。他的主要思想见著于《儿童从最初意识的表现到学龄时期的智力和道德的发展》。

（四）康纳笛的幼儿教育思想

康纳笛（1838—1898年），俄国著名的社会活动家，早期致力保护及争取妇女儿童合法权

① [俄]乌申斯基:《人是教育的对象》(下卷)，张佩珍等译，人民教育出版社2007年版，第859页。
② 杨汉麟:《外国幼儿教育史》，人民教育出版社2010年版，第253页。
③ [俄]乌申斯基:《人是教育的对象》(下卷)，张佩珍等译，人民教育出版社2007年版，第801页。
④ 杨汉麟:《外国幼儿教育史》，人民教育出版社2010年版，第254页。
⑤ 杨汉麟:《外国幼儿教育史》，人民教育出版社2010年版，第255页。
⑥ 杨汉麟:《外国幼儿教育史》，人民教育出版社2010年版，第255页。

益。与其从事的社会活动有关，她对家庭教育以及幼儿教育也形成了自己独特的见解与认识。其思想主要见著于《母亲忏悔录·家庭教育的社会任务》。

（五）克鲁普斯卡娅的幼儿教育思想

克鲁普斯卡娅（1869—1939 年）是俄国著名的教育家。俄国“十月革命”以后，在学前教育的发展历程中曾领导教育人民委员部学前教育处的工作，为学前教育的发展做出了杰出的贡献。任职期间，主持制定了促进学前教育发展的多项政策文件，如《幼儿园规程》《幼儿园教养员工作指南》等。她毕生都致力于对学前教育的宣传和发展。

1. 论幼儿教育的重要性

克鲁普斯卡娅曾专门发文，宣传学前教育的重要价值，如《论儿童的幼儿教育》《要更加重视幼儿教育工作》《在幼儿教育工作者大会上的演说》等。她倡导，政府应鼓励社会力量办园，尽可能使劳动者子女都能接受学前教育，以便能培养出全面发展的、既能从事脑力劳动又能从事体力劳动的全面发展的人。[①]

克鲁普斯卡娅认为，在对幼儿教育的教育过程中，应该让幼儿力所能及地参与全面的、有发展性的劳动。在劳动中，更有利于幼儿个性的形成。她还认为，学前教育设施存在的价值，就在于对幼儿实施德、智、体、美、劳全面发展的教育，帮助其形成独立自主、全面发展的人。

2. 论幼儿教育的内容与方式

与学前教育的目的一致，克鲁普斯卡娅认为幼儿园的主要教学内容应围绕体育、德育、智育以及劳动等方面进行。同时，她指出，游戏以及游戏材料在幼儿教育中有着重要意义。这是因为，游戏通常是最实际的学习；也能够增强幼儿的体质，培养幼儿动作的协调性、感知的灵敏性；更重要的是，在游戏化的情境中可以培养幼儿的集体主义精神、和谐的同伴关系，以及遵守纪律的良好自我意识。[②]她还指出，既然是游戏，就应该是幼儿感兴趣的。为了保证幼儿在游戏中的兴趣点，她倡导创造性的游戏活动，也就是说幼儿自己制定游戏的内容和具体要求。

（六）马卡连柯的幼儿教育思想

安·谢·马卡连柯（1888—1939 年）是俄国著名的教育家和作家。1888 年 3 月 13 日，马卡连柯出生于乌克兰别洛波里城的一个工人家庭里。直到“十月革命”初期，马卡连柯已在克留科夫城的二级铁路小学和多林斯卡亚车站的铁路小学任教十余年。任教期间，他不断寻求新的教育手段和教育方法，如组织儿童集体从事农业劳动以及其他课外、校外活动。他的教育思想自此逐渐形成并闻名世界。

1. 论社会主义国家的儿童

马卡连柯深知，沙皇制度使幼年儿童过着不堪忍受的生活。伴随着社会主义制度的建立，人民的生活水平得以提高。即使是对儿童，也提出了更高的要求：“我们要求他们在学校里好好学习”“身体不断发展”“成长为值得尊敬的苏联公民”“成为积极的、自觉遵守纪律的人”。[③]儿童必须意识到，他们所做的一切，并不是为了使长辈满意，而是为了自身和祖国的未来。同

---

① 唐淑：《学前教育史》，人民教育出版社 2009 年版，第 309 页。

② 唐淑：《学前教育史》，人民教育出版社 2009 年版，第 310 页。

③ [俄]安·谢·马卡连柯：《马卡连柯教育文集》（上卷），吴式颖等译，人民教育出版社 2004 年版，第 156～157 页。

时，儿童应该从自己的父母和周围人群的榜样中看到，这些榜样形象为其敞开的道路，并以此为方向，更加勤勉和努力地学习。

2. “自由教育”论

马卡连柯指出，学校并不会孤立于社会而单独存在。“人之所以不好，只是因为他曾生活在不好的社会制度里，生活在不好的环境里”。[①]好的环境就像规则意识，可以对一个人的发展起到规范的作用。因此，他反对“自由教育”论。在儿童成长过程中，决不能以尊重儿童个性为借口放弃教育者应有的教育责任和义务。他还认为，学校教育更多是家庭教育的一种延续，我们不能否认遗传和环境对儿童的影响。他曾说，“人类早已学会了小心谨慎地去接触自然。人不创造自然，也不毁灭自然，他只用强大的矫正力来改变自然；其实，人的接触自然不是别的，只是显而易见的一种力的转化。如支架，松土，耐心地精选种子”。[②]

3. 论集体教育

马卡连柯指出，集体教育“既是总的和统一的方法，又是使每一个单独的个人能发挥自己特点并保持自己个性的方法”[③]。一个人只有在集体中，才可获得前面发展自己禀赋的可能性，才能获得真正的自由。因此，教育的核心任务就是培养“集体主义者”，而且，“只有当一个人长时间参加了有合理组织的、有纪律的、坚韧不拔的和有自豪感的那种集体生活时，才能培养出集体主义者的思想、信念和行为习惯”[④]。

何为“集体”呢？马卡连柯认为，“集体”有四个核心特征：有共同的奋斗目标、有组织性和纪律性作为根本条件、有能够代表集体而行使各种职责的管理机构和组织制度、有正确的集体舆论。

马卡连柯认为，儿童只有在这种集体中，才能形成真正的自我，才能成为“社会主义国家的儿童”。

4. 论纪律教育

马卡连柯认为，与其说纪律是教育的结果，更不如说是教育的手段。这是因为，“纪律是一种道德的和政治的现象”，“是整个教育过程的结果，而不是个别的特殊方法的结果”。[⑤]而且，必须让儿童了解什么是纪律，为什么需要建立纪律和道德意识。纪律的建立，不能只依靠说教和自觉，而要尽量多地要求儿童，更要尽可能地尊重儿童。要求和尊重完全是一致的：“我们对个人所提出的要求，表现了对个人的力量和可能性的尊重；而在我们的尊重里，同时也表现出我们对个人的要求。”[⑥]

---

① [俄]安·谢·马卡连柯：《马卡连柯教育文集》（上卷），吴式颖等译，人民教育出版社2004年版，第46页。

② [俄]安·谢·马卡连柯：《马卡连柯教育文集》（上卷），吴式颖等译，人民教育出版社2004年版，第18页。

③ [俄]安·谢·马卡连柯：《马卡连柯教育文集》（上卷），吴式颖等译，人民教育出版社2004年版，第80页。

④ [俄]安·谢·马卡连柯：《马卡连柯教育文集》（上卷），吴式颖等译，人民教育出版社2004年版，第19页。

⑤ [俄]安·谢·马卡连柯：《马卡连柯教育文集》（上卷），吴式颖等译，人民教育出版社2004年版，第216页。

⑥ [俄]安·谢·马卡连柯：《马卡连柯教育文集》（上卷），吴式颖等译，人民教育出版社2004年版，第22页。

5. 论劳动教育

马卡连柯对劳动教育的认识是以马克思主义关于教育与生产劳动相结合的基本原理为基础的，旨在对儿童教育提出更高的要求，使之成为“社会主义国家的儿童”。他认为，在学校里如果没有生产劳动，儿童就不会运用他们在课堂中学到的知识去解决其在社会生活中所遇到的问题。儿童“只有在生产过程中”，儿童的性格“才能够得到培养”。

6. 论家庭教育

马卡连柯指出，家庭作为一个“集体”，是“良好教育的一个基本条件”。[①]在《父母必读》的座谈会上，他曾说道，“儿童将成为怎样的一个人，主要地决定于你们在5岁以前把他造就成一种什么样子。假如你们在5岁以前没有按照需要的那样去进行教育，那么，以后就得去进行再教育”。[②]

在家庭教育的过程中，“我们坚持的一个主要原则，就是找出一个中庸之道，也就是找出培养积极性和克制能力的尺度来”[③]。他指出，所谓的“尺度”，包括父母和子女之间的关系的亲密程度。“亲近是应该的，保持距离也是应该的。不能对孩子亲近得连一点距离也没有。”[④]只有把握好尺度，才能更好地培养儿童的积极性和克制能力。

关于家庭教育，马卡连柯还指出，父母应给孩子树立一定的威信。“威信本身的意义在于它不要求任何的论证，在于它是一种不可怀疑的长者的尊严、他的力量和价值。可以说，这种力量和价值在天真的儿童眼里也是一清二楚的。”[⑤]威信的获得，大多以虚假威信建立，如以高压获得的威信、以疏远获得的威信、以傲慢获得的威信、以迂腐获得的威信、以说教获得的威信、以爱抚获得的威信、以慈善获得的威信、以友谊获得的威信和以馈赠获得的威信等。[⑥]所有建立的虚假威信都是不利于儿童成长的。有价值的正向威信，应当基于对儿童生活的了解、对儿童有帮助，以及为儿童教育所负的责任。

此外，在对家庭教育的论述中，马卡连柯还系统讨论了游戏、劳动教育、家庭经济对儿童发展的影响。同时，他还专门论述了儿童的“性教育”问题和文化习惯的培养问题。

在马卡连柯的幼儿教育思想中，他关于集体教育在儿童全面发展中的价值、家庭教育的基本原理与意义，以及游戏的教育意义等思想，在苏联学前教育理论中占有重要地位。

---

① [俄]安・谢・马卡连柯：《马卡连柯全集》（第四卷），耿济安、高天浪、王云和译，人民教育出版社1957年版，第148页。

② [俄]安・谢・马卡连柯：《马卡连柯教育文集》（上卷），吴式颖等译，人民教育出版社2004年版，第26页。

③ [俄]安・谢・马卡连柯：《马卡连柯全集》（第四卷），耿济安、高天浪、王云和译，人民教育出版社1957年版，第445页。

④ [俄]安・谢・马卡连柯：《马卡连柯全集》（第四卷），耿济安、高天浪、王云和译，人民教育出版社1957年版，第451页。

⑤ [俄]安・谢・马卡连柯：《马卡连柯教育文集》（下卷），吴式颖等译，人民教育出版社2004年版，第489页。

⑥ [俄]安・谢・马卡连柯：《马卡连柯教育文集》（下卷），吴式颖等译，人民教育出版社2004年版，第490~498页。

第五节　美国的幼儿教育

美国是一个新兴的资本主义国家。自1492年哥伦布发现美洲新大陆后，欧洲的殖民者都相继向北美洲移民，17世纪以后，英国在美国东北部相继建立了13个殖民地。自此，殖民地压迫成为美国面临的最主要的社会矛盾。直到1775年，北美殖民地的独立战争爆发。次年，美国通过了《独立宣言》，成立了美利坚合众国，美国正式宣告独立。13个殖民地划分成为美国13州的雏形。19世纪初，美国开始了工业革命，这标志着美国逐渐成为资本主义工业强国。1861—1865年南北战争结束以后，美国在资本主义道路上处于世界领先地位。

美国的学前教育起步较晚，经历了从无到有，从私立到公立，从局部到全国的发展过程。与欧洲殖民者进入北美进行开拓殖民地相似，美国的学前教育很大程度上受到欧洲学前教育发展的影响，其中影响最大的当属英国欧文的幼儿学校。因此，美国曾掀起了“欧文幼儿学校运动”的狂潮。同时，美国学前教育的发展还受到德国福禄培尔的影响。直到19世纪中后期以后，具有本土特色的学前教育机构才在美国大地上扎根。19世纪70年代以后，美国学前教育进入迅猛发展的时期，相继出现了慈善幼儿园运动和公立幼儿园运动。到20世纪初，逐渐形成了以公立幼儿园为主体的学前教育机构格局，但在此时，慈善幼儿园和私立幼儿园仍然占有很大比例，学前教育机构的形式呈现多样化态势。

一、美国幼儿社会教育机构的产生与发展

与大多数发达国家一样，美国早期的幼儿社会教育也是伴随着社会发展的潮流而不断发展着。其中，关于对幼儿社会教育的关注，大多将焦点落在儿童福利和保护、残疾儿童的早期干预、提供托儿服务以便母亲外出工作等。

1816年，英国空想社会主义者欧文在新拉纳克创立了幼儿学校，这对世界各国产生了重要影响。直到1818年，幼儿学校的影响才从根本上波及美国。1824年，欧文前往美国的印第安纳州，建立了“新和谐村”，并于两年后开办了示范幼儿学校。[①]自此，欧文的幼儿学校思想在美国开始扎根，并不断发展。

直到19世纪30年代，美国的早期保育和教育进入了一个全新的发展时期。美国的幼儿学校改称为“初级部”（primary department），直接与初等学校相衔接，招收4~8岁的儿童入学。但此时，美国的幼儿社会教育已经逐渐形成了保育和教育分离的幼教机构，这一点需要追溯到两个以儿童保育为主的项目：日间托儿所（day nursery）和育幼园（nursery school）。[②]

日间托儿所就是现在的“托儿中心”（child care centre），于1838年首建于波士顿，主要以儿童保育为主，专门照看那些母亲外出工作而无人照看的孩子。因此，托儿所具有很强的慈善性质。19世纪后期，伴随工业化的快速发展和大量欧洲移民的需要，托儿所的数量迅猛增加，尤其是在工业聚集的美国东北地区。这些托儿所虽不能为儿童提供适宜的教育内容，但在当时能够为儿童提供最基本的安全和温饱。伴随托儿所的快速发展，于19世纪末成立了日间托儿所联盟（National Federation of Day Nursery）。

---

① 杨汉麟：《外国幼儿教育史》，人民教育出版社2010年版，第144页。

② 林秀锦：《美国的早期保育与教育》，江苏教育出版社2006年版，第2页。

同一时期，美国第一所育幼园也在马萨诸塞州建立，旨在为中产阶级的儿童提供教育，丰富儿童的生活经验。到 19 世纪中期，福禄培尔式的幼儿园在美国逐渐占领核心位置，育幼园自此被合并到其中。

二、福禄培尔式幼儿园的建立

1861—1865 年后，黑奴制得以废除，美国迅速完成了由农业国向先进的工业国的转变。同时，工业的迅速发展，不仅对人的培养提出更高的要求，也对教育的发展提供了经济基础。与此同时，美国领土不断扩大，且欧洲移民潮涌般进入美国。为了保证社会的统一与安定，美国政府日益重视公共教育事业的发展，包括幼儿社会教育在内。

19 世纪中叶以后，欧洲的先进教育理念风靡全球。美国不少教育工作者开始引入各种教育理论和先进教育思想。有教育者认为，福禄培尔的幼儿教育思想，除却其中的宗教色彩，仍然有很多值得借鉴的地方。如福禄培尔尊重儿童，相信儿童天性向善，强调儿童自我表达和自由活动的重要性以及重视儿童的社会合作等。[①]福禄培尔的幼儿教育思想因此在美国盛行，并逐渐占据主导地位。其中，影响较大的是玛格丽特·舒尔茨和伊丽莎白·皮博迪创办的福禄培尔式幼儿园。

1. 玛格丽特·舒尔茨与德语幼儿园

1854 年，在英国召开的教育博览会上，美国联邦政府教育官员贝利·巴拿多参观了福禄培尔幼儿园，对德国的学前教育有了初步了解。玛格丽特·舒尔茨的德语幼儿园正是在这种背景下建立的。玛格丽特·舒尔茨的德语幼儿园是美国最早的福禄培尔式幼儿园[②]，于 1855 年在威斯康星州的维特顿创办，专门招收德国移民的子女入园，以教授德语会话为主，同时附加以游戏、唱歌和作业等活动。自此，福禄培尔式幼儿园不断发展，截止 1870 年，大约有 10 所由德国人开设的福禄培尔式的德语幼儿园。[③]不过，由于福禄培尔的教育思想在当时并未波及所有区域，因此，这些幼儿园大都属于小规模的私立机构。

2. 伊丽莎白·皮博迪与英语幼儿园

19 世纪 60 年代，美国人继舒尔茨的德语幼儿园之后，开始进行对德语幼儿园向英语幼儿园过渡的探索和尝试。由此，皮博迪的英语幼儿园便应运而生，也是美国历史上的第一所英语幼儿园。为此，皮博迪被尊称为美国幼儿园教育的奠基人。

受舒尔茨的影响，皮博迪在自己的私人住宅里开办了第一所英语幼儿园。此后，她又和妹妹玛莉·曼一起致力福禄培尔教育思想的传播工作。最终于 1863 年出版了《幼儿园指南》一书，重点阐述了幼儿园和小学的区别，以及幼儿园作为儿童乐园的重要性。同时，她还强调，在幼儿园里，应鼓励儿童自主游戏和自主活动，并且教师也应参与其中。[④]

1867 年，皮博迪亲自前往德国学习福禄培尔的教育方法。期间，她广泛参观欧洲各国的幼儿园和师范学校。回国后，她一方面进一步致力幼儿园的创建，另一方面，她积极从事幼

---

① 杨汉麟：《外国幼儿教育史》，人民教育出版社 2010 年版，第 145 页。

② [美]L. 迪安·韦布：《美国教育史：一场伟大的美国实验》，陈璐茜，李朝阳译，安徽教育出版社 2010 年版，第 202～203 页。

③ [日]梅根悟：《世界幼儿教育史》(上册)，张举等译，吉林人民出版社 1986 年版，第 297～298 页。

④ 郭法奇：《外国学前教育史》，北京大学出版社 2015 年版，第 90 页。

儿园保育人员的培训工作，为幼儿园输送优秀教师。据记载，皮博迪于1868年在波士顿创办了美国第一所幼儿师范学校，专门为幼儿园培养优秀师资。①

三、慈善幼儿园的发展

美国工业革命之后，贫富分化加剧，加之大量欧洲移民涌入城市，社会矛盾日益激化。贫民儿童因父母外出工作将直接面临无人照看、体弱多病、流落街头、道德败坏等一系列问题。为缓解这一巨大的社会问题，各界社会人士及团体相继兴办收容贫民子女的慈善幼儿园。

美国早期的福禄培尔式幼儿园几乎全是靠私人独资兴办的。由于这些私人幼儿园的创办，一些社会名流发出了为“贫穷和可怜”的孩子进行社会支援的呼吁。于是，专门收容那些流浪街头的儿童的慈善幼儿园得以开办。19世纪中后期，这些慈善幼儿园也开始收容那些移民儿童。到19世纪90年代，旧金山的慈善幼儿园已经成为全美国最成功的慈善幼儿园。②

在慈善幼儿园之列，发展最快的当属教会幼儿园。这是因为教会幼儿园可以作为教会进行宗教教育的场所。托里尼特教会于1877年建立了教会幼儿园，这也是最早的教会幼儿园。到20世纪初，美国已有108所教会幼儿园。③教会幼儿园一方面为教会进行传教提供服务，另一方面对贫困儿童提供一定的救济，同时也通过幼儿园来扩大教会的影响力和声誉。

慈善幼儿园旨在改善贫民儿童的生活状况。这是一项面向社会贫民阶级的贫民救济事业。在慈善幼儿园发展的潮流中，幼儿教育仍然存在着强烈的社会教育的价值：“从人道主义的立场出发，以保护未成年的幼儿不受现实生活中不道德、不良现象的影响，进而使幼儿教育成为积极促进社会改良和改善平民福利状况的手段之一”④。

四、公立幼儿园的产生与发展

19世纪二三十年代，随着工业人口迅速增加，受教育的人数逐渐突飞猛增，私立学校已不能满足这一要求。同时，由于资产阶级政治生活的需要，教育成为选举活动的重要支撑。因为这些原因，美国掀起了以发展初等教育为目标的公立学校运动。这场运动以新英格兰为中心展开。在当时，一批由地方政府开办、税收维持的公立学校开始建立，学前教育在当时也位列其中。

受伊丽莎白·皮博迪的影响，时任圣路易斯市教育局局长的威廉姆·哈里斯（William Harris，1835—1909年）向圣路易斯市教育委员会提交了一份报告。报告指出，学前教育应作为公立学校制度的重要组成部分。不久，报告获得批准。最终，于1873年，美国第一所公立幼儿园诞生，被附设在德斯皮尔斯公立学校内部。为加强对幼儿园的规范管理，哈里斯聘请苏珊·布洛女士（Susan Blow，1843—1916年）担任幼儿园教师。当时，园内共招收了20名孩子。

布洛女士对福禄培尔幼儿园教育有着非常深入的研究。在她的管理下，这所幼儿园取得了很好的成绩，引来众多参观者和学习者。这为美国公立学前教育的发展开了先河。

---

① 杨汉麟：《外国幼儿教育史》，人民教育出版社2010年版，第146页。

② 林秀锦：《美国的早期保育与教育》，江苏教育出版社2006年版，第4页。

③ [日]梅根悟：《世界幼儿教育史》（上册），张举等译，吉林人民出版社1986年版，第302页。

④ [日]梅根悟：《世界幼儿教育史》（上册），张举等译，吉林人民出版社1986年版，第302页。

圣路易斯市的公立幼儿园创办后，幼儿园教育作为公立学校重要组成部分的思想，逐渐得到教育界的认可而不断普及。其他各州纷纷效仿，大力发展公立幼儿园。同时，一些私立幼儿园也陆续被纳入公立教育体系。截止到 19 世纪末期，美国已有 10 个城市建立了公立幼儿园制度。[①]到 20 世纪初，全美公立幼儿园数量已达 2 996 所。1914 年时，已发展到 7 554 所，学前教育真正成为公共教育制度的重要组成部分。[②]

公共教育性质的幼儿园，旨在增进幼儿自身的幸福，同时也保证学前教育的公平性。正是由于这一点，公立幼儿园才得以在美国各州迅速发展起来。

公立幼儿园的全面普及，表明幼儿园不再是民间的慈善机构，而是教育系统中的一个重要分支。同时，由于部分幼儿园是直接附设在公立初等学校内部的，所以在一定程度上改变了以往幼儿园和小学脱节的现象。甚至部分幼儿园逐渐建立幼小衔接的统一课程和教学方法。美国幼儿教育事业进入了全新的发展阶段。

五、幼儿园协会的建立与幼儿园运动

19 世纪后期开始，随着各类幼儿园的发展，各种有关幼儿园教育的团体如雨后春笋般在美国纷纷成立。其中，最早的幼儿园教育团体组织当属 1870 年在密尔沃基建立的“幼儿园协会”。“幼儿园协会”在当地三所德英混合学校建立了幼儿园。1878 年，“公立幼儿园协会”在旧金山成立。两年后，在芝加哥又成立了“福禄培尔协会及义务教育幼儿园协会”。1881 年，还专门成立了“初等学校附属幼儿园协会”。到 1897 年，各地幼儿园协会的总数已接近 400 个。[③]

这些组织对幼儿园的普及与发展起了很大的作用：一方面，为年轻父母提供解决学前教育实际问题的建议与策略；另一方面，让全国幼儿教育的发展规范化、普及化；同时，让学前教育变成全民关注的事业，学前教育成为公共教育事业的重要组成部分。

此外，幼儿园协会还对幼儿母亲的受教育情况较为关注。随着福禄培尔教育思想的不断影响，同时人们也逐渐认识到家庭教育的重要性，于是各个幼儿园协会积极展开对“母亲教育”的研究和讨论，甚至在幼儿园还专门开设了“母亲教室”，让母亲们学习有关幼儿保育和教育的基本知识，以提高家庭教育的质量，同时做好家园共育过程中的衔接。[④]

为了更好地组织与开展幼儿教育工作及对儿童的研究，于 1894 年又成立了“母亲协会”。芝加哥的这次协会促进了各地幼儿教育问题的解决。此后，在“母亲协会”的基础上成立了“全国母亲联合会”，随后与“家长教师联合会”合并，最终确立为“合众国母亲与家长教师联合会”，从根本上加强了家庭教育与幼儿机构的社会教育的联系。[⑤]

可以说，幼儿园协会的成立，不仅仅促进了美国学前教育公共事业的发展，同时也促进了学前儿童家庭教育的进步。

---

① [日]梅根悟:《世界幼儿教育史》(上册)，张举等译，吉林人民出版社 1986 年版，第 306 页。

② 郭法奇:《外国学前教育史》，北京大学出版社 2015 年版，第 92 页。

③ 杨汉麟:《外国幼儿教育史》，人民教育出版社 2010 年版，第 148 页。

④ 唐淑:《学前教育史》，人民教育出版社 2009 年版，第 295 页。

⑤ 郭法奇:《外国学前教育史》，北京大学出版社 2015 年版，第 92 页。

知识链接

1881 年 6 月 18 日文部省《小学教员须知》

1873 年，美国密苏里州的圣路易斯创建了美国第一所公共学校幼儿园，其目标主要是解决城市贫穷的问题，塞尔维·特恩（Selwyn Troen）写了关于圣路易斯学校制度的历史，在《公众和学校：圣路易斯体系的形成（1838—1920 年）》一书中，他指出，圣路易斯著名的督学哈里斯，通过分析城市儿童与邪恶的不公正区域关系，认为把贫民窟儿童从腐败中拯救出来的唯一途径是使他们早早上学。哈里斯首先要求学校委员会降低上学的最低年龄。在遭到学校委员会的拒绝之后，他建议建立幼儿园作为学校体系永久的一部分。哈里斯声称，幼儿园是必须的，因为传统的社会化机构，比如家庭、教会和社区已经崩溃。

生活在狭窄、肮脏的小巷里，他们衣衫褴褛，不讲卫生。在这种情况下，被柏拉图认为是人类文明基础的“羞耻心”很少得到发展。自尊是人格与美德的基础，讲究个人卫生，衣衫整洁是儿童成长的必要条件。那些在拥挤破败的公寓中长大的孩子，首先认识的是各种腐败和不道德。

——[美]乔尔·斯普林：《美国学校：教育传统与变革》，史静寰等译，人民教育出版社 2010 年版。

第六节　日本的幼儿教育

日本从 7 世纪以后，开始向封建社会过渡。12 世纪末，日本开始了军事独裁的封建统治，开始进入“幕府统治时期”。1868 年，发动明治维新运动，幕府统治得以废除。明治维新运动标志着，日本逐步完成了从封建弱国向资本主义强国的转变。明治维新以后，日本政府全面学习西方，教育经历了全面而深入的改革后步入近代化历程，学前教育也进入了社会化探索的阶段。

从制度化角度来看，近代开始，日本这段曲折的学前教育发展历程大致经历了三个时期：第一个时期从明治初期到 1898 年（明治三十一年），为初创期，第一所幼儿园建立；第二个时期从 1899 年（明治三十二年）到 1925 年（大正十四年），为学前教育的发展期，制定了《幼儿园保育及设备规程》；第三个时期从 1926 年（大正十五年）到 1945 年（昭和二十年），为日本的整备期和战时期，制定了日本学前教育史上的第一个法令——《幼儿园令》。[①]

总体来看，在日本学前教育的发展历程中，经历了从无到有，从小规模到大规模，从发展雏形到较为完善，直至形成比较完整的教育体系。

一、学前教育机构的创建

1872 年，明治政府颁布了《学制》，成为日本近代学校教育制度的发端，也是日本教育史

① 李永连：《日本学前教育》，人民教育出版社 2001 年版，第 1～3 页。

上的第一次教育改革。《学制》以“文明开化”的国家政策为指导，深受德、法、美、英等国的影响。《学制》中第二十二章中规定，幼稚小学招收6岁以下的儿童，只是这个规定并未真正落实。

日本学前教育机构的产生始于明治维新以后。在此之前，在德川幕府统治的江户时代，诸如“慈育馆”“游戏场”等婴幼儿保育设施仅仅停留在设想和建议状态，并未真正实现。在当时，因贫富分化已经形成了双轨之制：富有的家庭通常都请家庭教师来对孩子进行入学前的教育；贫民子女则进入专门为其开设的初等教育机构“寺子屋”学习。但不管是家庭教师开展的家庭教育，还是“寺子屋”的学习，都算不上学前教育机构。直到明治维新以后，逐渐形成了学前教育制度，较多地引进和吸收欧美进入教育思想和经验，学前教育逐渐进入社会化探索时期。

（一）国立幼儿园的建立

日本的学前教育，从1876年（明治九年）创办第一所幼儿园开始，至今已有一百多年历史。第一所学前教育机构便是东京女子师范学校开办的附属幼儿园。作为日本学前教育史上的第一所官办幼儿教育机构，附属幼儿园首批招收75名幼儿，由6名管理人员进行监护：监事和首席保姆各1人，保姆和助手各2人。[①]监事也就是园长，由关信三[②]担任。两年后，附属幼儿园开始招收保姆实习生，之后设立了保姆训练班，专门为学前教育培养师资。

1877年，文部省专门制定了东京女子师范学校附属幼儿园规则，对幼儿园的办园目的、入园年龄、保育时间，保育科目和保育费用等情况进行了规定。[③]其中，明确要求幼儿入园的年龄为3～6岁，特殊情况下也可接受2岁以上和超过6岁的儿童。这一对入园年龄的规定，在日本学前教育发展中影响深远，被日本各地幼儿园所效仿。

东京女子师范学校附属幼儿园虽然是国立幼儿园，但并没有按照《学制令》中关于幼稚学校的规定进行组织和管理。从经营过程来看，附属幼儿园的园所环境优美，设施齐全，但有着高昂的保育费用。在当时，只有少数有着贵族特权或者极其富有的家庭才能够支撑这笔保教费用（开始时的月额为2角5钱，从1878年2月起增加到5角，并额外加收玩具费5角，而在此时小学教员的月薪为2～5元）。[④]因此，在当时经济落后、生产力水平低下的大部分地区，是难以普及的。截止到1881年，日本全国建立的国立幼儿园仅有7所。[⑤]入园贵、入园难的问题，自此成为日本学前教育发展过程中的主要难题。

尽管附属幼儿园收费昂贵，但于1877年制定的幼儿园规则在很多年以来受日本幼儿教育机构所效仿。具体内容是：（1）幼儿园的目的是：“发掘学龄前儿童的天赋知觉，启迪其固有的心智，滋补其健全的体魄，使其通晓，具备良好的言谈举止。”（2）入园年龄为3～6岁，但在特殊情况下，也可接受2岁以上及超过6岁的幼儿。（3）保育费月额为2角5钱，若家境贫困，难以交纳者，可申请免费。（4）定员在150人左右，按5、4、3的年龄阶段编班。

---

① 唐淑：《学前教育史》，人民教育出版社2009年版，第299页。

② 关信三（1843—1879年），精通英语，日本明治时期的学前教育家。原为日本东愿寺的僧侣，1872年赴欧，而后留学英国。1874年回国后专门从事女子教育和学前教育。

③ 郭法奇：《外国学前教育史》，北京大学出版社2015年版，第93～94页。

④ 李永连：《日本学前教育》，人民教育出版社2001年版，第8页。

⑤ [日]梅根悟：《世界幼儿教育史》（上册），张举等译，吉林人民出版社1986年版，第315页。

（5）每天的保育时间：6 月 1 日—9 月 15 日，上午 8 点入园保育 4 个小时；9 月 16 日—翌年 5 月 31 日，上午 9 点入园，保育 5 个小时。（6）除星期日和节日外，暑假由 7 月 16 日-8 月 31 日，寒假由 12 月 25 日—翌年 1 月 7 日。（7）保育科目有物品科、美丽科、知识科。其中包括 5 色球游戏等 25 个小项目，大部分是福禄培尔的 20 种恩物游戏。[①]

为缓解入园贵、入园难等问题，从而使学前教育普及化，让贫民子女都有机会享受高质量的学前教育服务，文部省于 1882 年提出了新的办园意见。意见指出，“幼儿园的办园方向应该以教育所有幼儿为本，如能消除城乡、贫富的差异，使所有儿童都能够享受教育的话，那将会给贫民家庭带来更大的益处。”[②]

为了积极响应这一号召，大量建园成为首要任务。但由于办园需要大量费用，文部省无力承担，因此幼儿园又产生了文部省所属幼儿园和地方幼儿园之别。地方幼儿园办园方式灵活，大多为“简易幼儿园”。“简易幼儿园”设施简陋，甚至采取不按年龄编班的混合形式。这为那些地处乡村或偏远地区的贫民劳动者的子女以及父母无暇顾及的孩子来说，成为最舒适的收容所。这在很大程度上缓解了日本学前儿童面临的入园贵、入园难等社会性问题，同时也促进了日本学前教育的发展。

（二）民间托儿所的建立

资本主义工业生产对工人的需求，使得更多妇女走进工厂，简易幼儿园在数量上仍然难以满足适龄人口的增长速度。在这种情况下，民间托儿所作为一种新的学前教育机构产生了。

1890 年，第一所民间托儿所由赤泽钟美夫妇创建。赤泽钟美出生于代代经营私塾的学者之家，1890 年辞去公职接管祖传私塾，并将其发展成教授英语、汉学、数学和簿记的“静修学校”。[③]该校学生大都为贫民子弟，且因父母外出工作而在上学期间还要携带年幼的弟妹。这样一来，就影响了课堂学习。为解决这一问题，赤泽钟美夫妇首创了名为“新潟静修学校幼儿保育会”的托儿所，接受静修学校学生所携的年幼弟、妹，以及贫民子女入园，对其进行基本的日常看护和保育，为托管性质。[④]这所托儿所收费低，且实行寄托制，因此受到众多贫苦年轻父母的欢迎。它一方面解决了贫苦家庭父母因工作而不能对孩子进行日常看护的难题；同时对那些多子女家庭来讲，能够保育那些年幼子女，使父母花更多精力和时间看护较大的孩子并使其能够安心学习。

1894 年，大日本纺织公司也分别在东京和深川的工厂内附设了托儿所，对母亲产后 100 天以上至 5 岁以下的幼儿提供保育，这对那些在工厂工作而不能照看孩子的年轻父母提供了强大支持。[⑤]两年后，福冈县利用民宅建起了邻里托儿所，受到了日本内务省的经费资助。政府机构对民间托儿所的支持，引起社会的广泛关注。

自赤泽钟美夫妇创办第一所托儿所开始，日本学前教育机构就形成了国立幼儿园和民间托儿所两大格局。托儿所和幼儿园各具特色，都在力图解决儿童发展问题。这一体制一直延续至今。

---

① 李永连：《日本学前教育》，人民教育出版社 2001 年版，第 8 页。
② [日]梅根悟：《世界幼儿教育史》（上册），张举等译，吉林人民出版社 1986 年版，第 315 页。
③ 李永连：《日本学前教育》，人民教育出版社 2001 年版，第 9 页。
④ 杨汉麟：《外国幼儿教育史》，人民教育出版社 2010 年版，第 151 页。
⑤ 郭法奇：《外国学前教育史》，北京大学出版社 2015 年版，第 94 页。

二、学前教育的制度化与发展

德川幕府统治时期，平民子弟的教育是以 7 岁为限的，主要在寺子屋接受读、写、算等教育。由于当时没有特定的学前教育设施，儿童在 7 岁以前只能在家接受教养。设立以 0～4 岁婴幼儿为对象的“慈育馆”以及以 4～7 岁以上儿童为对象的“游戏场”等都只是停留在设想状态而未能实施。

明治维新开始，为了摆脱因落后腐朽的封建制度造成的困境，特提出了“富国强兵”“殖产兴业”“文明开化”三大政策。[1]“求知识于世界”的口号，主张学习西方，正是对文明开化政策的具体转化。福禄培尔的教育思想传入日本后，成为促进日本学前教育发展的根本动力。在第一所幼儿园和托儿所成立后，全国各地效仿，幼儿园和托儿所如雨后春笋般发展。但与此同时，如何建立相应制度及有关法令，以此规范托儿所和幼儿园的组织和管理手段，成为政府及相关组织亟须解决的社会性问题。

东京女子师范学校附属幼儿园成立三年后，也就是 1879 年 9 月，明治政府废除了《学制》，公布了被称之为新的自由教育令的《教育令》。该法案第一条就指出，“全国的教育行政由文部卿统辖，学校、幼儿园、图书馆等，不论公立私立都要受文部卿的监督”。[2]这说明，日本的学前教育自初创期开始，就是国家教育体制的重要组成部分。

知识链接

1872 年 9 月 5 日文部省《学制》（节选）

……

第 21 章　小学作为初级教育，一般人民均须接受。小学可分为下列数种，但均为小学。（分普通小学、女子小学、乡村小学、贫民小学、私塾小学、幼稚小学等）。

第 22 章　幼稚小学对 6 岁以下的学前儿童进行教育。

……

——瞿葆奎、钟启泉：《教育学文集：日本教育改革》，人民教育出版社 1991 年版。

1879 年 11 月，文部省发布了解释《教育令》的通告：“公立幼儿园的设立和废除由府县知事批准，私立幼儿园的设立和废除要呈报府县知事；公立幼儿园的保育法要经文部大臣批准，私立幼儿园的保育法要呈报府县知事。”由此可以看出，国家政府掌握着公立和私立幼儿园的管理权。同时，日本的公、私二元制的学前教育机构形式都已处于法制化的管理状态。

1880 年 12 月，为普及小学教育，文部省公布了《修改教育令》。该法案中指出，公立幼儿园分为府县立幼儿园和镇村立幼儿园两类。府县立幼儿园的设立和废除由文部大臣批准，镇村立幼儿园的设立和废除仍然要呈报府县知事。同时，《修改教育令》规定，府县立幼儿园的呈报，具体内容应包括：设置目的、位置、暴雨过程，入园、离园的规则和休假日等，工

① 李永连：《日本学前教育》，人民教育出版社 2001 年版，第 5 页。

② 李永连：《日本学前教育》，人民教育出版社 2001 年版，第 11 页。

作人员学历及履历、职务及工资情况，园所占地情况，经费的收支情况，幼儿人数等。①

1890年，文部省颁布了新的《小学校令》，其中明确规定了市镇村和村镇学校组合可以设置幼儿园。次年11月，出台了《关于幼儿园、图书馆、盲哑学校以及与小学校相类似的各种学校和私立学校等规则》。②具体内容包括：幼儿园的保姆应由具有小学教员资格或府县知事认可的女性担任；府县知事能够直接聘用或解聘市镇村级幼儿园的保姆，但需由设置者呈报府县知事；由府县知事认可的幼儿园保育规程需呈报文部大臣；府县知事规定保育规程、开园日期以及其他设置或废除等相关规则。③

知识链接

1881年6月18日文部省《小学教员须知》

小学教员之良否，关系普通教育之良否。普通教育之良否，关系国家之隆替，可谓其任既重且大。今之小学教员，应实现普通教员之目的，使人人得以身修业就。振奋尊王爱国之志气，淳美风俗，富厚民生。国家得以安宁，福祉有以增进。小学教员宜深切体会此意，且应恪守实践。其要项如下所示。希在职小学教员，夙夜黾勉，服膺勿忘，切切。

一、教人以善良，比教人多识更为重要。故为教员者，更应致力道德教育，使学生忠皇室，爱国家，孝父母，敬长上，信朋友，慈卑幼，讲自重。凡人伦大道皆通晓之，且成为以身作则之模范，务求熏染学生以德行，感化学生以善行。

二、心智教育之目的，在于使人人开拓知识，增长才干，以恰当地尽其本分，绝非使学生贪求奇功，博取声名。故为教员者，应领会此旨，以从事学生心智方面之教育。

三、身体教育不独依靠体操，宜经常清洁校舍，留意光线温度之适宜及空气之流通，并防止学生沾染有碍健康之恶习。

四、人人均不应怀有鄙吝之心志，鄙劣之思想。为教员者更须注意从自身心中严加肃清。教员身负培育儿童德智、健全身心之重任，并要取得增进社会幸福之实效，故绝非自身怀有鄙吝陋劣、苟安贪利之辈所能胜任。

五、学校管理上所需之快活景象，心神萎靡者决不能造就。况且教育学生必须花费诸多精力，身体孱弱者无法胜任。所以为教员者，必须保持正常的饮食起居，坚持散步和运动等良好习惯，保持身心健康，以尽职守。

六、为教员者，不仅能满足于通晓小学教则中所规定之学科，还需广泛了解教则外的学科，否则在教学中会产生破绽，失去学生的信任，以致终究不能置身于教坛。

七、为教员者，务必井然有序，扩充学识、磨炼意志。否则，决不能为卓有成效的教学打下基础。总之，本人意志未经磨炼，则决不会很好地磨炼他人意志。

八、从师范学校等场所学得的教学法，不过是一般原理。所以为教员者，不能只满足于生搬硬套。务必自行考虑其利弊得失，以决定取舍，做到灵活应用。

---

① 李永连：《日本学前教育》，人民教育出版社2001年版，第12页。

② 李永连：《日本学前教育》，人民教育出版社2001年版，第13页。

③ 李永连：《日本学前教育》，人民教育出版社2001年版，第14页。

九、为教员者，最要深切注意人之心理和生理之组织作用，通过研究、体验，去精通其实际原理。否则，即使孜孜不倦地从事教学，亦终究不能避免臆测妄断之弊。

十、学校管理较之课堂讲授更为繁难。所以为教员者，必须审察世态人情，明辨是非公道，并熟练处理事态之方法、管理业务之顺序。

十一、校规不仅在于整肃校内秩序，亦是培养学生德谊之重要法则。所以为教员者，必须深切理解校规之精神，并坚持执行之。

十二、精通业务、态度恳切、工作勤勉乃是教育工作中缺一不可的三大要素。为教员者，若能在工作中具备这三项，则不仅能使教学卓有成效，且使学生在不知不觉中感化到这三大美德，以致习惯而成自然。

十三、统率学校全仗刚毅、忍耐、威望、诚恳、勤勉诸品德。因为没有刚毅难以取胜；没有忍耐无法持久；没有威望无力服人；没有诚恳无以纳众；没有勤勉不能成事。

十四、倘若学生中出现党派、发生论争，处理此类事务须极其稳当详密，防止偏颇、苛刻。因此，为教育者，平日须养成宽厚大量之胸怀、保持公正观点，不干预政治、宗教、杜绝执拗偏激之言论。

十五、为人者应有善良之品行，这是理所当然的。而教员尤须具备最善良之品行。否则不仅不能涵养儿童德行，诱导其善行，相反还会残害其天赋。因为，儿童心灵纯洁无瑕，极易敏感地受外物感染。

十六、为教员者崇尚品行、扩充学识、积累经验乃是对其职业应尽之责任。因为，唯有崇尚品行，方能提高其职业之品位；唯有扩充学识，积累经验，方能为其职业增色生辉。

——瞿葆奎、钟启泉：《教育学文集：日本教育改革》，人民教育出版社 1991 年版。

1.《幼儿园保育及设备规程》

1896 年，福禄培尔协会在东京女子师范学校的附属幼儿园成立，该校校长担任会长职务。该协会的主要工作是宣传和推广福禄培尔的教育思想，进而促进日本学前教育的发展。福禄培尔协会认为，幼儿园和其他各级各类学校相比而言，并没有明确的教育法令或规定。因此，幼儿园在办园制度上的空白，有可能导致幼儿园和托儿所在发展过程中产生更多的问题。鉴于此，福禄培尔协会于两年后提出要求，要专门制定幼儿园制度的教育法令，从根本上规范学前教育的发展。最终，文部省经过审议，并于 1899 年颁布了《幼儿园保育及设备规程》，专门对幼儿园和托儿所的设备标准、招生要求、保育目的、保育内容及年限等分别做出了明确规定。在一定程度上来说，该制度的建立，奠定了日本学前教育体制的基础。[①]

《幼儿园保育及设备规程》全文共七条：第一条规定了入园对象为年满 3 岁至学龄前的儿童；第二条规定了每日的保育时间为 5 小时；第三条规定了师幼比不能低于 1∶40（一名保姆可保育 40 名以内的儿童）；第四条规定了幼儿园的招收人数标准为 100 名，最多不能超过 150 名儿童；第五条规定了保育的基本要领，如保教目的、保育方法、儿童德行仪表的要求，以及对儿童模仿天性的规范等；第六条规定了幼儿保育项目的具体内容，包括游戏、唱歌、谈话及手工作业；第七条规定了幼儿园所需的设备，如幼儿园应有平房建筑园舍，有保育室（4 名幼儿约占 3.3 平方米）、游戏室、保育员室、游戏场地（1 名幼儿约占 3.3 平方米）、教学设

① 唐淑：《学前教育史》，人民教育出版社 2009 年版，第 302 页。

备（恩物、绘画、游戏材料、乐器、黑板、课桌椅、时钟、温度计、采暖设备等）、操场、饮用水、门窗（采光问题尤为关键）等。[①]

从19世纪末到20世纪初，《幼儿园保育及设备规程》一直被作为日本幼儿园设置和编制课程的标准，甚至成为以后政府制定幼儿园规章制度的依据。在日本的众多幼儿园法规文件中，都能看到这一规程的主要内容。二战后日本制定的《学校教育法》中，也沿用了该法案中对幼儿园保育及设备方面的规定。

1900年，文部省修改了《小学校令》，规定小学校里可设幼儿园。修改后的《小学校令》除了沿用《幼儿园保育及设备规程》中的详细内容外，又增加了新的条目：幼儿园应设立园长职务；在幼儿园，对儿童进行日常保育的工作人员可被称为保姆；幼儿园的保姆应由具有小学教员资格或府县知事认可的女性担任；府县知事能够直接聘用或解聘市镇村级幼儿园的保姆，但需由设置者呈报府县知事。[②]

1911年，文部省又部分修改了《小学校令》施行规则中有关幼儿园的规定：幼儿教育应自由化，而不是单一的游嬉、唱歌、谈话、手技等；每日的保育时间应由管理者设置，而不是固定的5小时以内；幼儿园的规模可根据情况进行调整，正常情况为120人以内，特殊情况下200人以内。[③]

2.《幼儿园令》

《幼儿园令》是日本教育史上第一个单独的学前教育法令，它和《小学校令》《中学校令》和《师范学校令》共同形成了日本较为系统的学校教育法令体系。该法令由文部省于1926年4月颁布，主要对幼儿园在日本教育制度中的定位做出了明确规定。具体来讲，这部法令对幼儿园园长和保姆的任职资格、工资待遇、幼儿的入园年龄、保育时间以及保育内容都做出了规定和要求。《幼儿园令》规定，入园年龄应放宽至3岁以前，也就是说不满3岁的幼儿也可入园；《幼儿园保育及设备规程》中的每日保育5小时的时间限制也被废止；保育内容在原有的游戏、唱歌、谈话及手工作业的基础上，增加了观察。[④]

《幼儿园令》的颁布，标志着日本学前教育正趋向于制度化的发展。日本的学前教育自此进入了一个新的发展阶段。在政府政策的指引下，日本全国幼儿园数量在1941年已达到2084所。

三、福禄培尔幼儿园思想在日本的传播与发展

近代日本在学前教育发展的历程中，较多地吸收了欧美学前教育，尤其是德国福禄培尔的幼儿教育思想。但是，由于受日本文化传统的影响，福禄培尔教育思想在引入的过程中必然面临逐步被改造的可能，因为只有这样，才能较好地符合日本社会及教育的价值观念。

日本东京师范学校的校长中村正直，是介绍福禄培尔教育思想的第一人。1877年，中村正直翻译了《福禄培尔幼儿园理论概要》一文，并刊登于《日日新闻杂报》上。中村正直在译文中写道，“应该把幼儿组织起来，为其提供一个集体的环境，给予他们发挥自己自然才能

① [日]梅根悟：《世界幼儿教育史》（上册），张举等译，吉林人民出版社1986年版，第319-321页。

② 李永连：《日本学前教育》，人民教育出版社2001年版，第17页。

③ 李永连：《日本学前教育》，人民教育出版社2001年版，第18页。

④ 唐淑：《学前教育史》，人民教育出版社2009年版，第304页。

和天赋的好机会”。[①]这和福禄培尔的教育思想不谋而合，可见福禄培尔对其影响至深。同年，东京女子师范学校附属幼儿园监事关信三发表译著《幼儿园记》。该书成为日本幼儿园教育的第一部重要著作。[②]

福禄培尔认为，幼儿如同人类的幼苗，应该受到良好的教育，让其天性自由发展，而幼儿园是最适宜儿童生长的乐园。幼儿园不是学校，因此，幼儿园的目的是组织年幼儿童进行游戏，强身健体，逐渐学会劳动，熟悉大自然和人类生存的环境。

1879 年，关信三编写了《幼儿园 20 例游戏》，主要对福禄培尔的 20 种恩物进行详解。一时间，该书所宣传的恩物理念，被日本很多幼儿园所效仿。

福禄培尔的幼儿教育思想在日本掀起了一阵巨浪，但由于受到自身文化传统的影响，日本幼儿园的发展也出现过一些问题。日本的幼儿园大多会按照儿童智力水平进行编班，然后实行一种与小学相似的集体性保育。同时，由于对福禄培尔主义的过分迷信，幼儿园通常采用“问答法”的方式把各种恩物以课程的方式教给儿童，忽略了幼儿参与、体验和认知等重要途径，从而呈现“小学化”和“程序化”的色彩。[③]

明治中期以后，“问答式”的恩物教学在保育中的比重逐渐下降，并开始关注幼儿的观察能力和思维能力的发展。这不仅反映了日本幼儿园对幼儿发展特点的重视，也反映出日本的幼儿园教育开始回顾德育主义：“务必培养儿童的德行，促进身体发育及开发其智能”[④]。

此外，明治时期开始之后，日本幼儿园对游戏意义的认识也发生了转变。游戏并不只是简单的娱乐活动，保育工作者开始将德育贯穿于游戏之中。而且，人们从德育所借助的环境角度出发，更为关注“共同游戏”而非“随意游戏”。这是因为，幼儿园认识到，集体感和同情心的形成只有借助于“共同游戏”才可以实现。

本章小结

近代各国幼儿教育的发展，多以工业革命为分界线：工业革命以前，家庭教育是各国幼儿教育的主要形式；工业革命以后，各国都开始逐渐增设了如孤儿院、育婴堂等幼儿收容机构，但基本都属于慈善性质的救济所。随着资本主义制度的确立及发展，幼儿社会教育机构开始萌生并逐渐发展，而后呈现幼儿教育机构类型多样、名称繁多等特点，但其中影响力较大的当属欧文的幼儿学校和福禄培尔创立的幼儿园。幼儿学校和幼儿园的创立，成为世界学前教育发展历程中最璀璨的两个类型，且以 19 世纪为分界线，将幼儿社会教育机构划分为两个关键的时期。直到 19 世纪末，幼儿教育在西方各国以及日本的发展走向制度化的道路，并不断奠定了基础教育的地位。

---

① [日]梅根悟：《世界幼儿教育史》（上册），张举等译，吉林人民出版社 1986 年版，第 327 页。
② 杨汉麟：《外国幼儿教育史》，人民教育出版社 2010 年版，第 152 页。
③ 郭法奇：《外国学前教育史》，北京大学出版社 2015 年版，第 96 页。
④ [日]梅根悟：《世界幼儿教育史》（上册），张举等译，吉林人民出版社 1986 年版，第 346 页。

思考与练习

1. 一位英国科技史家花费近 50 年心血编著了多卷本的《中国科学技术史》，全面、系统地概述了中国古代科学技术的辉煌成就及其对世界文明的伟大贡献。这位科技史家是(　　)。

A. 莫塞莱

B. 布拉格

C. 达尔文

D. 李约瑟

答案：【D】

——2016 年下半年幼儿教师资格证考试《综合素质》选择题第 18 题

2. 试述近代幼儿公共教育产生的背景和原因。

3. 试述近代各国幼儿教育发展的主要特点。

4. 试述“幼儿学校”产生的原因及意义。

5. 试述福禄培尔幼儿教育思想对世界各国的影响。

6. 试比较“幼儿学校”和“幼儿园”的异同。

7. 试述近代各国幼儿教育制度的演变历程。

8. 试述学前教育的社会化发展与贫困问题的解决之间的关联。

9. 近代各国学前教育的发展可划分为几个阶段？

10. 比较欧美和日本等资本主义国家学前教育社会化的特点。

【拓展阅读书目】

[1] [日]梅根悟：世界幼儿教育史[M]. 张举，等，译. 长春：吉林人民出版社，1986.

[2] 杨汉麟. 外国幼儿教育史[M]. 北京：人民教育出版社，2010.

[3] 唐淑、何晓夏. 学前教育史[M]. 大连：辽宁师范大学出版社，2001.

[4] 李永连. 日本学前教育[M]. 北京：人民教育出版社，2001.

[5] 林秀锦. 美国的早期保育与教育[M]. 南京：江苏教育出版社，2006.

第六章　近代外国幼儿教育思想（上）

在万物的秩序中，人类有他的地位：在人生的秩序中，童年有他的地位：应把成人看作成人，把孩子看作孩子。

——[法]卢梭

内容提要

近代是学前教育思想发展的重要时期。从 17 世纪到 19 世纪末，伴随着资本主义教育制度的确立，出现了一批著名的近代教育家，他们对学前教育问题进行探讨，进一步发展了世俗的、理性的新教育。除政治、经济和学前教育实践等因素以外，唯物主义感觉论、近代启蒙思想、德国古典哲学以及空想社会主义思想等对近代学前教育思想的发展都有重要影响。自然教育、自由教育、生活教育和教育心理化成为这一时期学前教育思想的基调。近代教育思想家们日益认识到学前儿童教育的相对独立性，重视探讨学前儿童身心发展的规律，逐渐明确地把学前教育与一般学校教育区别开来又联系起来。本章共四节，依次介绍洛克、卢梭、裴斯泰洛齐、赫尔巴特等著名教育家所提出的新的儿童观，以及教育内容、教学原则和教学方法。其中，卢梭的近代儿童观为学前儿童的教育找到了出发点，裴斯泰洛齐开启了 19 世纪“教育心理化运动”，他们的主张也成为之后诸多学前教育理论形成与发展的重要思想渊源。

学习目标

1. 了解并掌握洛克的学前教育思想及理论。
2. 理解卢梭的学前教育思想及理论。
3. 了解裴斯泰洛齐的学前教育思想。
4. 了解赫尔巴特的教育思想。
5. 了解影响近代幼儿教育理论发展的主要历史因素。

第一节　洛克的幼儿教育思想

约翰·洛克（John Locke，1632—1704 年）是 17 世纪英国著名的哲学家、政治家和教育家，西方自由主义的著名代表。他出生于一个乡村律师家庭，从小接受严格的家庭教育，先后在威斯敏斯特公学和牛津大学接受系统的学校教育，大学毕业后留校。洛克深入细致地观察、了解英国绅士所处的世界，其绅士教育思想集中体现在《教育漫话》（1692 年）这本书中。

洛克在书中系统、详细地论述和阐明了自己的教育观点及理想，提出绅士教育思想体系。这本书对卢梭、对法国唯物主义者产生了重要影响。

一、论教育目的

洛克从维护资产阶级利益的原则出发，反对专制制度及君权神授学说，并批判了笛卡尔的天赋观念，提出“白板说”，详细论证基于感觉经验的人类认识发展过程：人的心灵最初像一块白板，一切知识和观念都是从经验中获得的，人的认识应由特殊上升到一般。洛克高度评价了教育在人的形成中的作用：教育使人类千差万别，品行的好坏，能力的大小，十分之九都由人所受的教育决定。幼童的心灵好像一张“白板”，我们可以随心所欲做成任何式样。幼时所得印象哪怕极其微小的都有极大的影响。教育上的错误正如错配了药，会给日后儿童的发展带来无法弥补的损失。教育不只是父母的事情，“国家的幸福与繁荣也靠儿童具有良好的教育”。

洛克认为教育的目的是培养有德行、有用和能干的绅士而非学究。绅士应具有德行、智慧、礼仪和学问等品质。绅士的基本特征是：（1）具有精明的处理事务的才干，善于赚取财物，从而使自己得到幸福。（2）具有德行和勇敢精神。（3）懂得礼仪，具有文雅风度。这一教育目的显然反映了当时资产阶级新贵族教育的需求。

洛克认为绅士善于处理自己的事务，使自己成为著名和有益于国家的人才。一旦绅士受到教育，一旦“绅士教育”走上正轨，其他人自然很快能走上正轨。英国学校存在种种弊端，不利于绅士的培养，因此必须采用家庭教育的形式培养绅士。

二、教育内容和方法

洛克把教育分为德、智、体三个部分，其对教育内容的论述，带有明显的资产阶级功利主义色彩。

（一）体育

洛克指出，精神固然是人生的主要部分，但心外的躯壳也不可忽视。“健康的精神寓于健康的躯体”，事业的成功和生活的幸福都以身体健康为前提。因此，身体的看护是全部绅士教育的基础。由于当时许多贵族家庭教育子女溺爱成风，加之洛克本人从小身体不好，曾花许多时间旅行，以此增强体质，因此洛克反对娇生惯养。他从医学角度出发探讨儿童身体保健及运动锻炼等一系列问题，认为儿童只要从小注意锻炼身体就能适应任何环境，多过露天生活，多呼吸新鲜空气，多运动才能增强免疫力。在洛克看来，身体健康的主要标准是“能忍耐苦劳”，他主张：（1）反对娇生惯养，及早锻炼儿童，多在户外生活以惯于忍受冷热晴雨。（2）多运动，多睡眠。（3）食物清淡，简单，不用特殊调味品，少用或不用药物。另外，在生活起居方面，要培养儿童良好的生活习惯，例如睡眠充足，早睡早起。儿童的卧床应坚硬，儿童不可穿紧身衣或被束缚，衣着不可过于暖和，常用冷水洗脸、洗澡等。

洛克发展了蒙田关于“锻炼”的思想，又因其担任过家庭医生和家庭教师，在身体养护和教育方面有丰富的经验。但其有些观点在今天已经不合时宜，例如不主张给儿童使用任何药物预防疾病。

（二）德育

道德教育是洛克绅士教育体系的核心内容。德行是一个绅士最重要、最不可缺少的品性。人的本性就在于追求幸福，而德行越高的人，其他成就的获得愈容易；如果没有德行，也就无所谓人生幸福可言。德行应在绅士应具备的品德中占第一位。一切德行与美善的原则在于克制理性所不容许的欲望，因此，要在“儿童极小的时候早早加以管教”，儿童应自出生起就习惯克制欲望。

绅士的第二种品德是良好的礼仪，其功用或目的在于获得别人的尊重与好感，进而有助于事业成功和生活幸福。绅士的第三种品德是智慧，即能有远见和能干地处理自己的事务。“智慧”是善良天性、心灵努力和经验结合而成的产物，非儿童所能企及。对儿童智慧发展所能做的就是要尽力阻止其变狡猾。幼年德育任务是在儿童身上打好德行的最初基础。包括敬仰上帝、说话真实和善以待人。他主张宗教宽容，承认上帝的存在，因而要求儿童从小做祷告、读《圣经》。他认为撒谎是一种极坏的品质，是恶德的根源和庇护者，与绅士的声名与品格绝不相容，儿童说话应绝对真实；应用一切方法使儿童成为善良的人，因为一切不公道的事情通常都是由于我们太爱自己，而不知道爱人的缘故。

洛克在德育方法上的主要观点包括：第一，及早通过练习培养良好习惯。规则易被儿童忘掉，习惯的力量比理智更加有恒和简便。但应和颜悦色地劝导，同时培养的习惯不可太多。第二，“爱”“畏”都是使儿童走上重道德与爱名誉大道的“大原则”。儿童愈小，理智愈少，愈应受到管束者的约束，待其年岁稍长，则要用友爱使其对父母或教师产生爱慕心情，以达到教育目的。第三，尊重与羞辱对儿童心理是最有力量的刺激。他认为善有奖，恶有罚，这是理性动物的唯一的行为动机。但以身体痛苦与快乐作为支配儿童的奖惩方法不会有好结果。洛克本人反对体罚，反对滥用奖惩对待儿童的行为。他提倡的是精神鼓励，尊重儿童，使儿童觉得自己是“有名誉的人”，这才是正确的奖励方式。第四，同伴产生的影响比一切教训、规则和教导都大。父亲与导师都应以身作则，还应把儿童应做与不应做的榜样放在他们眼前。第五，照料儿童的人应该仔细研究儿童的天性和才能。儿童强悍或软弱，温驯或顽强，敏捷或迟钝的特性正如其体态一样，只能有稍微改变，而很难将其改造成相反。应仔细趁儿童不注意时考察其个性，再采用相应方法对待他们。第六，利用玩具。玩具也是德育手段，应教育儿童爱护玩具，自己做玩具，以使其降低欲望，养成专心、努力和节俭等品质。第七，说理。儿童希望被人看作具有理性的动物，应在可能的范围内利用这种态度以支配儿童。说理应以适合儿童能力与理解力为限，道理要讲得“明白晓畅”，以达到让儿童明辨是非的目的。长篇大论的说教和富有哲学意味的辩解充其量只会使儿童惊奇与迷惑。说理时态度要镇定、温和，使儿童感觉到这些要求是合理的，对他们是有益的。

（三）智育

洛克认为一个有德行的绅士比一个掌握许多脱离实际学问的大学者更加无限可贵。因此绅士教育中学问是应该有的，但是它应该居于第二位，只能作为辅助更重要的品质之用。也就是说智育并没有德育重要。对心地善良的人来说，学问对于德行与智慧都有帮助；而对那些心地并非善良的人来说，学问就徒然使他们变成更愚蠢、更坏的人。

要培养“有德行、有用、能干”的人，儿童还是必须学习知识并发展智力。因此，儿童要学习那些对培养绅士品格和日常生活实际有用的、多样性的知识。洛克为绅士教育提供了广泛的内容：阅读、书写、绘画、本族语、法语、拉丁语、地理、算术、几何、天文学、年代学、伦理学、历史、法律和簿记等，甚至还有骑术、舞蹈、手工艺。洛克还提出让儿童自己去学习，寓学习于游戏中。在他的《教育漫话》中特别提到儿童游戏和玩具的一些主张。儿童应该拥有各种玩具，但成人不要购买那些价格昂贵、精巧易损的玩具，而应给他们一些自然界或生活中的小物品作为玩具，儿童还应尽量自己动手制作玩具。

总之，绅士所需要的是事业家的知识。每一门学科应给他带来一定的益处，训练他去应付实际。

在教学方法上，洛克提出了许多积极、正确的主张。他提出教导儿童的主要技巧在于把儿童应做的事都变成一种游戏。儿童天性好动、做事疏忽并爱好快乐，他们喜欢变换，喜欢自由，所以就喜欢游戏。游戏是儿童自动去做的，劳累了也出于自愿。因此，我们不应该把书本和别的我们要他们去学的事物当作一种任务或工作去强加给他们，而要当作他们的一种娱乐或一种消遣。例如，可以采用游戏的种种方法教儿童认识字母、学习阅读等。

激发兴趣、鼓励好奇心也是非常重要的。在洛克看来，正当的方法是使儿童对于他们要学习的东西发生喜爱，然后他们自然便会去用功。儿童兴致好的时候，学习效果要好两三倍，而勉强被迫去做的就要花费加倍的时间与劳苦。他把儿童的好奇心视为一种追求知识的欲望，认为应加以鼓励。具体方法是：认真答复儿童的一切问题，按照他的年龄和知识的能量，使他尽量懂得；采用一些特殊的称誉的方法；不可虚妄地答复儿童的问题；故意使他们看到新奇的事物，使他们发现问题，自己去求解，以引起他们的好奇心。

洛克指出，教师的重大作用和技巧就在于使一切事情变得容易。对于年龄大一点的学生，我们可以故意提出一些困难，去激发他们付出努力，使他们的心理习惯于竭尽全力去推理，但在儿童年纪极小的时候却不能这样做，对他们来说，一切事物的本身都是困难的。教师应帮他们扫清道路，在他们遇到阻难的地方应该立刻帮助他们前进。

教师的重要作用还在于集中并保持学生的注意力。洛克指出，一旦办到了这一点，他就可以在学生力所能及的范围内尽速前进了。为达到这个目的，教师应使儿童尽量明白他所教授的东西的用处。除此之外，教师还应和蔼，使儿童知道教师是爱自己的，是为自己好，这种爱就可以鞭策儿童去尽自己的责任，使他们乐意服从教师的吩咐。洛克把这种爱看作是使儿童肯去听课并爱好教师所教导的事项的唯一方法。儿童只有具有这种心情或心理，才能接受新的知识，接受新的印象。

（四）洛克在教育史上的地位

洛克继夸美纽斯之后进一步发展了世俗的、理性的新教育。他高度评价了教育在人的形成中的作用。他的“白板说”和功利主义的道德观对18世纪法国启蒙思想家的教育观点产生了深刻的影响。洛克十分重视儿童的早期教育，强调教育者必须考虑儿童的年龄特点和个性差异，并在体育、德育和智育方面都提出了许多有价值的主张。他的“锻炼说”和“儿童养护”的观点对卢梭有很大影响。但洛克过分注重所谓绅士礼仪的教育，阶级性十分明显，并且强调家庭教育而低估学校教育的价值，需要我们一分为二来看待。

第二节　卢梭的幼儿教育思想

让·雅克·卢梭（Jean Jacques Rousseau，1712—1778年）是18世纪法国启蒙思想家、哲学家和教育思想家。他出生于瑞士一个贫穷的钟表匠家庭，从小寄人篱下，当过学徒、店员、仆役等，对社会下层人民的生活有深入的了解。1740年卢梭曾任家庭教师，由此激发了他对教育的浓厚兴趣。1742年，结识启蒙学者狄德罗和伏尔泰，并撰写《百科全书》的政治经济学部分；1749年，因《论科学与艺术》一文获奖赢得声誉，后相继发表《论人类不平等的起源和基础》（1753）、《新爱洛绮丝》（1761）、《社会契约论》（1762）和《爱弥儿》（1762）。

卢梭没有接受过正规的教育，依靠锲而不舍的自学精神成为渊博的学者。1762年，卢梭出版《社会契约论》深入阐明了自己的民主主义政治思想。同年，长篇教育哲理小说《爱弥儿》问世。《爱弥儿》一书集中反映了卢梭的自然教育思想。他提出培养真正符合社会需要的新人的构想，描绘了一幅培养新人的蓝图。这部讨伐传统教育的长篇檄文，刚一发表，就轰动了整个法国和西欧。因为将矛头指向教会和封建专制统治，卢梭遭受迫害而流亡国外，晚年才得以回国。

卢梭认为保持人的善良本性有两条途径：（1）在政通人和的民主共和国，应发展公共教育。他在《百科全书》的政治经济学部分和《社会契约论》中论述了相关思想。（2）在社会风气败坏的专制社会，应聘请良师在家庭进行适应自然的教育以使儿童免遭毒害。他在《爱弥儿》中阐述了相关思想。

一、自然教育的目的与内容

卢梭受到“回归自然”时代风尚的影响，针对传统封建戕害人性和违背自然的特点，从“性善论”出发提出教育要回归自然的“自然教育原则”，并以此作为批判旧教育和建树新教育的理论依据。卢梭在《爱弥儿》中开卷即写道：“出自造物主之手的东西都是好的，一到人的手里，就全变坏了。”只有使自然、人和事物这三种不同的教育保持一致，才能使学生受到良好的教育。但自然的教育完全不由我们决定，事物的教育只是在有些方面能由我们决定，只有人的教育才是我们真正能加以控制的，所以就要设法使自然和事物这两种教育配合我们人的教育，要使教育能促进儿童身心的自然发展。

卢梭说：“教育孩子，在表面上看来好像很容易，而这种表面的容易，正是贻误孩子的原因。”成人总是把小孩子当大人看待，而不考虑按其能力可以学到些什么。由于对儿童的观念错了，所以愈走愈误入歧途。卢梭强调充分认识儿童时代的重要意义，要求尊重和研究儿童，在此基础上决定教育的内容与方法。卢梭在《爱弥儿》中提出通过家庭教育或自然教育培养“自然人”的设想。“自然人”不是封建国家的公民或国民，不是局限于某种阶级和某种职业的人，也不是脱离社会的孤独的野蛮人，而是一个“有见识、有性格、身体和头脑都健康的人”。①

自然教育的基本内容包括：一是自由教育。自由教育能使人保持善良天性，有助于教师了解学生；能适合儿童活泼的性情，自由不等于放纵，是一种“有节制的自由”。二是消极教

① [法]卢梭：《爱弥儿》（上卷），李平沤译，商务印书馆1983年版，第128页。

育。卢梭认为最初几年的教育应当纯粹是消极的，它不在于教学生以道德和真理，而在于防止他们的心沾染罪恶，防止他们的思想产生谬见。三是身心调和发展。教育的最大的秘诀是使身体锻炼和思想锻炼互相调剂。如果你想要使学生的智慧有所增长，就应当先引导其锻炼体力。四是活动教育。人不只是一个消极被动的有感觉的生物，而是一个主动的有智慧的生物。教育者必须为儿童提供活动的机会和自由。五是行动多于口训。“真正的教育不在于口训而在于实行。”儿童容易忘记自己说的和别人对他们说的话，但对自己做的和别人替他们做的事不容易忘记。①

卢梭的自然教育思想反映了新兴资产阶级对教育的要求。他强调尊重儿童和研究儿童，考虑儿童身心发展的需要，确立了儿童在教育中的主体地位，揭示了儿童身心发展规律对教育的内在制约性，但他对儿童早期发展的可能性和必要性估计不足。

知识链接

自然的教育、人的教育和事物的教育

我们天生是软弱的，所以我们需要力量；我们天生是无助的，因此需要帮助；我们天生是无知的，因此需要判断的能力。在出生时我们所没有的东西，在成长时我们所需要的东西，全部都要通过教育赐予我们。

这种教育，我们有的是从自然中得到，有的是从别人那儿得到，有的是从事物中接受下来。我们的才能与器官的本质上的发展，是自然的教育；别人教我们怎样利用这种发展，是人的教育；我们对给我们施加的事物获得有益的经验，是事物的教育。

所以，我们每人都是通过三种老师培养而成长起来的，一个学生，假如在他身上这三种老师的不同的教育相互矛盾的话，他所接受的教育就没有益处，而且将始终都不符合他本人的意愿；一个学生，在他身上假如这三种不同的教育是一致的，都朝着相同的目的，他便能够自己达到他的目标，而且生活得富有趣味。这样的学生才称得上受到了良好的教育的。

——卢梭：《爱弥儿》(节选)，李平沤译，商务印书馆 1983 年版。

二、论儿童教育

卢梭指出，教育必须遵循儿童的年龄特征，主要是因为人生的每一个年龄阶段都有其特有的成熟时期，儿童的生理、心理发展有其规律，是不可能改变的。卢梭按照儿童（以爱弥儿为例）年龄发展的自然进程，将其划分为 4 个年龄阶段：婴儿期（出生至 2 岁）以身体的养护为主，儿童期（2～12 岁）以体育锻炼和感官训练为主，青年期（12～15 岁）以智育为主，青春期（15～20 岁）以道德教育为主，并指出相应的教育任务、内容和方法。如表 6.1 所示：②

① [法]卢梭：《爱弥儿》(下卷)，李平沤译，商务印书馆 1983 年版，第 401 页。

② 周玉衡、范喜庆：《学前教育史》，上海：复旦大学出版社 2015 年版，第 147 页。

表 6.1　各年龄段儿童自然发展进程、特征及教育

自然发展进程	特征及教育
婴儿期 0～2 岁	儿童完全处于长身体的自然状态，以身体养护为主。应坚持使用大自然赋予儿童的一切力量，让儿童自由发展。
儿童期 2～12 岁	儿童言行多受感性支配，缺乏适当的理性力量，处于“理性睡眠期”，以体育锻炼和感官训练为主，让儿童到农村的“自然环境”中去，与大自然相接近，接受自然的熏陶，以获得丰富的感觉经验。对待儿童错误行为要采用“自然后果法”，在自然状态下，利用适合儿童特点的事物去影响他，而不要用理性去教育儿童。
少年期 12～15 岁	儿童具有较强壮的体格、发展较好的感觉器官，因此本阶段应以智育和劳动教育为主。让儿童学习生活所必需和使用的知识，培养学习兴趣，指导学习方法，让他们通过劳动发展自己的体力，掌握专门的手艺。
青年期 15～20 岁	本阶段是“暴风雨和热情的时期”，必须施以道德教育。主要任务是培养善良的感情、善良的判断和善良的意志，其核心是博爱。通过一系列的自然教育，爱弥儿到了 20 岁已成为身体健壮、心智发达、感情丰富、善于劳动、博爱人类的自然人。

下面主要讨论婴儿期、儿童期的教育。

（一）儿童不应只跟从一个向导

卢梭认为，教育、教训和教导是三样事情。“为了要受到良好的教育，儿童是不应该只跟从一个向导的”，应由保姆、父母和教师来共同承担儿童的教育，保姆应身心两健。而真正的保姆是母亲，真正的教师便是父亲。0～2 岁的婴儿身体方面软弱无能，但柔韧、善于活动，因此本阶段基本任务是身体的保健与养护。从出生至 2 岁，儿童应由父母养育，父母也不应以任何借口及理由推卸抚育子女的责任。母亲应亲自哺育自己的孩子，这有利于儿童身心健康且能使社会风气自行好转。父母之间的亲热感情十分重要，家庭生活的乐趣是抵抗风气毒害的最好良剂。儿童教师应该年轻，能成为学生的伙伴，在分享儿童的欢乐中赢得儿童对他的信任。

（二）儿童身体的养护与锻炼

卢梭把城市作为“坑陷人类的深渊”，主张在乡村中养育孩子；反对把新生婴儿捆绑在襁褓中，认为会阻碍血液和体液的流通，损伤其体质；反对给孩子请医生、用药；反对溺爱和娇惯孩子，主张锻炼其体格，锻炼不仅可以帮孩子抵御灾患，还能使其能忍受各种艰难困苦。

（三）儿童的感觉教育

卢梭认为“我们最初的哲学老师是我们的脚、我们的手和我们的眼”，[①]必须通过锻炼感官来学习正确判断。

2～12 岁阶段，儿童这个时期还处于理智的睡眠期，他们不能接受观念，只能接受形象。因此，如果进行理智教育，是违背儿童身心发展规律的。本阶段的主要任务是发展儿童外部感觉器官的能力，使其获得丰富的感觉经验，为理智发展做好准备。感觉教育分为触觉、视觉、听觉、味觉和嗅觉五个方面。卢梭认为，人并不是平均使用各个感觉器官的，在各种感

① [法]卢梭：《爱弥儿》（上卷），李平沤译，商务印书馆 1983 年版，第 149 页。

官中，触觉是运用最多的。因此，应该先发展触觉。其次是锻炼和发展视觉与听觉。感觉发展较早，且有较多的准确性训练方法是试用触觉代替视觉，试用触觉代替听觉，原因在于视觉容易发生错误，这是因为它延伸的地方太远且总比其他感觉先接触物体，训练方法主要是用触觉来鉴定视觉所获得的印象，学习绘画和几何等能培养和发展儿童敏锐的观察力。“第六感觉”是由各种感觉很好的配合使用产生的，它能通过事物的种种外形的综合而使我们知道事物的性质。

卢梭论证的感觉教育的重要意义和实施方法，在教育史上是空前的。他认识到感觉在人的认识发展过程中的重要价值，把感觉教育视为儿童时期主要的教育任务，这是继培根和夸美纽斯之后对崇尚理论灌输的传统教育的又一次改造。但卢梭的感觉训练与知识学习相脱离，时间也过于漫长，一直到 12 岁以后才进入知识教育阶段，显然不利于儿童早期发展。

（四）儿童的德育

卢梭认为，在人的灵魂深处生来就有一种正义和道德的原则——良心，它能使我们不差不错地判断善恶。良心的内容是对自己的爱、对痛苦的忧虑、对死亡的恐惧和对幸福的向往。“良心之所以能激励人，正是因为存在着这样一种根据对自己和对同类的双重关系而形成的一系列的道德。” 既然人人都有良心这种天赋的道德本能，罪恶又是如何产生的呢？卢梭认为这是后天毒害所致，错误的教育使自爱心变成自私心。

在卢梭看来，童年时期是理性睡眠时期。在达到理智的年龄以前，我们为善和为恶都不是出于认识，在这个阶段进行德育是超越自然的。真正的道德教育是青春期的工作，在童年时期只能进行一些德育的奠基工作。这种工作的基本精神在于少让他们养成驾驭人的习惯。自己多动手，少要别人替他们做事情，使能力与欲望保持平衡，就可以把他们的欲念导向为善，防止自爱心变成自私心。童年时期的德育奠基工作是：培养博爱精神和简朴而不奢侈、坚韧不拔的品质，反对过分讲究礼仪等。

三、自然后果律

卢梭根据自己所理解的童年特点提出德育方法：反对向儿童说理，主张用榜样力量激励儿童去模仿善行，用“自然后果律”遏止和纠正儿童的恶行，利用游戏和其他活动的方式教育儿童，在研究和了解儿童个性的基础上因材施教。

“自然后果律”是指儿童做了坏事必须自食其果。卢梭认为我们不能为了惩罚孩子而惩罚孩子，应该使他们觉得这些惩罚正是他们不良行为的自然后果。也就是说，对于儿童的过失，不必加以责备和处罚，而要利用儿童过失所造成的自然后果，使他们自食其果，从而使他们认识其过失并改正。儿童处于理智的睡眠时期，不懂道理，其自由只能受事物的限制，因此，在与自然的接触中，儿童必然会懂得应当服从自然的法则。也就是如果儿童有冒失行为，你只需让他碰到一些有形的障碍或受到由他行为本身产生的惩罚。比如他打坏家具你别忙着给他另外的家具，让他感觉到没有家具的不方便。他打破房间的窗子，你就让他昼夜都受风吹，别怕他受寒。总之，通过自然后果律，儿童将会认识到什么是对的，什么是错的，什么是应当做的，什么是不应当做的。卢梭认为，幼儿还不能理解抽象的道德概念，还没有养成判断善恶的能力，因此，对他们进行道德说理教育，不仅是徒劳的，而且把成人的各种道德要求强加到他们身上容易使他们产生偏见。卢梭甚至说：“我发现，再没有谁比那些受过许多理性教育的孩子更傻的了……所以，最初几年的教育应当纯粹是消极的，它不在于教学生以道德和真理，而在于防止他的心沾染罪恶，防止他的思想产生谬见。”

四、卢梭在教育史上的地位

卢梭的教育思想充满了新兴资产阶级自由、平等和博爱的精神。他抨击封建制度和旧教育，在法国大革命前夜具有解放思想的重要意义。

卢梭是世界教育史上一位划时代的教育思想家，其教育主张被视为新旧教育的分水岭。变抑制天性的教育为尊重天性的教育，是教育上的巨大变革。他首先提出要研究儿童的原始状态，他关于尊重儿童天性的主张成为许多现代教育原则的源泉，他本人则被视为“新教育方法”的一个光辉的先导。卢梭关于生来具有学习能力的幼儿不是通过语言和文字，而是通过经验并利用自己尚未成熟的器官进行学习的主张，被认为是近代幼儿教育思想的萌芽，并在以后的许多教育家如裴斯泰洛齐、福禄培尔、杜威和蒙台梭利等人的教育理论中得到进一步发展。

在卢梭的教育思想中，正确性、深刻性与偏激性、片面性共存。虽然他反复强调儿童不同于成人，每一年龄阶段都有其特征和恒常不变的心理发展法则。但是，随着历史发展与实践的验证，我们对于卢梭的教育理论更应从精神实质上领会和把握，而不能在具体方法上“刻舟求剑”式地盲目照搬。

第三节 裴斯泰洛齐的幼儿教育思想

瑞士教育家约翰·亨利赫·裴斯泰洛齐（1746—1827 年），生于苏黎世一个医生家庭。幼年时，裴斯泰洛齐常到外祖父的村庄里去，目睹了农村破产和农民苦难生活的状况，萌发了对农民处境的深切同情。

1768 年，他在友人的帮助下，开办示范性农庄“新庄”，开展社会实验活动，希望帮助农民摆脱贫困，但由于经营不善倒闭。1774—1780 年，他在新庄创办孤儿院，与众多孤儿生活在一起，经过几个月的努力，这些孤儿的精神面貌一新，但最终因缺乏充足的经费被迫于 1780 年停办。此后 18 年间，裴斯泰洛齐专心于专著活动，总结自己的社会活动和教育活动经验，并发表研究社会和教育的一系列作品：《林哈德与葛笃德》和《我对人类发展中自然进程的追踪考察》等，并先后在斯坦斯、布格多夫和伊佛东从事初等教育新方法实验，这一时期的主要教育著作有《斯坦斯通信》《葛笃德怎样教育他的孩子》《母子篇》《天鹅之歌》。1827 年，裴斯泰洛齐与世长辞。

一、教育基本理论

（一）人性论与教育目标

人性论是裴斯泰洛齐教育学说的基础。他提出“人的二重本性”及“人生存的三种状态”学说：人兼有动物性和崇高性。前者指个人保存自己的本能，是一种低级天性；后者追求自我完善，能懂得和现实真善美的更高价值。教育的任务就是尽可能把低级天性往高级天性阶段培养和造就。人能够生存在三种状态中：自然状态、社会状态和道德状态。只有教育才能使人产生摆脱自私的愿望，过上一种对他人、对社会负责以及献身真理的道德生活。

为构想使人道德化的教育，裴斯泰洛齐进行了长期的研究与实验，并指出教育就是如何严肃对待一个人的本性和如何和谐发展每个人的才能。最值得我们关注的是心灵的发展，也就是爱、信任、感激和责任等，智力的发展应该和训练动手能力及勤劳作风联系起来。心、脑、手三者应平衡发展。

卢梭认为人性本善，恶的根源和道德的完善都在于社会。裴斯泰洛齐则认为大自然造就的人是不完善的，必须通过教育使人完善；教育的重要意义就在于通过和谐发展人的能力和完善人的道德进而影响社会。裴斯泰洛齐吸收了卢梭自然教育理论的主要精神，特别强调教育要适应自然，按照儿童的天性及其发展顺序来进行教育，但同时也指出，儿童的天性并非是理想化的状态，要通过教育来约束其天性中“恶”的一面，才能使人的天性最终得以完善。

（二）论爱的教育和家庭教育

裴斯泰洛齐是提倡爱的教育和实施爱的教育的典范。他热爱儿童，尊重儿童，并把自己的毕生精力献给贫苦儿童的教育事业。他在总结自己的教育实践经验的基础上指出：“教育的主要原则是爱。”在他看来，儿童的幸福就是教育者的幸福，儿童的欢乐就是教育者的欢乐。对儿童实施爱的教育，可以使教育者获得他们的信任和热情，并在师生之间建立一种相互信任的真诚关系。

如何实施爱的教育，裴斯泰洛齐指出家庭教育是一种最好的方式，并强调家庭在教育尤其在早期儿童教育中的重要意义，并详细研究了家庭教育的内容和方法，研究了家庭教育与学校教育之间的关系。

1. 起居室是“人类教育的圣地”

家庭生活以爱为依托，家庭生活是进行真正良好教育的天然基础。“在起居室这块圣地，人的各种力量在发展过程中仿佛自然地建立起平衡，并保持平衡。”[①]家庭是教育的起点，家庭影响如果以最纯洁的形式出现，就是人类教育中所能想象到的最高尚的因素。在充满爱和有爱的能力的家庭生活环境中，孩子肯定会变好。

2. 必须从家庭教育中寻找教育科学的出发点

裴斯泰洛齐曾经设想取消学校，后来他不得不承认：“社会状况使父母们缺少必要的时间把自己确定了解和掌握的东西教会给自己的孩子。”[②]但学校永远无法代替家庭教育，而只能作为家庭教育的辅助手段，并且必须与家庭生活相一致。“正是在家庭圣洁的情感中，自然本身为人类能力发展的和谐性和方向性做好了充分准备，我们必须在家庭中寻找我们教育科学的出发点，而后教育科学才能成为一种全国性的力量。”[③]应在学校教育和家庭教育之间建立起密切联系系。为此他设想建立试验性质的学校，使每个人在离开学校后能去训练他的兄弟姐妹。

① [瑞士]裴斯泰洛齐：《裴斯泰洛齐选集》（第 2 卷），尹德新译，教育科学出版社 1996 年版，第 218 页。

② [瑞士]裴斯泰洛齐：《裴斯泰洛齐选集》（第 2 卷），尹德新译，教育科学出版社 1996 年版，第 176 页。

③ [瑞士]裴斯泰洛齐：《裴斯泰洛齐选集》（第 2 卷），尹德新译，教育科学出版社 1996 年版，第 336 页。

二、论早期儿童教育

（一）早期儿童教育的重要性及母亲的使命

裴斯泰洛齐强调家庭教育是儿童教育的第一阶段和最好方式，而母亲在其中扮演着重要的角色和地位，并指出："在长达半个世纪所取得的经验和我内心深处的信仰告诉我：只要我们经过改良的培养和教育制度还停步于儿童最早期的教育阶段之前，我们就远没有完成自己所肩负的重任。"[①]只有取得广大母亲支持的教育才能达到这一崇高目的。母亲是"教育的第一位力量"，是培养人性的最重要的工具，能在这个利己主义横行的世界里"把孩子天生亲近母亲的情感，逐步引导为能为美好的事业放弃个人利益且不惜做出任何牺牲的仁爱之情。"母亲能做那些学校无法做到的事情：细心观察儿童，因材施教。

第一，母亲在儿童教育中占据着重要地位。母亲和孩子之间的爱和信赖的关系是教育的必要条件。

第二，母亲最了解自己的孩子，她知道自己的孩子个性和能力，所以在孩子的教育方面最有发言权，也最适合进行遵循自然的教育。一个母亲出于爱的本能力量，精心照顾自己的孩子，喂养他和保护他，使他欢喜和感到愉快，这样爱和信任的种子就在孩子的心中生长。裴斯泰洛齐认定，母亲的影响是引起爱和忠诚的开端的自然途径。

第三，教育应从摇篮开始，应从儿童诞生的第一天开始，母亲是天生的和伟大的教师，也是孩子的第一位教师和向导。在母爱的影响下，儿童首先感觉到对母亲的依恋和信任，再推及父亲和兄弟姐妹，逐步扩大范围，乃至爱全人类，并意识到自己是整个人类中的一员。

（二）要素教育

要素教育理论是裴斯泰洛齐教育理论的精华所在，是他教学理论的核心。他认为教育必须从一些最简单的因素开始逐渐转向复杂的因素，从而促使儿童各种天赋能力的全面和谐发展。德育、智育、体育和劳动教育，不同的方面有不同的要素，各方面教育都能找到一定的最简单的要素作为实施教育的起点。

1. 德育

裴斯泰洛齐研究了儿童早期德育的内容与方法，指出德育最简单的要素就是儿童对母亲的爱。第一，唤起儿童的道德情感。在母亲满足孩子的需要的相互接触中会产生诸如爱、信任以及感激之类的基本的道义。爱的最强烈的激励"对道德具有最重要的意义，应成为全部教育学的基础"。[②]母亲还要使孩子的爱升华、高尚化，教导孩子去爱周围的人，爱上帝。第二，培养儿童的自我克制力。这主要是通过长期训练养成习惯，母亲应以身作则。理智的爱与坚定不移的品质，是引导孩子做到顺从的两个法宝。第三，鼓励儿童在道德上逐步独立。孩子脱离母爱直接影响的时刻迟早会到来，母亲应鼓励孩子去尝试与练习，使孩子通过观察他人的行为学会对事物和人的判断。

---

① [瑞士]裴斯泰洛齐：《裴斯泰洛齐选集》（第2卷），尹德新译，教育科学出版社1996年版，第230页。

② [瑞士]裴斯泰洛齐：《裴斯泰洛齐选集》（第2卷），尹德新译，教育科学出版社1996年版，第254页。

2. 智育

智育最简单的要素是“数”“形状”“词”。因此，在教儿童通过感官观察事物时，必须做到三点——面前有多少物体，有哪几种物体（数）？它们的外貌、形状或轮廓是怎样的（形）？它们的名称是什么？怎样用一个声音或一个词表达每一个物体（词）？裴斯泰洛齐认为“发挥大脑的能力”应包括认识能力、语言能力和思考能力，三者组成所谓的“智力”，必须在幼年时期为脑的发展奠定基础。“智育永远开始于经验”，母亲首先应鼓励儿童把注意力集中到物体对象上，告诉其名称并使之能区分物体的各个部分；然后引导儿童通过比较的方法认识物体的性质和特点，以培养其观察和判断的能力；最后解释事物及事件的原因养成儿童追本溯源和爱思考的习惯。实物教学是首要的方法。教育者必须时时刻刻用物体而不是用词语来进行教学，“近环境教育法”能使人结合自己的生活环境，“生活是伟大的教育者”，在儿童各种能力的发展过程中，必须始终坚持“生活教育”原则。为更有效发展儿童的感觉能力，“还要编制训练感官的特定练习”。裴斯泰洛齐在教育史上首次提出了“要创立这种练习的独特体系”，以发展和完善眼睛和耳朵。他建议感官练习要具有游戏的性质，务必没有丝毫的强制，并将这种练习与培养良好的审美观的练习结合起来。他主张把感官的训练与说话器官的训练紧密地联系起来。

3. 美育

美育对儿童道德、想象力和创造力的发展以及对其他科目的学习都大有裨益。美育包括音乐、美术、绘画、模型等。音乐是美育最有效的辅助手段之一。美术、绘画能发展儿童的观察力、想象力和创造性，也有助于其学习其他科目。

4. 体育

体育最简单的要素是关节活动，如抛、搬、推、拉、转等基本动作，这也是儿童体力发展的基础。由于劳动是体力活动的一个方面，因此关节活动也是劳动教育的基本要素。儿童从小就要进行各种关节的运动，再逐步扩展到全身的、更为复杂的体力劳动。

此外，体操对身体健康和道德发展都有益处，体操能使儿童健康和愉快，这正是德育的极其重要的两个条件。体操还能激发儿童团结友爱的精神。他设想按儿童自然的动作来安排身体训练，比如慢走、跑步、跳、摇摆和攀爬等，反对过早使儿童从事某项专门的体育训练，认为这会导致儿童畸形发育。他还主张将体操和儿童游戏及自由玩耍结合起来，重视将儿童贪玩的天性变成高尚的道德行为。

三、裴斯泰洛齐在教育史上的地位

首先，裴斯泰洛齐通过教育使人完善进而改良社会的信念激励着他为贫苦儿童教育和国民教育事业献出毕生心血。他提出“要素教育”思想，并在此基础上建立初等教育分科教学法体系，极大地推动了近代国民教育的普及与发展。其次，他是家庭学前教育理论的重要代表，在促使学前教育从家庭教育向社会教育过渡的过程中发挥了重要作用。他十分重视家庭教育在儿童早期发展中的作用，提出了以母爱为依托、以感觉和心灵的发展为主要内容的学前儿童教育体系，详细研究了学前儿童教育的内容和方法，重视道德情感的培养，强调直观、语言和活动在幼儿智力发展中的意义，并把游戏作为教育幼儿的重要方法。最后，他的学前教着思想对幼儿园的创立者福禄培尔有直接的影响，赫尔巴特等人也不同程度地受到他的影响。

第四节　赫尔巴特的幼儿教育思想

约翰·弗里德里希·赫尔巴特（Johann Fiedrich Hehet，1776—1841 年）是 19 世纪德国著名的教育家和心理学家，出生于普鲁士的一个法官家庭，从小受到良好的家庭教育，先后进入奥登堡文科中学和耶拿大学学习。赫尔巴特曾经当了 3 年的家庭教师，积累了丰富的教育实践经验，其间结识已负盛名的裴斯泰洛齐。1802 年后，他分别在哥廷根大学和哥尼斯堡大学任教，承担教育学、哲学，伦理学和心理学课程的教学和研究工作，他曾于 1799 年去瑞士拜访裴斯泰洛齐，他也是第一个在德国用文字传播裴斯泰洛齐的教育思想的人，主要教育作品有《裴斯泰洛齐的直观教学 ABC 思想》《论对世界之审美描述是教育的首要工作》《普通教育学》《裴斯泰洛齐教学方法批判》。其中《普通教育学》是赫尔巴特的教育代表作，是西方最早以“教育学”来命名的教育专著，这本书奠定了赫尔巴特在教育史上的重要地位。在西方教育史上，赫尔巴特被誉为“科学教育学的奠基人”。

一、教育目的

赫尔巴特的教育理论是建立在他的哲学心理学和伦理学思想的基础上的。赫尔巴特认为，教育的最高目的就是“道德”，教育的唯一工作和全部工作都可以总结在这一概念中，他把教育所要达到的目标集中于道德培养方面。

二、教育基本理论

首先，赫尔巴特认为仅凭感觉或理性不能认识事物，学生的认识活动是不断依靠旧观念来同化新观念从而形成“观念团”的统觉过程。其次，他努力赋予教育学以科学形式，把伦理学和心理学作为教育学的基础，前者说明教育目的，后者指明教育方法。再次，他把教育过程分为三个部分——管理、教学和训育。“管理”是要克服儿童“不服从的烈性”，以此为教学和训育创造秩序。“教学”是教育的基本手段，目的是激发学生多方面兴趣，使学生具有正确决定意志的思想范围。他为此拟订了基于六种兴趣的课程体系；他依据其统觉心理学提出“教学形式阶段”的理论，将教学过程分为清楚、联想、系统和方法四个阶段。“训育”是德育的一种特殊手段。在赫尔巴特的教育体系中，德育贯穿始终，又是专门的组成部分。“训育”不同于“管理”，具有陶冶性，以道德观念为基础，使受训者心悦诚服地形成道德性格。

赫尔巴特持“复演说”观点，认为儿童个性和认识的发展重复了种族发展的过程。因此，在儿童一定发展阶段上的学习内容的选择和安排的基础是种族发展在相应阶段上的文化成果。他认为儿童发展经历四个阶段——婴儿期（0 ~ 3 岁）、幼儿期（4 ~ 8 岁）、童年期、青年期。他描述了各阶段儿童身心发展特点，提出了各阶段教育内容及教育方法。

三、论 3 岁前儿童的教育

（一）体育

赫尔巴特强调 3 岁前儿童养护的重要性，由于在儿童生活的头几年中他们的生命还极其脆弱，可见应当把照料他们的身体放在一切工作之前。对儿童的必要的照料和培育是其发展的先决条件，应反对娇惯。成人应为儿童提供安全的活动场所，以供儿童四肢充分的活动，并使他们通过自己的尝试促进对事物的观察。但每个儿童的锻炼活动应视其体质而定，不宜使儿童负担过重。健康的身体是德育和智育的必要基础，儿童的智育也应视其健康状况的不同而有很大区别。

（二）智育

赫尔巴特十分重视 3 岁前儿童的智育，认为不管这种智育的时间如何少，由于早期年龄阶段的儿童具有巨大的敏感性和易兴奋性，智育是极其重要的。智育主要是以感官教育和语言教学为主，成人应为儿童的眼、耳等感官提供丰富的感性材料，同时特别注意说话时应避免不正确的表达和儿童不能理解的内容，以防止对儿童语言产生不良影响。他继承并发展了裴斯泰洛齐的“直观教学”思想，设想用综合方式丰富儿童的感觉经验。

3 岁前儿童的智育应注意三件事：（1）不应强迫婴儿去了解，应当避免给予他强烈的印象，也不应当迅速更换他们了解的东西。（2）应通过无害方式为儿童自己的活动提供场所，不仅能让其获得四肢活动的练习机会，也能促进其对事物及其变化的观察。（3）要对 3 岁前儿童认真细心地进行语言教育，以免耽误发展和养成根深蒂固的陋习。

（三）管理与德育

德育方面，主要任务是防止儿童养成任性的毛病，要训练儿童服从成人的管理，对儿童的管理要及早进行，任何人不应听从儿童的摆布。要让儿童不断感受到成人的长处而觉得自己是无能为力的，这样他才会自觉服从成人的管理。因此，在儿童很小的时候加强管理会比较容易，不必在今后用强硬的手段来进行管理。他重视日常生活方式对儿童性格的影响，指出最有必要注意的是，不要把儿童当作大人的娱乐品。必须极其谨慎地让儿童避免获得对他人的可恶可厌的印象，否则从中会滋生反社会的动机。同时，任何人也不应听任儿童摆布，至少在儿童表现出暴躁时不能这样做，否则将不可避免地养成儿童的任性。如果儿童情绪激动，必须给其时间以使其平静下来。

四、论 4～8 岁儿童的教育

（一）德育的内容与方法

对这个年龄阶段的儿童在德育方面应继续加强管理，要彻底消灭其任性的毛病，还要防止其他坏习惯的养成。有些儿童身上常常表现出后天学会的恶习，赫尔巴特主张让儿童过集体生活，在集体生活中受严格的纪律约束。此外，还要以给儿童更多自由为前提，以宽严得当的方法培养仁慈观念。仁慈这一观念，儿童较少通过自我发展获得，需通过两条间接途径加以培养——一是合群精神或合群习惯的培养，二是对儿童的适当关心。首先应设法使儿童养成合群的习惯，一旦儿童表现出恶意，就以剥夺其与同伴玩耍为惩罚手段。儿童越是习惯于服从伙伴中的共同意志，并在这种环境中活动和感到快乐，那么他就越不能忍受孤独感。其次应通过父母对儿童的恰当关心来使儿童树立正确的仁慈观念。儿童把父母的关心视为理所当然，是形成许多错误道德判断的根源。4～8 岁儿童的情绪还直接依赖于成人的态度，对他们长期不亲热会促使其变得冷漠。必须对必要的严格辅以宽容，而对宽容辅以和蔼可亲。

本阶段另一个重要任务是培养儿童合理的生活习惯，从中学会克制自己的欲望，约束自己的行为。另外要给儿童一些自由，使他们有机会公开发表自己的意见。

（二）智育

从“教育性教学”原则出发，赫尔巴特肯定“智育是全部教育的中心”，应十分重视儿童的提问，因为其中存在着原始的兴趣。兴趣既是目的也是手段：多方面性是德行的基础，培养多方面兴趣是使个体得以社会化的关键所在，也是教学的任务；兴趣就是主动性，激发兴趣也是教学的重要手段。回答儿童的问题必须及时而彻底，不应当拖延。教育者必须驾驭儿童情绪的波动，不可错过施教的良机。

赫尔巴特主张在这个阶段应进行初步的综合教学活动。教学内容包括数数、组合、观察学习、计算、阅读、绘画、书写等，以此增长儿童各方面的知识。4～8 岁儿童的教学分两阶段进行——前一阶段是非正规教学，与交际、活动、锻炼、习惯培养和道德判断等结合，也与阅读练习结合。后一阶段可以开始一些较正规的教学活动来促进儿童智力的发展，如学习组合、观察练习、计算、阅读教学、绘画和书写等。可以使用的直观教学方法如利用棋子、大头针进行观察练习；利用钱币来学习数数、计算等。游戏也是儿童智育的重要方法，在儿童的游戏中存在着认真的气氛，以及那种可以使他在快乐的时刻振作向上的自动努力。幼童生动活泼的游戏甚至是我们所期待的一种现象。成人应常与儿童一起游戏，以便把他们引导到一些有益的事情上去。

另外，赫尔巴特对教学方法提出了一些合理的建议，包括鼓励儿童提问题。儿童在努力谋求新经验的过程中会产生各种天真幼稚的问题，但老师应认真对待，及时、彻底回答儿童的提问，以及寓教学于游戏之中，尽量避免使教学成为儿童反感的事物，要注意激发儿童的学习兴趣。

五、赫尔巴特在教育史上的地位

赫尔巴特以自己富有创造性的活动推动了教育理论科学化的进程。他的学前教育思想吸取了卢梭的“感官训练”的主张和裴斯泰洛齐的“直观教学”思想，并根据自己的哲学和心理学的理论加以发展。他根据自己对于教育过程的理解，将学前教育过程划分为管理、教学和训育三个部分。第一，他主张对儿童从小加以严格管教，恩威并重；考虑儿童好动的天性，为其提供适当的活动机会，以使管理取得最出色效果。第二，从“教育性教学”原则出发，他十分重视婴幼儿智育，提出丰富儿童感觉经验以及激发其独立的、主动的智力活动的种种方式，重视游戏的智育价值。第三，他反对直接的道德说教，重视幼儿合群精神及习惯的培养。在教育过程中，既强调教师的主导作用，也注重根据儿童身心发展不同阶段特点进行教育。第四，他的学前教育思想过于强调要幼儿的德育和智育，而对体育、美育、自然教育和劳动教育等未充分阐述或未论及，表现出浓厚的知识为主的色彩。

本章小结

近代西方学前教育思想和理论的重要代表人物有洛克、卢梭、裴斯泰洛齐、赫尔巴特。他们进一步发展了世俗的和理性的新教育，自然教育、自由教育、生活教育和教育心理化成为这一时期学前教育理论的基调；日益认识到学前儿童教育的相对独立性，重视探讨学前儿童身心发展的规律，逐渐明确地把学前教育与一般学校教育区别开来又联系起来。

卢梭的近代儿童观为学前儿童的教育找到了出发点，裴斯泰洛齐由此开启了19世纪“教育心理化运动”。他们的主张成为福禄贝尔学前教育理论的重要思想渊源。

思考与练习？

1. 中一班的男孩如厕时常常有意将小便洒在便池外，甚至是小朋友身上，据此，王老师在便池里合适的位置上画了几朵花，要求幼儿小便时比看谁能瞄准花朵，给花浇水，此后男孩小便再也不乱洒了，王老师的教育方法体现的幼儿教育特点是（　　）。

A. 游戏性

B. 综合性

C. 整体性

D. 浅显性

答案：【C】

——2016年上半年幼儿教师资格证考试《综合素质》选择题第4题

2. 从科学知识取向转向儿童经验取向的代表性教育著作是（　　）。

A.《理想国》

B.《爱弥儿》

C.《大教学论》

D.《林哈德与葛笃德》

答案：【B】

——2015年上半年幼儿教师资格证考试《保教知识与能力》选择题第9题

3. 简述洛克的“白板说”。

4. 简述裴斯泰洛齐的“要素教育”理论。

5. 简述赫尔巴特的教育过程三部分。

【拓展阅读书目】

杨汉麟，周采. 外国幼儿教育史[M]. 南宁：广西教育出版社，1998.

第七章　近代外国幼儿教育思想（下）

国民的命运，与其说是操纵在掌权者手中，倒不如说是掌握在母亲的手中。

——[德]福禄培尔

内容提要

本章第一节阐述福禄培尔的生平事迹及其主要的幼儿教育实践活动。第二节介绍了福禄培尔关于教育的基本原理的探讨，包括上帝是万物的统一体思想、活动性原则、连续性原则、教育适应自然原则以及关于教育分期的论述。第三节着重介绍了福禄培尔的幼儿园教育理论，主要围绕学前教育的地位及其作用、游戏与儿童的自我活动、幼儿园与初等学校的衔接等几方面展开论述。第四节重点介绍了福禄培尔的幼儿园课程理论，具体包括恩物、游戏与歌谣、自然观察以及作业及运动游戏等。

学习目标

1. 了解福禄培尔的生平及其幼儿教育实践活动。
2. 理解福禄培尔关于教育基本原理的论述。
3. 理解福禄培尔的幼儿园教育理论。
4. 理解福禄培尔对幼儿园课程的基本观点。

第一节　幼儿教育实践活动

一、生平经历

福禄培尔（1782—1852 年），19 世纪上半叶德国著名的教育理论家和教育实践家，同时还是 19 世纪新教育的倡导者之一，是近代学前公共教育理论的奠基人，被称为“近代幼儿教育之父”。

1782 年 4 月 21 日，福禄培尔出生于德国一位牧师家庭。1783 年，福禄培尔的母亲因病去世，从此他失去了生身母亲的温暖和爱。1797 年，他在一位林务员身边当学徒，当时年仅 15 岁。

1799 年，福禄培尔进入耶拿大学哲学院学习自然科学和数学，在这期间结识了当时在该校任教的哲学家费希特和谢林，他们的哲学思想对福禄培尔产生了很大影响。1802 年，福禄培尔的父亲去世。

1805 年，他应法兰克福模范学校校长·格吕纳之聘到该校任教，这是福禄培尔一生中的重大转折，同时也是他献身教育事业的开端，从此，教育成了他终身的使命。同年，他在法兰克福贵族霍尔茨豪森男爵夫人的帮助下，第一次前往瑞士伊弗东，对当时著名的教育家裴斯泰洛齐进行了为期 14 天的学习与访问。1806 年，便开始在霍尔茨豪森男爵家担任家庭教师的工作。1808 年，福禄培尔带着男爵家的两名子弟第二次去伊弗东访问裴斯泰洛齐，并在那里边任教边学习，至 1810 年回国。在长达近 2 年的学习与访问期间，他深受裴斯泰洛齐教育思想的影响，批判地消化、吸收了裴斯泰洛齐著作中的精神，并从中得到多方面的启发。

在结束家庭教师的工作之后，福禄培尔先后进入哥丁根大学（1811—1812 年）和柏林大学（1812—1813 年）学习，修习了哲学、人类学、伦理学、语言学、历史、地理、矿物学、方法论等，尤其在柏林大学深入研究了晶体学，这段时间的学习对他哲学思想的形成具有重要意义。

1813 年，在爱国青年的爱国激情感召下，福禄培尔参加了反抗拿破仑外族统治的解放战争，并在卢真志愿步枪队服役直至 1814 年退伍。在此期间，他结识了米登多夫和朗格塔尔，俩人后来都成为他一生教育工作中的亲密同事。1814 年至 1816 年，福禄培尔在柏林大学矿物学博物馆助理的工作。1816 年，在施塔提尔姆的格力斯海姆创办了“德国普通教养院”。该校于 1817 年被迁往鲁道尔施塔特的凯尔豪，福禄培尔在凯尔豪办学的若干年里写了有关人的教育的一系列重要文章和他的教育名著《人的教育》，同时提出了未发表的关于建立统一学校的《赫尔巴计划》，并创办周刊《教育家庭》以宣传他的家庭教育思想。

1818 年，福禄培尔与霍夫迈斯特女士结婚。1831 年，流亡瑞士，并在瑞士从事办学活动。1834 年至 1835 年，他在布格多夫接替裴斯泰洛齐担任一所孤儿院的院长。1836 年，返回德国故乡图林根，并开始设计一套游戏材料，以帮助和指导母亲们改进她们的学前教育工作。

1837 年，他在勃兰根堡开办“发展幼儿活动本能和自发活动的机构”，并在以前研究成果的基础上创制一套游戏“恩物”及其使用说明。1840 年，把设在勃兰根堡的“机构”命名为“德国幼儿园”，标志着世界上第一所幼儿园的诞生。1843 年，福禄培尔在总结自己幼儿教育工作经验的基础上，出版了他的幼儿教育专著《慈母曲及唱歌游戏集》。1844 年，幼儿园被迁往巴特利本施泰因的马林塔尔城堡，福禄培尔在那里工作和生活到生命的最后时刻。

1851 年，普鲁士政府以“幼儿园在宗教和政治领域有破坏倾向为理由”，[①]发出了对幼儿园的禁令，并同时禁止福禄培尔在普鲁士从事教育活动。1852 年 6 月 2 日，福禄培尔在马林塔尔与世长辞。直到 1860 年，普鲁士政府才取消了对幼儿园的禁令。1861 年，福禄培尔有关幼儿教育的著作，由他的生前好友编辑出版，名为《幼儿园教育学》。

福禄培尔在世时，他的事业并没有得到应有的承认，但他的幼儿教育理论与实践，以及终身探索、献身教育事业的崇高精神对后世的影响是巨大的，他的主要著作已经被译成多种文字，供世界各国的教育工作者研究和学习，不断从中汲取营养，促进学前教育事业的长足发展。

---

① [德]福禄培尔：《人的教育》，孙祖复译，人民教育出版社 2016 年版，第 11 页。

二、幼儿教育实践活动

福禄培尔自幼丧母，父亲工作繁忙，他与继母之间也未曾有过生活上的联系，以致他早年缺少来自父母的热情与关怀，因而他的幼年生活常常是孤独和寂寞的。童年的这种遭遇使得他对儿童产生了特殊的情感，并深深意识到母爱的可贵，意识到母亲和家庭对孩子的重要性，这对他以后教育思想的形成有重大的影响。①

福禄培尔的成长经历与早期受教育的经历使他更加专注于对自然科学的学习与探究。1805 年，福禄培尔去莱茵河畔的法兰克福，曾准备深入研究建筑学，并打算成为一名建筑师。一次偶然的机会，使他意外遇到了热心于教育改革的格吕纳，他是当时著名教育家裴斯泰洛齐的学生，法兰克福模范学校的校长，他建议福禄培尔去他的学校当教师。格吕纳的建议在福禄培尔的心灵里立即产生了共鸣，他欣然接受了格吕纳的建议，随即担任了该所学校的教师兼校长助理的职务，②由此开启了他的教育活动生涯，并终其一生致力于教育。

在模范学校工作期间，福禄培尔认真研究裴斯泰洛齐的教育学说和各种教育文献，探索各种教育问题及其规律性，他身上潜藏着的教育天赋逐渐开始显现，这也为他日后的教育实践活动奠定了良好基础。在模范学校短暂停留之后，1806 年，福禄培尔便开始在霍尔茨豪森男爵家担任家庭教师，直到 1811 年结束。在此期间，他批判性地吸收、学习和继承了裴斯泰洛齐的教育思想，尤其是裴斯泰洛齐关于母亲和家庭在儿童教育中的重大作用，以及数、形、词为初步学习的要素思想。在此基础之上，福禄培尔提出“这种最早期的教学应明确反映各门学科的要素并完全从幼儿的特点出发。同时，他开始研究游戏对儿童身体发展和掌握知识的意义的问题，并试图按裴斯泰洛齐的模式去改革自己家乡的学校教育。”③

1816 年，福禄培尔在施塔提尔姆的格力斯海姆创办了一所学校，名为“德国普通教养院”，他的三个侄子和另外三个男孩便是他的第一批学生。1817 年，学校迁往鲁道尔施塔特的凯尔豪。

知识链接

福禄培尔与他的凯尔豪学校

福禄培尔在这所学校里力图实施裴斯泰洛齐关于儿童天性自然发展的教育原则，重视儿童自我活动和自由发展，目的是教育“自由的、自觉行动的、有思想的人”。而凯尔豪学校建校初期正值施泰因男爵领导普鲁士改革，提倡民主，要求学校承担起培养自由、独立的人的教育任务，因此福禄培尔的学校也受到重视和欢迎。在他的主持以及几位爱国同事们的亲密合作下，凯尔豪学校成为培植爱国思想的场所，并且迅速发展壮大起来，短短几年时间，学生人数发展到 50 名以上。但与此同时，这时也正值国际和国内的反动时期，德国参加了反革命的“神圣同盟”。特别是进入 19 世纪 20 年代以后，一切进步和爱国的教育活动在强硬的反动措施面前陷于停顿。由于福禄培尔的教育理论和实践与封建等级教育相对立，因此他的教

① [德]福禄培尔:《人的教育》，孙祖复译，人民教育出版社 2016 年版，第 2 页。
② [德]福禄培尔:《人的教育》，孙祖复译，人民教育出版社 2016 年版，第 3 页。
③ [德]福禄培尔:《人的教育》，孙祖复译，人民教育出版社 2016 年版，第 5 页。

育工作也不断遭受反动派的压制，凯尔豪学校也被诽谤为“蛊惑宣传者们的巢穴”和“培养造反精神的温床”，[①]形势迫使学校濒于崩溃的边缘，学生数量急剧下降，到1829年仅剩下6名学生。

——福禄培尔：《人的教育》，孙祖复译，人民教育出版社2016年版。

1831年，福禄培尔流亡瑞士，利用国外的有利环境，他仍然为创办以裴斯泰洛齐思想为指导的新学校而努力。在卢塞恩邦政府的全力支持下，福禄培尔在瓦赫滕泽建立了一所分校。然而，由于遭到当地东正教教会中反动势力的敌视和阻挠，他的办学活动并未获得显著的成效。1834年至1835年，他在瑞士布格多夫接替裴斯泰洛齐，担任孤儿院院长，把自己的全部精力贡献于学前儿童教育，与此同时，他还受托开设教师进修课程，组织国民学校教师进修。孤儿院工作期间积累的教育经验使他认识到，一切教育的基础在于家庭。他最亲密的同事之一巴普罗曾经说道：“他自己的经历和参加进修的教师们的报告使他重新获得一种信念：如果不重视和不着手家庭教育的改革，学校教育便缺少了正确的和不可缺少的基础。在他的心灵里，培养精明能干的母亲的必要性居首要地位，而儿童最早期的教育的重要性在他看来高于一切。”[②]

1836年，福禄培尔返回他的故乡图灵根，开始设计一套合乎教学论要求的游戏材料，以帮助和指导母亲们改进她们的学前教育工作。1837年，他在凯尔豪附近的勃兰根堡开办了一个“发展幼儿活动本能和自发活动的机构”，并在研究成果的基础上创制了一套游戏“恩物”及其使用说明。他把该“机构”周围的儿童组成了一个“游戏小组”，并把“恩物”首先拿到“游戏小组”里进行试验和示范，然后再分发到各地使用。1839年，他又在德累斯登建立了一所类似的儿童游戏机构，并于同年开办了第一个儿童指导员训练班，配合训练班建立了一所儿童的“游戏和活动机构”，以指导训练班的学员应用他的“恩物”去组织幼儿游戏，从而训练了第一批“游戏指导员”。1840年，福禄培尔把设在勃兰根堡的“机构”命名为“德国幼儿园”，标志着世界上第一所幼儿园的诞生。随即主要由女性担任的“游戏指导员”亦改称为“幼儿园教师”。[③]

此后，福禄培尔还通过许多次讲学旅行为幼儿园进行大量的宣传工作，由于他对自己的幼儿教育理念进行坚持不懈的宣传，并且他的教育主张也符合当时社会的需要，因而他受到小部分资产阶级民主力量以及民主主义教育家和政治家的多方支持，使得福禄培尔式的幼儿园在德国许多城市如雨后春笋般地建立起来，而原有的“幼儿学校”和“看护学校”也按照福禄培尔体系进行了改造。同时，因这一时期发展起来的幼儿园教育工作需要，福禄培尔还在马林塔尔从事经常性的幼儿园教师训练，以培养更多能够胜任幼儿园教育工作的合格教师。

1851年，受到宗教和政治的双重影响，普鲁士政府发出对幼儿园的禁令，并同时禁止福禄培尔在普鲁士从事教育活动。福禄培尔因此受到极大打击，并于次年与世长辞。直到1860年，普鲁士政府才取消对幼儿园的禁令。

---

① [德]福禄培尔：《人的教育》，孙祖复译，人民教育出版社2016年版，第8页。
② [德]福禄培尔：《人的教育》，孙祖复译，人民教育出版社2016年版，第9页。
③ [德]福禄培尔：《人的教育》，孙祖复译，人民教育出版社2016年版，第10页。

第二节　教育的基本原理

福禄培尔最初热衷于自然科学和数学的研究，随后在求学期间曾深受费希特、谢林等古典哲学家的影响，此后又受到裴斯泰洛齐关于儿童教育思想的影响，因此，福禄培尔的教育理论始终带有强烈的自然哲学意味。同时，因他本人的万有神在论世界观，以及来自费希特等人的唯心主义哲学影响，他的教育理论也必然地披上了宗教神秘主义的面纱。

一、关于“上帝是万物的统一体”思想

关于上帝是万物的统一体思想是福禄培尔所有教育活动最重要的哲学基础。正如他在《人的教育》中曾开篇指出：“有一条永恒的法则在一切事物中存在着、作用着、主宰着。这条法则，无论在外部，即在自然中，或在内部，即在精神中，或在两者的结合中，即在生活中，都始终同样地明晰和确定……这条支配一切的法则必然以一个万能的、不言而喻的、富有生命的、自觉的、因而是永恒的统一体为基础；这条法则，又按照与统一体本身同样的方式，被人们通过信仰或观察，同样活生生地，同样明晰和全面地认识到……这个统一体就是上帝。”①同时他还强调：“一切事物都来自上帝的精神，一切事物的唯一本源在于上帝……一切事物只有通过上帝的精神在其中发生作用才能存在。在每一事物中发生作用的上帝的精神就是每一事物的本质。”②

基于上帝是万物统一体这一哲学观点，福禄培尔进一步指出了教育的目的、任务以及途径。即人作为一种理智生物，与石头、动物、植物一样都属于上帝的创造物，因此也服从于同一条发展规律，具有同一切事物共同的本质，即上帝精神。因此，“一切事物的命运和使命就是展现它的本质，也就是展现它们的上帝精神，即上帝的精神本身，通过外表的以及转瞬即逝的东西把上帝显示出来。作为明智和具有理性的人的特殊使命就是使他的本质，他的上帝精神，即上帝，以及他的命运，他的使命本身，成为完全的意识、活的认识和明确的观点，并自觉地和自由地在自己的生活中加以贯彻，使之发生作用，得到展现。而人的教育就是激发和教导作为一种自我觉醒中的、具有思想和理智的生物的人有意识地和自觉地、完美无缺地表现内在的法则，即上帝精神，并指明达到这一目的的途径和手段。”③此外，福禄培尔还认为，上帝赋予人的本质最初是不完善的，要使存在于人自身的本质即上帝精神得到发展的话，“教育应当和必须引导人了解自己和关于自己的一切，认识人类，认识上帝和自然，然后使自己的一切与自然协调，同上帝一致”，④进而使自己内在本质与外部世界，既体现上帝精神的自然统一起来，按照在自然中表现的上帝精神去生活。而“一切内在东西是由精神的东西从外表并通过外表被认识的。事物和人的本质、精神、神性可以从其外部表现加以认识。照此道理，全部教育、全部教学、全部训练和作为自由之产物的全部生活是与人和事物的外

① [德]福禄培尔：《人的教育》，孙祖复译，人民教育出版社 2016 年版，第 5 页。
② [德]福禄培尔：《人的教育》，孙祖复译，人民教育出版社 2016 年版，第 6 页。
③ [德]福禄培尔：《人的教育》，孙祖复译，人民教育出版社 2016 年版，第 6 页。
④ [德]福禄培尔：《人的教育》，孙祖复译，人民教育出版社 2016 年版，第 8 页。

部表现联系着的，并从外部出发对内部发生作用，由外部推断内部。”[①]也就是说，人要认识自己和外部世界，首先必须把自己的内部世界，即在自己身上潜藏着的上帝本质在外部世界表现出来，这样，他的内在本质才能被自己和其他人所认识，最后达到内部和外部的统一，即所谓的变内部为外部，变外部为内部。那么，教育的作用恰恰就在于激发并推动这一过程的实现。

福禄培尔为了更加清晰地说明上帝是万物统一体的思想，他从自然现象和人的生活受同一法则支配的信念出发，力求通过“球体法则”的原理来说明这个万物的统一体，即以圆球作为象征物来解释他关于上帝、世界和人及其相互关系的观点。他认为，包罗着从同一中心向各个方向扩散开来的一切东西的圆球，可以解释为无限性的象征，可以最清楚地象征一个统一体。他把圆球看作上帝力量最简单的本质表现，上帝处于圆球的中心，以相等的力从中心同周围各个方向发生作用。并且，圆球就是统一中的多样性和多样性中的统一性的表现，是无限多样性归结到统一性、导源于统一性的表现。

从力的产生与作用的原理出发，福禄培尔详细论述了他关于“球体法则”的哲学原理。他指出，自然事物的本质及存在的形式，归根结底在于力的本质，一切多样和个别的现象都产生于这种力，奠基于这种力。力是一切事物最终的原因，是自然界一切现象的最终原因。一切个别和多样的事物都是力借助物质向外表现的形式。同时他还指出，力的作用总是表现出一种球状的趋势，“物质本身直到最细微之处的无限活动性的根源在于其内部本来存在的力的球状的趋势，是从一点自发地向各方向同等地发展和表现的力的本来的趋势。”[②]正由于力的作用的这种球状趋势，所以圆球形构成了自然界物体的自然形式。如果力向一切方向自由地、没有阻挡地发展和表现，那么，它的空间的现象和形体的产物便是一个球。因此，广泛地表现于自然界的球形的，或一般地说圆形的形体，在最一般意义上说是最初的和最终的自然形式，例如日月星辰等巨大天体，例如水和一切液体、空气和其他一切气体乃至尘埃，这些东西中的每一个物体就其个别现象来说都是圆球形的。

此外，圆球形不仅是作为个别现象的自然物体的自然形式，而且是作为自然中一切形态和形式的统一体表现出来的。正如他所谈到的那样，“在极其多样的和看起来毫无共同之处的千差万别的尘世和自然的形式中，球状体是作为原始的形态，作为一切尘世和自然的形态和形式的统一体表现出来的，因此，通过空间和形体体现出来的球，不同于任何其他自然物的形体，然而却包含着一切自然物的本质、条件和法则。它是无形的东西，同时又是最完善的形体。在它的表面没有点，没有线，没有平面，没有边，然而它同时又具有最完美的点乃至最完美的边，它包含着地上一切结构和形式的一切点和线等等，不仅具有这方面的条件，而且甚至在实际上可以见到。因此，自然界一切起作用的、活动的、富有生命的事物的结构，其根据首先在于球体所依据的法则，也就是说，球体法则是自然事物的根本依据。”[③]因此，球体哲学也是福禄培尔教育观的重要基础，进而他特别强调儿童观察自然和认识自然的重要性，即通过观察自然来认识并表现存在于一切事物中的上帝的本质，而他后期为儿童专门设计的游戏材料也充分体现了对这一法则的运用。

---

① [德]福禄培尔：《人的教育》，孙祖复译，人民教育出版社 2016 年版，第 8 页。

② [德]福禄培尔：《人的教育》，孙祖复译，人民教育出版社 2016 年版，第 124 页。

③ [德]福禄培尔：《人的教育》，孙祖复译，人民教育出版社 2016 年版，第 124 页。

二、活动性原则

福禄培尔认为，家庭里的共同劳动和家庭成员之间的相互帮助是家庭共同生活的基础。因此，他非常重视和强调劳动等各种活动的教育意义，并指出各种活动是人认识自己的唯一途径。根据福禄培尔的观点，每一个事物只能发展和训练包含在自身之中的东西，同样地，人只能发展上帝给予他的那种本质，正如上帝在他身上埋下一粒种子一样，将按照种子所固有的性质发展和壮大。作为上帝精神的人，其内在本质必须明确和肯定地反映在外部世界，即自然中，经过内部世界和外部世界或者说精神和自然在生活中的结合而得到发展。然而，要实现这种内部世界和外部世界的统一，人必须以做事、劳动等各种活动作为中介。只有在人的活动中，人的本质才能充分展现出来，并且为人所认识，也为自己所认识。更进一步讲，通过活动实现内部世界和外部世界统一的过程，就是生活本身，而在生活和活动中，自然和精神达到统一，这就是所谓的“生命统一”。

与此同时，福禄培尔认为“对立融合”是自然万物必须服从的普遍法则，人的发展同样要受这条法则的制约。在实现“生命统一”的过程中，精神作为一种冲动从内部向外部发生作用，自然作为一种刺激从外部向内部发生作用。精神与自然两种对立的东西通过人的活动而达到统一或者融合，从而使人得到满足和发展。故而，实现“生命统一”的过程，也就是“对立融合”法则得以实现的过程，而劳动及其他活动对这一过程的实现来说，始终是一个不可缺少的环节。基于此福禄培尔指出，出生到世界上的正在成长中的年轻人需要及早地给以从事外部工作和生产活动的训练。而婴儿感官和四肢的活动是最初的萌芽，是最初的身体活动，是蓓蕾，是最初的求知欲。游戏、制造物件、造型是儿童最初的娇嫩花朵，这是人为了未来的辛勤、刻苦和生产活动而必须受教育的时刻。每个儿童，更进一步说，每个少年和青年，不管他们的地位和处境如何，应当每天至少有一个或两个小时用于生产一定的外部产品的真正的活动。①

此外，福禄培尔在论述宗教教育与劳动教育之间的关系时也强调了劳动的重要性，他曾经写道：“早期的劳动，按其内在的意义来说是处于主导地位的，它起着加强和提高宗教信仰的作用。没有实际操作和没有劳动的宗教信仰将有陷入玄虚的梦想、虚无的狂热、空洞的幻想的危险，正如没有宗教信仰的劳动和实际操作使人成为负重的牲口，成为机器一样。劳动和宗教是永恒的上帝从无穷中创造的、同时存在的统一体。”②由此可以看出，福禄培尔把劳动看作一种非常重要的教育手段，并且在他看来，儿童活动本能是教育中的推动因素，因而是智力发展的基础。所以，他把做事和各种活动看作儿童生活中首要的东西。他批评了当时人们对劳动的错误看法，以及由此造成的家庭教育与学校教育的弊端。他谈道：“儿童和双亲十分轻视真正劳动的活动，把它看作是他们自己的损失，认为这种活动对他们未来的状况是无关紧要的，所以教育与教学活动必须把制止这种倾向作为自己最重要的任务。现时的家庭教育和学校教育把儿童引向迟钝和懒惰。无限的人力得不到发展，无限的人力遭到损失！”③另外，他还反对当时社会上存在的一种片面地从经济利益出发评价劳动的倾向，并赋予劳动以新的

---

① [德]福禄培尔：《人的教育》，孙祖复译，人民教育出版社2016年版，第29页。

② [德]福禄培尔：《人的教育》，孙祖复译，人民教育出版社2016年版，第30页。

③ [德]福禄培尔：《人的教育》，孙祖复译，人民教育出版社2016年版，第30页。

意义。他认为，“那种认为从事劳动、工作、创造仅仅是为了维持他的身体、他的躯壳，仅仅为了获得面包、房子和衣服的思想和胡言乱语是卑微的”[①]，并指出，人以这种方式获得的面包、房子、衣服是第二位的派生物，是不重要的附属品。至此，通过活动，人身上的精神的东西，上帝的本质，在他自身以外以一定的形式表现出来，这样他可以认识他自身的精神，认识体现在他自己身上的上帝的本质。以上反映了福禄培尔关于通过活动达到“生命统一”的哲学思想，阐明了劳动以及其他活动的教育意义。

三、连续性原则

从宇宙万物无限发展的观点出发，福禄培尔认为，作为具有上帝属性的人同属于宇宙万物的一部分，因此人在其生命过程中也是不断发展的，并从事物整体联系的观点强调人各个发展阶段之间的连续性。他指出，人和人身上的人性应当被看作一种经久不断地成长着、发展着的，永远是活生生的东西，永远朝着以无限性和永恒性为基础的目标，从发展和训练的一个阶段向另一个阶段前进的东西。因此，他主张人的教育应按照儿童的本性连续地、协调地促使他们在各方面得到发展，而反对那种把人类的发展和训练看作“一种静止的、完结的，似乎始终仅仅是以更大的普遍性重复着的东西的观点”。[②]他还批评了那种把人的各个发展阶段孤立起来的看法。他提出“把人不断前进的一系列发展的年岁划分明显的界限和造成截然的对立，从而完全忽视持续不断的进步、活生生的联系和生活的本质，那是十分有害的，起阻碍作用的，甚至会发生破坏作用。”[③]与此同时，他认为婴儿、儿童、男青年、女青年、老头、老妇人等这些人的发展阶段之间，应该如生活中所表明的那样是没有裂罅的，并且是彼此相互过渡的，不间断地前进的，而把它们截然割裂开来是极为有害的做法。

此外，他还指出，父母容易忽略和轻视的一点是：当一个人到达少年期时，便相信他是少年了，并把他作为少年来对待；但是，一个人未必由于达到少年期即成为少年，到达青年期即成为青年，而只有当他到达幼年和随后的少年期，与他的智力、情感和身体的要求相符合时，才成为少年和青年；同样地一个人未必由于到达成年期而成为成年人，只有当他真正符合他的幼年期、少年期和青年期的要求时才成为成年人。甚至有些看来十分明智和精明的父母，他们不仅要求自己的孩子表现为一个少年和青年，而且要求他超越他的发展阶段，要求一个少年作为一个成年人表现自己。“这种观点，以及忽视同后继发展阶段联系的先前发展阶段，特别是最早发展阶段，给该少年未来的教师和教育者带来几乎不可克服的困难。一方面，受这种条件制约的少年也会认为，先前发展阶段的任何教育与训练是完全可以跳跃的，另一方面，如果在早期从他的外部给他规定一个陌生的模仿和努力的目标，例如训练一定的职业和一定的活动，那么他将会遭到最严重的损害和削弱。”[④]幼儿、少年除了在某一发展阶段上完全地实现各阶段提出的要求，不应当有另外的奋斗目标。因为只有每一个先行的发展阶段上人的充分发展，才能推动和引起每一个后继阶段上充分和完满的发展。

---

① [德]福禄培尔:《人的教育》，孙祖复译，人民教育出版社 2016 年版，第 27 页。
② [德]福禄培尔:《人的教育》，孙祖复译，人民教育出版社 2016 年版，第 16 页。
③ [德]福禄培尔:《人的教育》，孙祖复译，人民教育出版社 2016 年版，第 24 页。
④ [德]福禄培尔:《人的教育》，孙祖复译，人民教育出版社 2016 年版，第 26 页。

四、教育适应自然原则

教育适应自然是福禄培尔教育思想体系当中的又一条重要法则，他从性善论的角度出发，认为“年纪尚幼，似乎刚处于形成中的人，尽管犹如一个自然的产物还是无意识的，然而就其本身而言，却必然地、无疑地要求至善的，而且甚至采取完全适合于他的形式来达到至善，在表现这种形式时，他也感觉到自己身上的一切禀赋、力量和手段。”①因此，儿童从早期开始就应该不受干扰地自然发展。故而，“教育、训练和全部教学与其是绝对的、指示性的，不如更应当是容忍的、顺应的，因为在纯粹采用前一种教育方式的情况下，人类的那种完美的发展，稳步和持久的前进将会丧失，而丧失的这一切，正是上帝精神在人身上并通过人的生活所表现的自由和自决，这自由和自决便是全部教育和全部生活的目的和追求，也是人的唯一的命运。”②为了更加清晰地说明这一原理，福禄培尔用园丁修剪葡萄藤作为比喻：“葡萄藤应当被修剪，但修剪本身不会给葡萄藤带来葡萄，相反地，不管出自多么良好的意图，如果园丁在工作中不是十分耐心地、小心地顺应植物本性的话，葡萄藤可能由于修剪而被彻底毁灭，至少它的肥力和结果能力被破坏。”③显然，儿童的教育亦是如此，教育者无论从何种角度出发，都不应妨碍和破坏儿童的内在自然发展规律。相反地，“儿童从刚刚出生来到世界上起，人们就应当和必须按照他的本质去理解他，正确对待他，让他自由地、全面地运用他的能力。儿童既不应当部分地受到束缚和钳制，也不应当在以后受到控制。”④

在遵循儿童不受干扰地自然发展的基础之上，福禄培尔还主张应重视儿童个性的发展，他指出，“在作为人类一员和上帝儿女的每一个人身上包含着并体现着整个人性，但它在每个人身上是以完全固有的、特殊的、个人的、独一无二的方式被表现、被塑造的，并且应当在每一个人身上以这种完全特殊的、独一无二的方式被表现，借此人们能够感知人类和上帝的无限而永恒的、丰富多样的本质。”⑤与此同时，福禄培尔所倡导的儿童个性发展并不意味着在教育中忽视个人同集体的关系，而是非常强调个人只有在同其他人的联系中才能实现他生活的目的，故而强调家庭教育在儿童个性培养中的重要作用。同时，儿童的个性发展还应当与自然和上帝保持协调一致，即无限多样化的个人发展也是对于上帝丰富多样本质的体现，正如他所论述的，“如果每一个人，每一个儿童最独特和最有个性地表现了自己，那么，作为上帝儿女和人类成员的人也已经表现了上帝和人的全部本质。”⑥因此，真正的人的教育应该坚持人自身的完整性与统一性，顺应人的自然发展与独特性、多样化发展。

五、关于教育分期的论述

福禄培尔在他关于人的教育的论述中，基于上帝是统一体这一哲学基础，将所涉及的年龄范围划分为婴儿期、幼儿期、少年期和学生期，并详细阐述了各个发展时期的教育。

---

① [德]福禄培尔：《人的教育》，孙祖复译，人民教育出版社 2016 年版，第 9 页。
② [德]福禄培尔：《人的教育》，孙祖复译，人民教育出版社 2016 年版，第 11 页。
③ [德]福禄培尔：《人的教育》，孙祖复译，人民教育出版社 2016 年版，第 10 页。
④ [德]福禄培尔：《人的教育》，孙祖复译，人民教育出版社 2016 年版，第 18 页。
⑤ [德]福禄培尔：《人的教育》，孙祖复译，人民教育出版社 2016 年版，第 17 页。
⑥ [德]福禄培尔：《人的教育》，孙祖复译，人民教育出版社 2016 年版，第 18 页。

（一）婴儿期

福禄培尔认为，变内部为外部，变外部为内部，并寻求两者统一是表达人的命运的一般外部形式，所以，人必须去认识他所接触的每一个外部事物，并且要求从其本质上和联系上去认识它，而人的感官就是实现这一认识过程的工具。因此，在发展的这一阶段上，对一个出生到世界上的、正在形成中的人来说，“至关紧要的仅仅在于他的身体、他的感官、他的四肢的运用，仅仅是为了运用和练习，而并不是为了从身体、感官和四肢的运用和通过运用而产生的结果，运用的结果对他来说是完全无关紧要的，或更确切地说，他还根本没有预感到这一点。”①因此，在这一阶段上开始的儿童游戏主要是表情和四肢游戏，如运用他的双手、手指、他的嘴唇、舌头、双脚以及他的眼睛和面部表情。但福禄培尔提醒人们，“这些作为儿童最初表现的游戏应加以注意和保护，以免儿童习惯于缺乏任何内部基础的、身体的、特别是脸部的活动，如眼睛和嘴的扭曲，以及在早期就发生举止和感情、身体和心灵、外部和内部的分裂和分离，这种分裂和分离会导致虚伪和其他病态的举止等。”②因而这一时期，要防止除婴儿自身以外无任何用以进行活动的物体存在的情况下，让孩子过久地独自待在床上和摇篮里。

当婴儿的感官、身体和四肢活动到了儿童开始自动地向外表现内在本质的程度时，人便进入了幼儿期。

（二）幼儿期

在福禄培尔看来，幼儿期才开始了真正的人的教育。然而，这一时期的教育仍由家庭承担。“游戏和说话是儿童这时生活的要素，因此，处在人的这一发展阶段上的儿童，视每一个事物是有生命、感情和言语能力的，并相信每一个事物都在听他说话。”③这正是儿童开始把他的内在本质向外表现，使内部的东西变成为外部的东西的时期。

在这里，福禄培尔着重强调和阐述了游戏对儿童发展的重要意义，他提出，正是在游戏中，儿童最能表现出创造性和主动性。他把游戏看作“这一时期人的发展的最高阶段，因为它是内在本质的自发表现，是内在本质出于其本身的必要性和需要的向外表现。”④与此同时，他还强调“游戏是人在这一阶段上最纯洁的精神产物”，它“给人以欢乐、自由、满足，内部和外部的平静，同周围世界的和平共处。一切善的根源在于它、来自它、产生于它……这一年龄段的各种游戏是整个未来生活的胚芽，因为整个人的最纯洁的素质和最内在的思想就是在游戏中得到发展和表现的。”⑤而家庭尤其是母亲在儿童的游戏与生活中具有非常重要的作用。福禄培尔要求母亲们需要把语言同游戏结合起来进而激发儿童最初的情感、观察事物的能力，以及由此引出的对绘画的认识与计数能力的发展。

另外，福禄培尔还谈到这一时期儿童的食物和进食也是十分重要的，因为它不仅对儿童目前的年龄和生活来说是重要的，而且对他整个未来的生活来说也是重要的。他指出，“因为儿童可以通过他的食物，通过他的进食而成为怠惰或勤勉、萎靡不振或充满朝气、迟钝或敏

---

① [德]福禄培尔：《人的教育》，孙祖复译，人民教育出版社 2016 年版，第 35 页。
② [德]福禄培尔：《人的教育》，孙祖复译，人民教育出版社 2016 年版，第 35 页。
③ [德]福禄培尔：《人的教育》，孙祖复译，人民教育出版社 2016 年版，第 38 页。
④ [德]福禄培尔：《人的教育》，孙祖复译，人民教育出版社 2016 年版，第 38 页。
⑤ [德]福禄培尔：《人的教育》，孙祖复译，人民教育出版社 2016 年版，第 39 页。

捷、缺乏生气或充满活力的人。而且儿童以这种方式接受的，通过他的食物的性质接受的印象、性向、嗜好、感觉的倾向，甚至他所特有的生活倾向，生活中各种活动的倾向是难以摆脱的，甚至将来他已经成了自立的人时还是难以摆脱。它们同他整个肉体的生活成为一体，因而也同他的精神生活紧密联系。”①因此，儿童的食物应当简单而适度，以能够维持儿童生活所需，使他在体力和智力上达到同样程度的发展为限。

（三）少年期

在福禄培尔看来，所谓少年期儿童主要是指学前期的少年儿童，这一时期的任务是使外部的东西成为内部的东西，即学习的时期，主要是让儿童懂得事物的特殊关系和个别事物，以便其以后能够引出它们内在的统一性，即从观察诸个事物出发，发现并指出它们内在的各种倾向。处于这一发展阶段的儿童必然会表现出强烈的好奇心和求知欲，他们渴望从周围大量的事物中找到其内在的联系和统一。这种渴望可以通过游戏得到满足，然而能充分满足这种渴望的首先是家庭生活，“唯有这种家庭生活才能促使儿童善良的心灵和充满思想而天真无邪的性向真正活生生地、充满活力地，对于任何教育阶段来说，甚至对于人的整个一生来说无可比拟地重要的发展和形成。”②

因此，对儿童来说，自己的家庭生活本身成为一种与自己生活不同的外界生活，并成为他的生活楷模。儿童将按照这种生活楷模在他外部所表现的那样在自己的生活中表现自己。例如，在家庭里，儿童会看到父母、其他家庭成员，看到成年人在生活中和他的家庭所触及的各种关系中进行创造、工作和劳动，于是，这一发展阶段的儿童也会自己去表现他所看到的这一切。他将尝试去表现他看到他的父母、成年人所创造的、表现的和做的一切，这样他将会从中认识到通过人的力量，通过人的四肢进行表现的可能性和方式。

与此同时，如若说幼儿期儿童只是为了活动而活动，那么，少年期儿童却是为了创造物而活动，或者说为了成果而活动，他们更加关心活动的结果而非过程；幼儿的活动本能在少年期儿童身上发展成为塑造的冲动，而整个外部生活，即这个时期儿童生活的外部表现，要归结到这种塑造的冲动。因此，这个年龄阶段的儿童由衷地乐意分担父母的工作，而且“不是分担游戏性的、容易的工作，而是费劲的、要求付出力气和辛苦的工作。”③因此，父母不应拒绝孩子帮助做事的要求，而应加以支持和肯定。否则，孩子的内心活动会被扰乱，“他们会感到自己被拒绝于他们感到与之密切联系的整体之外。他们整个内在的力量被激起了，但他们感到自己是孤单的，不知怎样去运用所激起的力量，甚至这种力量反而成为他们的负担和压力。他们会感到恼怒和变得怠惰起来。”④所以说，父母要保护儿童们做事的积极性，并将儿童所有其他一切自发的活动都视为是有积极意义的。作为教育者，对儿童的这些活动应予以肯定和支持。福禄培尔主张，为了发展儿童的这些活动，应当提供和创设活动条件，如让孩子在自己的花园里种植作物，这种经验对于儿童自身发展有十分深远的积极意义，正如福禄培尔所阐述的那样，“曾经养育和保护过外界生命的孩子，也将更容易地学会养育和保护

① [德]福禄培尔：《人的教育》，孙祖复译，人民教育出版社 2016 年版，第 40 页。
② [德]福禄培尔：《人的教育》，孙祖复译，人民教育出版社 2016 年版，第 71 页。
③ [德]福禄培尔：《人的教育》，孙祖复译，人民教育出版社 2016 年版，第 71 页。
④ [德]福禄培尔：《人的教育》，孙祖复译，人民教育出版社 2016 年版，第 72 页。

他自己的生命。”[①]除此之外，每一个村镇应当设置一个供儿童使用的公共游戏场所，组织孩子们做各种纸工、厚纸工、模型制作等活动。

福禄培尔还谈道，游戏和身体活动对这一年龄段的儿童来说仍然是重要的活动内容，但它总是带有独特的、与这个年龄阶段儿童的内心生活相适应的性质。随着儿童年龄的增长，游戏的内容和形式也得到发展并日益丰富。此外，这一年龄阶段的儿童还发展着对童话、传说、一般的故事以及历史故事的需要和迫切欲望，因此这也是少年期儿童学习的重要内容。

（四）学生期

这一时期主要是由学校来承担相应的教育任务。福禄培尔首先阐述了学校的性质与任务，他指出，“学校和教学应把外部世界以及作为外部世界的一部分并与外部世界处于密切关系中的学生自己，作为他的对立物，作为不同于他自己的、他所不熟悉的另一种东西，呈现在学生面前。再则，学校还要为学生指出各个事物的内部倾向、它们相互之间的关系和联系，从而使他们的认识朝着越来越高度的普遍性和思想性上升。”与此同时他还指出，“一个学生或少年儿童一旦进入学校，便会超越出对事物的外部观察而进入对事物更高深的精神的理解。儿童超越出对事物外部的、表面的观察而进入对事物内部的观察，因而也是达到对事物的认识、洞察和形成意识的观察，以及他脱离出家庭秩序而进入更高的世界秩序，这就是他成为学生。”[②]简而言之，学校的任务就是使儿童脱离狭隘的家庭圈子进入到广阔世界，由以往对客观事物表面的、非本质的观察进入到对包括自身在内的客观世界的本质观察，从而获得关于事物内在本质和事物内部倾向性及它们之间相互关系的认识。

基于这样的教育任务，福禄培尔认为，学校教员的作用在于能够向他人或者学生指出并使之理解事物内在的、精神的本质。对每个具体的儿童来说，不仅应教给他学习对象本身，而且还应该教给他与该学习对象有关的知识。如果他们确实做到了这一点，那么，“担任教员和教师工作的不管是裁缝、伐木工和织工、风琴师、唱诗班领唱，还是校长，都是名副其实的教员和教师。”[③]与此同时，福禄培尔也批评了当时学校教师工作中的那种“使孩子们认识非常之多的事物，却并不向他们指出事物之间必然的、精神的统一性，并在这种统一性中把它们联系起来”的就事论事、不讲效果的倾向。而他进一步确定了学校教学内容应当分为四大类：即宗教与宗教教学；自然科学与数学；语言与语言教学及与此相关的阅读与书写；艺术与艺术对象。

第三节　幼儿园教育理论

有关学前教育的理论与教育实践活动，是福禄培尔一生活动当中最为重要的方面，在他看来，学前教育在人的教育的整个体系中占有极其重要的地位，正如他在《人的教育》中所论述的，“如果我们看不到人类发展的这一自然和神圣的起点，我们将看不到人类发展的方向，

① [德]福禄培尔：《人的教育》，孙祖复译，人民教育出版社2016版，第79页。
② [德]福禄培尔：《人的教育》，孙祖复译，人民教育出版社2016版，第92页。
③ [德]福禄培尔：《人的教育》，孙祖复译，人民教育出版社2016版，第95页。

以致只能建立空中楼阁”。[①]所以他把学期教育有机地列入整个人的教育过程，并将其看作是人的真正教育的开端。

（一）学前教育的地位及其作用

福禄培尔关于学前教育地位和作用的论述是基于对幼儿期重要性的阐述而展开的。他曾指出，幼儿期是人发展过程中一个非常重要的阶段，以至于“人的整个未来生活，直到他将要离开人间的时刻，其根源全在于这一生命阶段，不管这未来生活是纯洁的还是污浊的，是温和的还是粗暴的，是平静的还是充满风浪的，是勤劳的还是怠惰的，是功绩卓著的还是无所作为的，是迟钝而优柔寡断的还是敏锐而富有创造的，是麻木不仁、畏首畏尾的还是富有远见的，是建设性的还是破坏性的，是和睦待人的还是生性好斗的，是惹是生非的还是给人以安宁的。他将来对父亲和母亲、家庭和兄弟姊妹的关系，对社会和人类、自然和上帝的关系，按照儿童固有的和天然的禀赋，主要取决于他在这一年龄阶段的生活方式。”[②]并且同时还提出，“假如儿童在这一年龄阶段遭到损害，假如存在于他身上的他的未来生命之树的胚芽遭到损害，那么他必须付出最大的艰辛和最大的努力才能成长为强健的人，必须克服最大的困难在其朝着这一方向发展和训练的道路上避免这种损害所造成的畸形。”[③]因此可以说，这一时期儿童所接受的生活与教育奠定了他日后发展的基础与方向，具有不可逆的重要地位。

福禄培尔尤其重视家庭教育在学前儿童教育中的作用，因为他认为，“在这一时期，人及其教育还是完全被托付给母亲、父亲和家庭的，”[④]儿童与家庭成员一起构成了一个就本质上来说完整的、不可分割的统一体。因此，他始终相信幼儿教育的改革必须从家庭教育开始，主张给缺乏教育知识的父母提供内容和方法上的指导，以弥补家庭教育的不足以及由此带来的对学校教育的消极影响。

事实上，在福禄培尔创办幼儿园之前，德国就已经存在形式多样的学前教育机构，如幼儿学校、游戏学校、看护学校等。最初，他打算通过推广合乎他的教学论要求的一套游戏材料，进而达到改革家庭教育的目的，但不久他意识到，要彻底改变家庭教育是十分困难的，因为传统的风俗习惯在家庭当中是十分顽固的，要消除陈旧的传统习俗需要进行艰苦的斗争。于是，他逐渐地倾向于建立新的幼儿教育机构，这对家庭幼儿教育来说，既是一种帮助，也是一种榜样。基于这样的初衷与认识，福禄培尔将幼儿园的目的与任务归结为以下三个方面。

其一，幼儿园不仅应当帮助那些无力照顾孩子的家庭解决照管孩子的困难，更重要的是应当培养学前儿童参加与其本质相适应的活动，增强他们的体质，训练他们的感官，促进他们正在觉醒中的心灵的发展；通过各种活动，使儿童在自然中和人的生活中获得感性的认识，使他们的心智发展得到正确的引导。因此，幼儿园的主要任务在于组织儿童进行各种适当的活动，特别是通过游戏活动来发展他们各方面的力量，为初等学校和未来的生活做准备。

其二，幼儿园应在正确引导孩子从事各种活动中，给母亲们训练照管孩子的助手，为其他幼儿教育机构训练幼儿教育工作者。

其三，幼儿园还应推广幼儿教育经验，介绍适合的儿童游戏以及合适的游戏手段，包括

---

① [德]福禄培尔：《人的教育》，孙祖复译，人民教育出版社 2016 年版，第 28 页。
② [德]福禄培尔：《人的教育》，孙祖复译，人民教育出版社 2016 年版，第 39 页。
③ [德]福禄培尔：《人的教育》，孙祖复译，人民教育出版社 2016 年版，第 40 页。
④ [德]福禄培尔：《人的教育》，孙祖复译，人民教育出版社 2016 年版，第 36 页。

玩具、适合于儿童天性发展的游戏内容与游戏方法等。

（二）游戏与儿童的自我活动

福禄培尔十分重视儿童创造能力的发展，他认为人生来就有一种活动的本能，这种本能在婴儿期就已经表现出来，如注意周围环境，在没有别人帮助的情况下使自己的身体往上抬起来，以及其他一切感官和四肢的活动等。他特别强调，这种活动本能在婴儿期以后主要表现在游戏中。儿童的这种本能表现就是人的本性要求。换言之，人到了这一发展阶段就会自动地要求把他的内部世界表现出来，福禄培尔关于游戏是“这一时期人的发展的最高阶段”的名言就印证了这一观点。同时他还指出，儿童的这种本能表现是完全符合人的使命的，就是说人必须通过全面表现内部世界，通过感受外部世界，通过把内部和外部世界做比较，进而达到对上帝这个“统一体”的认识，对生活本身的认识，以便能够按生活的要求去生活。因此，对出生到世界上的人，需要及早给予他们从事外部生活和生产劳动的训练。

福禄培尔主张借助各种作业、练习和游戏使儿童的创造性得到系统的发展，他尤其强调游戏在学前教育中的作用，他认为，儿童的创造性主要是通过游戏表现出来的，游戏会直接影响儿童的生活和教育。一个能干的、平心静气的、坚韧不拔地坚持游戏的儿童，也必然会成为一个能干的、平心静气的、坚韧不拔地能够以自我牺牲来增进别人和自己幸福的人。为了系统地组织儿童的游戏，福禄培尔发展了一个从简单到复杂、从统一到多样循序渐进的不可分割的游戏体系。按照他的设想，这个游戏体系应适合于逐步发展儿童的智力和体力，同时使儿童认识到所谓的生活发展规律。福禄培尔一再强调，在自然和人类生存的一切领域存在着同样的发展规律，无论在无机世界（如水晶）还是在人的共同生活领域，如家庭和国家，都存在着合乎规律的联系。当儿童通过游戏等活动了解了这种到处相通的有规律联系时，他就能够适应一切领域的生活。

（三）幼儿园与初等学校的衔接

福禄培尔从人的教育的连续性原则出发，认为只有每一个先行发展阶段上的人实现了充分发展，才能推动和引起每一个后继阶段的充分与完满发展。而“忽视同后继发展阶段联系的先前发展阶段，特别是最早发展阶段，会给该少年未来的教师和教育者带来几乎不可克服的困难……在早期从他的外部给他规定一个陌生的模仿和努力的目标，例如训练一定的职业和一定的活动，那么他将会遭到最严重的损害和削弱。”①简而言之，除了在某一发展阶段上完全地实现各该阶段提出的要求，不应当有另外的奋斗目标。“于是，每一个后继的阶段，会像新的幼芽一样，从一个健全的芽苞里萌发出来，而他也将在每一个后继的阶段上，在同样的努力下，直到该阶段完满结束，实现该阶段提出的要求。”②显然，福禄培尔已然关注到了不同年龄阶段儿童教育的异质性，并指出不可忽视各个发展阶段自身的独特性，更不可盲目超越儿童的正常发展，以及避免由此带来的对儿童后继学习造成的不可挽回的消极影响和给学校教育带来的困难。

因此，福禄培尔曾提出过解决幼儿园与初等学校之间衔接的尝试，即“中间学校”。他认为，幼儿园以儿童的活动和游戏为主，而普通学校则较多使用抽象方法，因此从幼儿园到小

① [德]福禄培尔：《人的教育》，孙祖复译，人民教育出版社 2016 年版，第 26 页。

② [德]福禄培尔：《人的教育》，孙祖复译，人民教育出版社 2016 年版，第 26 页。

学必须要有一个中间阶段，使儿童有时间做好准备，逐步适应新的环境和方法，将两个阶段之间的非连续性降到最低。而这种中间阶段的转折方法就是：说服学校在低年级阶段继续使用幼儿园的某些教育方法。他甚至在他生命的最后一年，专门发明一种新的恩物来作为中间阶段的特殊教学用品。[①]尽管这种设想并未真正实现，但仍然反映了福禄培尔对于幼小衔接问题的重视及其所做的努力，为我们也提供了极大的启示与借鉴意义。

第四节　幼儿园的课程

幼儿园课程内容的研究也是福禄培尔非常重大的贡献之一，尽管他主张儿童具有自我活动的本能，游戏是体现这种本能的最好方式，但他同时也确信并非所有的活动与游戏都具有教育意义，因此需要对儿童活动的材料与游戏内容进行精心的研制，并加以必要的指导。基于此，他提出了以儿童游戏和活动为主要内容的课程体系，并设计了一套较为完善的游戏材料供儿童学习。

（一）恩物

福禄培尔将他为儿童设计的一套活动玩具称为“恩物”，意味着它们是上帝的恩赐。“恩物”采用的基本图形是圆球，其次是立方体，然后是圆柱体。“恩物”中圆球的采用就是他关于“球体法则”哲学思想的具体应用。他认为圆球是上帝力量最本质的表现，是万物统一的象征。球体可以滚动，其表层没有起点和终点，因此它又是运动无限的象征。所以，儿童玩球可以懂得万物都统一于上帝，万物都包含有上帝的本源的道理。立方体具有三维性，它同时有六个面，八个角，十二条边，显示了丰富多彩的几何图形。如果把圆与四边形联结起来，便成为圆柱体。这就是基本的三种物体形态，通过改变主轴的办法，还可以构成其他许多有规则的物体图形。

福禄培尔的基本思想认为上帝是自然及其规律的创造者，每个儿童如果使用以这些图形构成的玩具，就等于模仿上帝把自然重新创造一遍，这样便可使自己的智力得到充分的发展。

基于此，他设计了如下六种“恩物”。[②]

第一种“恩物”是由各种不同颜色的柔软圆球构成（见图 7-1）。球上各系上一根线，可以提着做各种动作。例如：母亲可以一边甩动圆球，一边说“去—来”，“上—下”，“前—后”等，以此来帮助儿童形成空间方位概念。又如：母亲还可以把球放在掌心里，说“有球”，把它藏起来，说“没有球”，借以发展儿童肯定和否定的观念。再次，还可以通过各种颜色的比较来发展儿童识别颜色的能力。

第二种“恩物”是由木制的圆球、立方体和圆柱体组成（见图 7-2）。立方体就其整体来说是统一的，但从不同的观察角度去看，它的形式又是多样的。而圆柱体是球体和立方体两种性质的混合，因为它竖立时是稳定的，卧倒时又是可动的。通过这种“恩物”，可以帮助幼儿直观地认识物体的形状和各种几何图形。

第三种“恩物”是沿三个方向把一个立方体分成八个相同的小立方体，以使儿童获得整

① 周采、杨汉麟：《外国学前教育史》，北京师范大学出版社 2012 年版，第 141 页。

② [德]福禄培尔：《人的教育》，孙祖复译，人民教育出版社 2016 年版，第 32 页。

体与部分的概念（见图 7-3）。

第四种“恩物”是把一个立方体分成八个相同的小长方体，以使儿童获得长、宽、高的概念（见图 7-4）。

第五种“恩物”和第六种“恩物”是把一个立方体分成二十七个小立方体（见图 7-5），其中有的小立方体再度分成更小的部分或平板、斜角等，以使儿童认识各种几何形体。而用这类“恩物”进行的游戏分为三种不同的表达方式。

（1）表现生活或体现建筑：儿童把由立方体分成的小立方体或长方板等搭建和重叠成一条板凳、一架梯子、一口井等。

（2）体现美或图像：要求儿童在一个简单的装饰物基础上，通过调换个别接木而获得新的、相称的造型，这样的游戏方式可以连续地进行下去。

（3）认识或学习：用于直观地说明物体的数量关系和体积关系。例如让儿童数一下局部的小立方体并说明与整体的关系，通过这种办法来发展“二分之一”“四分之一”等概念。

总之，尽管福禄培尔出于他的唯心主义世界观，赋予他的“恩物”以神秘的宗教主义色彩，但事实上，这一套可以分割与组合的“恩物”，对发展儿童的认识、想象力和创造力等是十分有益的。

图 7-1　“恩物”1

图 7-2　“恩物”2

图 7-3　“恩物”3

图 7-4　“恩物”4

图 7-5　“恩物”5

（二）游戏与歌谣

福禄培尔非常重视母亲在家庭教育中的作用，他为了帮助母亲在家庭完成更加科学的保教，于 1843 年出版了《慈母曲及唱歌游戏集》，系统地介绍了通过歌谣及游戏活动教育婴幼儿的方法。这本书中包含 50 首“游戏的歌”和 7 首“母亲的歌”。其中，“母亲的歌”反映了母亲对孩子的情感，而“游戏的歌”又包含 4 个组成部分：（1）指导母亲的格言。（2）儿歌。（3）与这首儿歌相联系的图画。（4）每首儿歌的下面附有适合儿童身心发展的运动方式的说明。

（三）自然观察

福禄培尔幼年的成长经历使他很早就发展了对自然的爱，以及认识自然规律性的追求，这对他的教育思想有很大影响，尤其他选用“幼儿园”这个名称就是意指儿童应在同大自然密切的联系中成长起来，并且还把幼儿的发展比作培植花草树木的过程。在福禄培尔看来，系统的自然观察及外界观察是学生期的主要任务，但幼儿期积累的大量观察经验，能够为儿童提供丰富的感官经验，对儿童日后认识和洞察事物的本质有非常积极的促进作用。

因此，福禄培尔主张建立儿童园地，供儿童种植和培育各种植物，同时还可以进行一些观察自然的徒步旅行活动，以及饲养小动物的活动。如此一来，既可以满足儿童对外部世界的好奇与求知欲，扩大儿童的视野，发展儿童的创造性，还可以培育儿童的自我保护能力。正如他本人所讲的那样，儿童通过在大自然中的生活及他对大自然提出的疑问，其认识自然的需要会得到多方面的、充分的满足。

同时，“曾经养育和保护过外界生命（尽管是十分低级的生命）的孩子，也将更容易地学会养育和保护他自己的生命。”[①]显然，儿童的自然观察与研究对于满足儿童的好奇心，培养儿童乐于探究自然的兴趣与思考的品质，以及发展儿童的爱心都具有极大的积极意义，这些都为后世的幼儿教育产生了非常深远的影响。

（四）作业及运动游戏

各种室内进行的纸工、模型制作等机械作业，以及图画、绘画、雕塑等也是福禄培尔幼

① [德]福禄培尔：《人的教育》，孙祖复译，人民教育出版社 2016 年版，第 79 页。

儿园课程中很重要的内容。在他看来，这是表现生活、表现直接感受到的东西，表现情操、表现儿童内心非常重要的一方面，即艺术。正如他指出，“图画通过线条来表现，绘画主要通过面进行表现，雕塑则通过立体来进行表现……通过雕塑及颜色和绘画把自己内心世界表现出来的欲求也在人发展的早期，在幼儿阶段就已经表现出来，因此应当和必须及早地在人身上加以培育。”简而言之，各种手工作业活动不仅可以帮助儿童认识不同的材料性质，还是帮助儿童表现他自身非常重要的一种方式。

运动游戏是福禄培尔继承裴斯泰洛齐的体操思想，进一步发展出的一种小团体游戏，并且他认为这是儿童表现事物本身，发展集体与个人观念的一种方式，而且伴随儿童身体的运动还会促进他们良好道德品质的发展。如他所言，“儿童在这些游戏中感到特别愉快的是，他作为个人和集体的一员，感觉到有一种肯定的和可靠的力量，并感觉到这种力量的增长。但是在这些游戏中得到充足滋养的绝不仅仅是身体的，或者说肉体的力量，而且也在不断增长的、肯定地、可靠地显示出精神和道德的力量。”[①]由此可见，福禄培尔运动游戏不仅在于发展锻炼儿童的运动机能，同时还寓德育于体育之中，重视儿童道德品质的发展。

知识链接

作业

作业主要体现福禄培尔关于创造的思想。作业以恩物教学为前提，要求将此前所学的恩物知识运用于实践。作业材料包括各种大小和色彩不同的纸及纸板，可用来剪裁或折成各种不同的形态；还有供绘画、雕塑、编织一类工作的材料，以及一些沙、黏土和泥土等。做这些手工需要较高的技巧，比较适合幼儿园中大一些的幼儿。与恩物中的立体相对应的有泥塑、纸板、折纸和木雕等；与恩物中的平面相对的有织纸、织席、编条、缝纫、穿珠及图画等。恩物不改变物体的形态，作业则要改变材料的形态。

——胡金平、周采：《中外学前教育史》，高等教育出版社 2011 年版。

本章小结

福禄培尔一生致力幼儿教育的研究与探索，并在教育实践与教育理论研究的基础上创立了完整的学前教育理论体系，创办了世界上第一所幼儿园，培养了幼儿园教师，并大力宣传公共学前教育思想，进行学前教育研究。

其次，他还主张教育要适应儿童的自然天性，重视儿童的自主活动和劳动教育，重视发展儿童的创造性和个性，倡导教育连续性原则，强调早期教育对人一生发展的重要意义以及家庭教育的重要地位，尤其指出母亲对儿童的影响。他还主张社会参与幼儿教育，设想通过专门供儿童使用的公共游戏场所来培养儿童的社会意识和情感，激发儿童的公民与道德品质等，这些都是正确的，并且在当时的时代背景下也具有开创性的积极意义，对之后的幼儿教

① [德]福禄培尔：《人的教育》，孙祖复译，人民教育出版社 2016 年版，第 80 页。

育发展都产生了非常重大的引领和促进作用，甚至曾在世界范围内引起著名的福禄培尔幼儿园运动，为当时的幼儿教育做出了极大的贡献。

与此同时，他还确立了一个周详的游戏和作业体系，其中的游戏材料“恩物”对后世幼儿玩具的研究与发展产生了广泛而深远的影响，直至今天，幼儿园广泛使用的积木游戏最初也是来源于福禄培尔“恩物”当中可分割与组合的立方体。另外，他所提倡的各种手工制作活动对儿童艺术表现的积极作用，以及户外身体运动游戏与德育相结合的思想都具有十分积极的意义。

然而，福禄培尔的哲学观与世界观是唯心主义的，因而建立在此基础之上的教育思想也必然带有浓厚的宗教神秘主义色彩，使他的教育理论价值具有一定的局限性。如他高度重视和评价游戏对儿童发展的重要作用，却在本质上将其视为是表现儿童的“上帝本质”；他强调儿童的个性发展，却将他们归结为是对上帝丰富性和多样性的表现等，这些都反映出他浓厚的宗教思想。当然，这也与他从小长于牧师家庭，深受宗教影响，以及德国古典哲学传统对他的影响有很大的关系。尽管他的教育理论中存在不合理的成分，但他所做的贡献以及对后世幼儿教育的影响是不可否认的。因此，我们要辩证地看待福禄培尔的幼儿教育思想，批判性地吸取、学习其中有益的成分，促进当代学前教育事业的长足发展。

思考与练习？

1. 下列玩具中，不是从功能角度分类的是（　　）。

   A. 运动性玩具
   B. 建构玩具
   C. 益智玩具
   D. 传统玩具

   答案：【D】

   ——2016 年下半年幼儿教师资格证考试《保教知识与能力》选择题第 1 题

2. 某幼儿园将识字作为基本活动，该园的做法（　　）

   A. 正确，有助于丰富幼儿知识面
   B. 正确，有助于提高教学质量
   C. 不正确，幼儿园不能组织教学活动
   D. 不正确，游戏才是幼儿园的基本活动

   答案：【D】

   ——2015 年下半年幼儿教师资格证考试《综合素质》选择题第 7 题

3. 试论述福禄培尔关于教育的基本原理。
4. 请简述福禄培尔的学前教育原理。
5. 请概述福禄培尔的幼儿园课程及其主要内容。

【拓展阅读书目】

[1] 王晶、姚玉香. 夸美纽斯、福禄培尔教育名著导读[M]. 长春：吉林文史出版社，2013.
[2] 谢延龙. 西方教师教育思想——从苏格拉底到杜威[M]. 福州：福建教育出版社，2015.

第三编　现代幼儿教育

20 世纪，世界幼儿教育发展一般可分为三大阶段，即新教育和进步教育阶段、智育中心主义占主导地位和强调儿童整体发展的阶段。由于国情不同，以英、法、美、日等为代表的国家的幼儿教育发展各有特点。

19 世纪末至第二次世界大战以前，欧美开展了革新运动。美国率先对福禄培尔派提出批判，随及进步主义幼儿园运动出现，后辐射到其他国家。实验心理学和实验生理学为幼儿教育实验、儿童研究和教育调查活动提供了科学依据和方法论。学界更注重幼儿在教育中的主体地位，明确强调自我教育、创造性活动、社会合作活动以及劳动在学前儿童身心发展中的作用。

在第二次世界大战至 20 世纪 80 年代时期，“智育中心主义”占据统治地位。各国日益重视开发幼儿智力的研究，提倡尽早对孩子进行启蒙教育。20 世纪 60 年代，民主运动让幼儿教育领域更加注重受教育权的普及。一些心理学家的研究成果被运用到幼儿教育领域。

20 世纪 80 年代至今，世界幼儿教育进入了全新的时代，从重视智育到强调关注幼儿身心与社会性发展。从关注普通幼儿、为家长服务，到兼顾科研，并为弱势群体服务。上述反映了现代教育的普遍特征：每个孩子都应该得到好的教育。

第二次世界大战后，各国幼儿教育革新的一般趋势为：幼儿教育由社会化逐步向制度化转变，重视进行幼儿教育科研工作，加强国际交流与合作；提早幼儿教育起点，科学对待幼小衔接问题；注意幼儿教育师资培养。

第八章　现代外国幼儿教育

所谓教育，不过是人对人的主体间灵肉交流活动（尤其是老一代对年轻一代），包括知识内容的传授、生命内涵的领悟、意志行为的规范，并通过文化传递功能，将文化遗产教给年轻一代，使他们自由地生长，并启迪其自由天性。

——卡尔·西奥多·雅斯贝尔斯

内容提要

本章主要介绍了从 19 世纪末至 20 世纪以来英、法、德、美、苏（俄）、日六国的幼儿教育，处在这个时期的欧美各国和日本都经历了幼儿教育的发展和变革，幼儿教育在社会化的基础上逐渐走向制度化。在这一过程中，由于各国各自独特的历史背景呈现出不同的特点和各自需要解决的矛盾和问题，人们对幼儿发展的认识也在不断加深，在理论和实践中推动着现代幼儿教育朝着更加人性化和科学化的方向发展。

学习目标

1. 了解现代欧美和日本幼儿教育发展的背景。
2. 了解现代欧美和日本幼儿教育发展的脉络。
3. 了解现代欧美和日本幼儿教育发展过程中遇到的问题及其采取的解决办法。
4. 理解和掌握现代欧美和日本幼儿教育发展的特点。

第一节　英国的幼儿教育

从 19 世纪末至 20 世纪中叶，英国幼儿教育发展相对缓慢，且在幼儿教育与学前教育的概念界定、幼儿教育的学制划分、课堂形式及宏观管理体制上都明显异于欧美其他国家。

一、第二次世界大战结束前的幼儿教育

（一）保育学校的出现和发展

19 世纪末，英国颁布了《初等教育法》等一系列法令，规定了对 5 岁以上幼儿实施义务教育的制度。但是，这一制度的确定却给 5 岁以下的幼儿带来了新的问题：一些 5 岁以下的幼儿面临着他们的哥哥姐姐接受义务教育而无人看管的境遇。为了解决这一问题，给未满学龄的幼儿接受教育和照顾的机会，保育学校应运而生，它作为一种新颖的幼儿保育机构，掀开了英国学前教育史的新篇章。

（二）《费舍法案》

1918 年，英国国会颁布了《费舍法案》（The Fisher Act），法案中规定免除小学学费，禁止招收 12 岁前的童工，并为 2～5 岁的儿童开办幼儿学校，把义务教育年限延长到 14 岁，进一步普及了初等教育。该法案还提倡在初等学校中贯彻“进步教育”的主张，并且正式将保育学校纳入国民教育制度中，将保育学校的设立和援助问题全部委托给地方教育当局，规定除伙食费和医疗费外，对保育学校实行免费入学；同时该法案还提出将小学分为 5～7 岁和 7～11 岁两个阶段。[①]国家承认了 13 所保育学校，并定对它们实行国库补助。但由于第一次世界大战后的经济危机，政府对教育经费的投入大打折扣，尤其是对保育学校实际经费支持上很难得到保证，总之，这一时期保育学校的发展很缓慢。

（三）《关于幼儿学校以及保育学校的报告》

在 1926 年、1931 年、1933 年，以哈多爵士（Sir w. H. Hadow）为主席的调查委员会对英国初等教育进行调查并发表了三份《关于青少年教育的白皮书》（一般称《哈多报告》 Hadow

① 郭法奇：《外国学前教育史》，北京大学出版社 2015 年版，第 153 页。

Reports，1926、1931、1933 年）。在这三份报告中，以 1933 年公开发表的《关于幼儿学校以及保育学校的报告》影响最大。该报告认为：（1）良好的家庭是 5 岁以下儿童的最佳环境，但同时认为保育学校对城市儿童智力发展具有重要作用，建议将保育学校作为“国民教育制度中理想的附属机构”，提倡大量增设“麦克米伦式的保育学校”①、幼儿学校和幼儿部附设的保育班。（2）指出 5 岁不应是区分儿童发展阶段的界限，主张对 7 岁以上的幼儿实行一贯教育，成立以 7 岁以下幼儿为对象的独立幼儿学校。（3）幼儿学校教师也应遵循保育学校的原理，对 6 岁以下的幼儿主要通过开展户外体育、游戏、会话、唱歌、舞蹈、手工、图画等活动来让幼儿获得知识。可以说，《哈多报告》既遵循了幼儿的发展规律，又注重了教学传统。②

二、第二次世界大战后的幼儿教育

第二次世界大战以后，世界各国意识到人才对经济发展的影响，同时也开始强调教育和人才培养的重要性。英国在这种形式下，颁布了一系列教育法律，同时提出加快学前教育发展，寻求解决幼儿教育发展遇到的阶段性问题。在第二次世界大战结束的早期，英国政府更关切初、中等教育的发展，自 20 世纪 60 年代后期开始，初、中等教育的压力有所减轻，政府才有精力和条件考虑学前教育的发展。与此同时，政府日益认识到幼儿教育的重要社会价值，并开始保证在该领域必要的经费援助，以增大对 5 岁以前幼儿的教育投入。

（一）《巴特勒法案》与幼儿教育的实施

1944 年，英国政府通过了一个重要的教育改革法案，即《1944 年教育法》，又称《巴特勒法案》（Butler act）。该法案以当时教育委员会主席巴特勒（Richard Archer Butler）的名字命名。在幼儿教育方面，法案规定了初等教育由三种学校实行：（1）为 2 ~ 5 岁的儿童设保育学校（这一年龄不属于义务教育之内）。（2）为 5 ~ 7 岁的幼儿设幼儿学校。（3）有的地方如果设立了 5 ~ 11 岁的初等学校，则可在校内附设保育班，招收 3 ~ 5 岁儿童。③

《巴特勒法案》把保育学校或保育班的设置规定为地方教育行政当局不可推卸的义务，但未能使保育学校和幼儿学校连贯起来形成思想制度化。幼儿学校教育仍作为义务教育的最初阶段而包括在初等教育之中。

知识链接

幼儿游戏班运动

战后的英国经济还在慢慢重新起步，无论是幼儿教师设施还是师资力量都极端地匮乏。同时，随着大城市逐渐发展，高楼大厦的出现，迫使儿童失去了集体游戏的机会。在这种情

① 1911 年，雷切尔·麦克米伦和玛格丽特在英格兰建立了第一所保育学校。这所保育学校不同于以往存在的日托中心，它是为 2-7 岁幼儿设立的单独学校，其设立的目的是扶助穷人的育儿环境，向穷孩子提供富裕家庭孩子成长所得到的有利条件。

② 周采、杨汉麟：《外国学前教育史》，北京师范大学出版社 2012 年版，第 147 页。

③ 周采、杨汉麟：《外国学前教育史》，北京师范大学出版社 2012 年版，第 149 页。

况下，1961 年，家长们自发兴起了“游戏班运动”（The Playground Movement），以大城市和工业地区为中心，蓬勃发展起来。幼儿游戏班运动的特点可概括为：（1）以为幼儿提供游戏场所为明确目的。幼儿游戏班收容 2～5 岁的幼儿。（2）几乎没有自己独立的设施，而是无偿借用成人俱乐部、教堂、婴幼儿福利中心、旧学校等机构房屋设施的一部分作为活动场所。但也有少数例外。（3）游戏班的管理人员主要是中产阶级家庭妇女，教师和保育员多半由孩子的母亲自愿承担，轮流值班。（4）多在早晨和晚上活动，保育时间为 2～3 小时，保育人数每班 15～20 人，其设备、玩具和电费均由儿童救济基金会承担。

在正规的幼儿教育设施不足的情况下，幼儿游戏班担负起弥补不足的过渡性任务，发挥了较大作用。

——周采、杨汉麟：《外国学前教育史》，北京师范大学出版社 2012 年版。

（二）《普洛登报告》

19 世纪 60 年代，自《巴特勒法案》实施以来，初等教育和中等教育得到了进一步发展，但在另一方面，社会中也日渐凸显出幼儿教育的诸多问题，当局政府也开始慢慢意识到这些问题的严重性。1967 年，英国教育咨询委员会委员长普洛登在对初等教育各个方面考察的基础上，提出了关于“儿童与初等学校”的报告书，该报告书又称《普洛登报告》（The Plowden Report）。《普洛登报告》非常重视幼小衔接的问题，特别注重 5 岁以下儿童的教育。报告主要内容：（1）报告首次提出了“教育优先区”的概念。为了实现“教育机会平等”目标，建议英国政府采取积极干预的方式，对物质或经济条件差的地区给予特殊补贴或优惠待遇，优先改善学校建筑和社区环境。（2）报告强调需将儿童视为独立发展中的个体，面对不同的个体要根据个体的需要和条件给予适宜其发展的教育和关怀。（3）应在学前教育中增加更多教育成分，由教育部门把目前尚由卫生部门负责管理的日托机构接管过来，同时强调儿童学习中游戏的中心地位及环境的利用，并提倡“发现学习”[①]。（4）凡年满 3～5 岁的幼儿，开学后的任何时候都可入学。（5）幼儿教育应以 20 人为组划成一个“保育集体”。1～3 个保育集体组成一个“保育中心”，可以与保育所或者儿童中心的诊疗所结合起来，所有保育集体每 60 人应配备 1 名有资格的教师，每 10 人至少配有 1 名修完 2 年培训课程的保育助长来担任每天的保育工作，每周保育 5 天，分为上午部和下午部。（6）不能将那些普遍是由 11 个以上特定程序性问题组成的 IQ 测试作为衡量儿童未来职业发展的绝对可靠因素。（7）均衡公立和私立幼儿教育的发展，地方教育当局应鼓励并适当资助那些非营利私立保育团体的发展。（8）加强幼儿教育机构的管理和领导，将包括保育集体在内的一切幼儿保护服务机构都统一在各个收容儿童的设施及小学校的领导之下。[②]

（三）《教育白皮书》

1972 年 12 月，英国教育和科学大臣撒切尔在任职的第三年发表《教育白皮书》（以下简称《白皮书》），提出要“扩大幼儿教育”，同年，该政策被内阁指定为将要实施的四项教育政

① “发现学习”最早由美国心理学家布鲁纳提出，强调学习者在学习中的主动性，注重学习者以探究欲望为基础的分析题能力和解决问题能力的培养，同时也强调学习者内在动机、独立性与积极性在学习中的作用。

② 周采、杨汉麟：《外国学前教育史》，北京师范大学出版社 2012 年版，第 150 页。

策之一。《白皮书》肯定了《普洛登报告》中提出的切实可行建议，扩大 5 岁以下儿童的教育并制定了 10 年内实现免费幼儿教育的实施方案。为保证方案实施，从以下几个方面提出了要求：首先要调动各方积极性，除了政府之外，还需依靠当地教育管理部门的精心规划，以及自由团体、教师和家长的协助；其次确保有大量的教师，在进一步改革学校幼儿教育课程的同时，还必须对非正式教师进行特殊培训；最后政府提供必要的财政援助，规定为 5 岁以下幼儿在 1971—1972 年提供 4200 英镑经费，到 1981—1982 年增长到 1.2 亿英镑。

1972 年《教育白皮书》发表后，英国的幼儿教育有了一定发展。至 1978 年，英国 3 岁儿童入托已占 15%，4 岁儿童入托占 53%，但尚未达到《教育白皮书》规划的 50%与 90%的指标。①

英国幼儿教育机构主要包括幼儿园（指公立幼儿园和私立幼儿园，2 岁入园。公立幼儿园和幼儿园班级由当地教育行政部门管理，一半的资金来自教育部的补贴，其余来自捐款等各种途径。无论是公立幼儿园还是私立幼儿园均不收学费。私立幼儿园的经费一部分直接由教育部补贴，除此之外大部分依靠父母支付的费用）、小学附设的幼儿班（3 岁入班）、家长自己组织和管理的游戏班以及日托部门领导下的日托中心等。英国的义务教育从五岁开始，因此保育学校和保育班是面向五岁以下的儿童开设的，对 5 至 7 岁的儿童提供附属于小学的学前班，属于初等义务教育的范畴。

幼儿园没有正式的课程，幼儿以自由活动为主。幼儿园的主要目的是通过训练幼儿的感官，培养孩子的观察意识，使幼儿获取和环境相关的知识，让幼儿养成良好的生活习惯和行为，促进其身心健康发展。幼儿园不要求幼儿掌握太多的基础知识，应为幼儿提供了丰富的物质材料，儿童可以根据自己的兴趣自由选择每日活动的内容，老师只根据实际情况辅以帮助和指导，但不会干扰孩子的活动。

日托中心和幼儿游戏班可以说是对正规幼儿教育机构的一种补充。日托中心由卫生部门管理和领导，服务于有特殊需要的幼儿，具有公益服务性质。该组织主要招收那些来自社会救助部门收留的和因父母外出工作无人看管的 5 岁以下的幼儿。日托中心在设置上通常以全日制为主，在教育性质上以保育为主，缺少教育的内容，服务于少数幼儿。幼儿游戏班同样也是对缺少幼儿园设施的一种补充，由于其积极的发展及带来的明显的社会效益，政府部门给予了充分的肯定和积极的支持。

（四）游戏团体的出现

1961 年，随着时代的发展和社会的需要，在家长们的热情促使下游戏团体应运而生。游戏团体是 20 世纪英国最有活力、最成功的儿童和家庭组织，同时他们也是学前教育联合会（Pre- School learning Alliance）的成员。这种游戏团体在教育方式上与公立幼儿园很接近，团体的经费基本都来自家长们的资助，幼儿的学习一般都是在游戏活动中进行，但是不同的是，团体的经营和管理工作都是由幼儿家长负责，这也给家长提供了更多的参与社区活动的机会。

（五）幼儿凭证计划和幼儿教育目标提案

为更好地促进幼儿教育质量的提升和幼儿早期教育进一步发展，1995 年 7 月，英国教育和就业大臣吉莉安·谢伯德（Gillian Shephard）公布了一组数额为 7.3 亿英镑的“幼儿凭证计

① 周采、杨汉麟：《外国学前教育史》，北京师范大学出版社 2012 年版，第 151 页。

划”（The Nurser Voucher scheme），为家长提供1100英傍用于支付幼儿早期教育费用的凭证，为全国每个4岁以上的且愿意进入学前教育机构的幼儿提供3个月较好的幼儿早期教育的机会。同时，凭证并没有限制家长们的选择，家长们可以自己决定是选择公立（免费）的或私立、民办的学校，不过如果选择私立或民办学校则需家长自己额外多交一些钱。“幼儿凭证计划”一方面为幼儿教育质量的提高做出了贡献，另一方面也为家庭困难的幼儿提供了接受早期教育的机会，但此计划只面向年龄在4岁以上的幼儿，4岁以下的幼儿无法享受这一福利政策。

“幼儿凭证计划”公布2个月后，学校课程和评估委员会主席罗恩·迪林爵士提出了一个五岁的儿童在开始接受义务教育时应该达到的目标的提案。这个提案与实施“幼儿凭证计划”的托儿紧密相关。提案对那些想要参加“幼儿凭证计划”的学前教育的提供者，无论是公立幼儿园、私立幼儿园，还是托幼机构，从品德和情感教育、读写和数学、对世界的认知和理解、创造性的培养及技能技巧的学习等方面提出了具体的目标要求。想要参加“幼儿凭证计划”的学前教育的提供者必须达到这些国家规定的标准才能参加“幼儿凭证计划”。但是，因这一提案在培养目标上过于重视幼儿智力提升，忽视了幼儿社会交往等其他方面的发展，所以引起了社会上的争议。

三、英国幼儿教育的特点与启示

英国自19世纪末就开始实施了儿童5岁入学的义务教育，而5岁以下的幼儿教育则不属于义务教育的范畴，加之长期以来人们普遍认为照看幼儿应该是家长的责任，因此英国素有不重视发展5岁以下幼儿教育的历史渊源。而进入20世纪之后，尤其在经历两次世界大战之后，世界各国纷纷开始“人才竞争之战”，英国在这种国际背景下，颁布了一系列的向发展幼儿教育倾斜的教育法律和政策规划，并开始在幼儿教育领域投入必要的经费援助，以扩大5岁以前的幼儿教育，同时也在不断寻求解决幼儿教育发展过程中遇到的一系列问题的方法。

英国学前教育表现出与其他欧美国家明显不同的特点：

首先，英国的学前教育存在着托幼服务机构供给不足和托儿服务费用昂贵的特点。英国义务教育的起始年龄是5岁，在20世纪早期，5岁以前的幼儿教育不受政府重视。随着社会发展，妇女就业人数和人们工作时间的增加，要求社会帮助解决幼儿的托管照料问题，但是托幼机构的数量却不能满足日益扩大的需求。大多数有工作或正在接受培训的父母把3岁以下的幼儿托付给家庭托儿所的保姆照顾或者把孩子送入私立机构，3岁以上的儿童同样也需要托管照看服务，因为通常为3岁和4岁幼儿提供的学前教育服务是非全日制的，而且只有在正常的学期内才能获得这种服务。在大多数情况下，父母必须自己负责托儿服务费用，只有在幼儿被认定为“处境不利”的情况下，才能获得来自于政府资金的支持。

其次，英国幼儿教育在宏观管理体系中实行国家、地方、学校三级管理制度，重点通过立法和报告来规范幼儿教育的发展。英国中央教育科学部只制定学前教育课程的指导方针，地方教育主管部门根据中央指导方针和地方特色，制定课程目标和大纲。每一所保育学校及保育班均以课程目标及地方当局大纲为基础，进行各自的课程规划和设计。英国向来推崇自由主义的原则，所以教师在教学上有很大的自主权，虽然当代英国面临着各种考评的压力，不断加强课程管理，但在幼儿教育的课程设置上仍然相对宽松。

再次，家长积极参与是英国幼儿教育的一大特色。家长不仅可以以多种方式参与幼儿教育，同时还可以参与到学校管理。教育工作者经常与家长沟通孩子的教育和整个学校的教育发展问题，这可以充分加强家园之间的沟通合作，共同促进幼儿的健康发展。

最后，在英国的幼儿园和托幼班内看不到常规的集体教学活动，教育活动通常以在教师带领下的游戏、手工、绘画、讲故事等形式为主，非常重视幼儿良好的个人习惯和社会行为的培养和身体健康的教育。

总的来说，英国的学前教育发展是十分缓慢的。据 1971 年统计，5 岁以下儿童的入园率仅占同龄儿童的 35%，1980 年，入园儿童只占 2～5 岁学前儿童的 18%。这和英国经济的不景气有关。这说明，学前教育事业发展的总体水平归根到底取决于生产力发展水平，但这并不是唯一的决定因素。①

第二节　美国的幼儿教育

早期的美国幼儿教育深受欧洲的影响。直到 19 世纪中后期，具有自身特色的幼儿教育机构才慢慢建立起来。进入 20 世纪后，美国的幼儿教育迎来了一个持续发展的时期。20 世纪上半叶的显著特征是“进步主义幼儿园运动”的兴起、短暂的“蒙台梭利热潮”以及“保育学校”的引入等。20 世纪 50 年代以后，美国的幼儿教育进入了一个强调幼儿教育机会平等和重视智力发展的时期。20 世纪 80 年代以后，美国幼儿园开始全面改革，幼儿教育的重点向社会教育倾斜，社会和政府进一步介入幼儿教育是这一时期的典型特征。

一、第二次世界大战结束前的幼儿教育

从 19 世纪后期开始，福禄培尔思想、蒙台梭利教育法以及保育学校等逐渐进入美国，对教育思想、教学方法和教育机构产生了深远的影响。然而，随着 19 世纪末美国进步主义的兴起，福禄培尔的教育理念率先受到美国心理学家和教育家的争论和批判。

（一）进步主义幼儿园运动

进步主义幼儿园运动的主要领导人是安娜·布莱恩（Anna Bryan）、爱丽丝·坦普尔（Alice Temple）和帕蒂·史密斯·希尔（Patty Smith Hill）。布莱恩是美国进步主义幼儿园运动的著名先驱，她于 19 世纪 80 年代最先公开批评福禄培尔式幼儿园的种种缺陷，并在自己的幼儿园里开始试验用新的方法来教幼儿，鼓励教师自已决定用最好的办法来教，而不盲从福禄培尔的方法。她认为应将幼儿看成是主动的、活泼的人，教师应帮助孩子自己思考而不是强迫幼儿领会恩物，将日常生活引入幼儿园，强调父母在幼儿教育中的责任，并指出应加强幼儿与父母的联系，从而更好地促进幼儿发展。

从 19 世纪 80 年代布莱恩公开批评福禄培尔主义开始，在美国的幼儿教育界日益形成两大对立的派别：自由派和传统派。两派以国际幼儿园联盟和哥伦比亚大学师范学院为“战场”，最终以进步派取胜结束。进步主义幼儿园运动一方面强调对儿童心理和身体发育中的特征、幼儿个性和社会性的教育指导等问题进行科学、实证研究，注重学前教育与实际生活的联系，

---

① 周采、杨汉麟：《外国学前教育史》，北京师范大学出版社 2012 年版，第 156 页。

开展多方面的实践活动，试图从根本上否定恩物主义和象征主义，同时又充分肯定了福禄培尔理论中的合理部分，竭力“回到福禄培尔基点”，并在实践中积极突破闭关自守的局面，使幼儿园逐渐发展成为与小学教育紧密结合的新型机构。到运动的后期，还强调家庭和社会的责任，主张对家长、教师进行培训；另一方面，随着运动的深入，进步主义日益暴露出一些缺陷。突出的问题是过分强调活动，某些解决问题式的教学方法超出了儿童的能力，不利于儿童进一学习；而且对广大学前教育工作者来说，尚无能力将学术上的研究成果完全理解并运用到教育实践中去，往往陷入缺乏科学性和实证性的经验主义泥淖，所以进步主义幼儿园运动在 20 世纪 30 年代后颇受非议。

知识链接

进步主义幼儿园运动的产生背景

20 世纪上半叶，美国在资本主义世界工业生产中的比重远远高于其他主要资本主义国家。“西部大开发”“振兴东北”及“中部崛起”等战略计划的实施使得美国经济持续快速发展，经济上的优势也推动着美国教育包括幼儿教育的发展。19 世纪末至 20 世纪 30—40 年代，美国开展了进步主义幼儿园运动，该运动从新的哲学、心理学和教育学的观点对福禄培尔保守派进行批判，指出福禄培尔教育思想中的象征主义、恩物和作业的使用过于僵化，忽视了儿童在游戏中的自主性，强调教育要以儿童和儿童的生活为中心，考虑儿童的兴趣和需要，加强教育与社会生活的密切联系。

19 世纪下半期，福禄培尔主义在美国幼儿园中占绝对统治地位，恩物和作业成为所有幼儿园的主要教学手段。但由于人们未能正确理解和把握福禄培尔所揭示的幼儿教育的真谛，曲解了游戏和恩物的意义，福禄培尔理论的合理因素逐渐被人们忽视，而其中的神秘主义、象征主义被福禄培尔主义正统派奉为至宝。

给进步主义幼儿园运动以极大影响的是心理学家霍尔的儿童心理研究和哲学家、教育家杜威的教育哲学研究。心理学家霍尔赞同福禄培尔关于儿童发展阶段性理论和关于游戏的一些观点，但认为恩物理论及象征主义是不科学的，并指责以儿童发展的角度出发，恩物是毫无价值的，幼儿园教师闭关自守的本位主义是非常不合理的。杜威肯定了福禄培尔理论中关于儿童的自我活动、游戏及社会参与等原则，反对福禄培尔理论中的神秘色彩，并将批判的焦点集中在幼儿园课程，指责恩物和作业脱离儿童的生活经验，而主张把游戏和家庭日常生活联系起来，在现实生活经验中促进幼儿的发展。

——周采、杨汉麟：《外国学前教育史》，北京师范大学出版社 2012 年版。

（二）“转瞬即逝”的“蒙台梭利热潮”

正在进步主义幼儿园运动兴起之时，意大利女教育家蒙台梭利的新教育方法连同她设计的教具于 1910 年传入美国。1912 年和 1915 年蒙台梭利本人先后两次访美，宣传她的学说，很快在美国引起强烈的反响，其影响曾一度达到白热化程度。1912 年出版的《蒙台梭利方法》初版为 5000 册，仅在 4 天之内就被抢一空，以后在短短的 5 个月中又再版 6 次。数百名美国教育学者阅读该书后奔赴罗马，去拜访这位医生和教育家。1913 年，“美国蒙台梭利教育协会”

成立，“蒙台梭利热”达到顶峰。但好景不长，1915 年以后，由于各种原因，“蒙台梭利热”急剧降温，在 19 世纪 20 年代甚至销声匿迹。

“蒙台梭利热”尽管“昙花一现”，但蒙氏教育在美国学前教育界的影响仍然是很大的，其语言通俗易懂，使幼儿教育成为街头巷尾议论的话题，引起了人们对幼儿教育的普遍重视。此外，蒙台梭利强调“儿童的自由”及“自我活动”，促使人们重新探索福禄培尔的“儿童自动性原则”及“自由作业”[①]的真正含义。而且由于蒙台梭利是从研究智力低下的幼儿开始的，这个热潮也在一定程度上促进了美国残疾儿童教育事业的发展。

知识链接

杜威对蒙台梭利关于自由价值的看法

蒙台梭利方法与美国革新家们的观点不同之处在于不是对自由的价值有什么意见分歧，而在于对如何才算是最好的利用自由有不同的认识。从身体上讲，一个蒙台梭利班级的学生，要比大多数美国教育家办的班级的学生更自由些；但是从智力上讲，他们就不那么自由了。他们可以完全自动地来往、工作和闲着、谈话和走动；得到事物的有关知识和掌握行动的技能就是要达到的目的。每个学生独立地运用自我矫正的材料工作。然而不允许儿童有创造的自由。他可以自由地选择他将使用的器材，但是他却从不能选择他自己的目标，也不能把材料照他自己的计划去处理。因为这些材料限制在固定的几样物体上，必须以某种固定的方式来把握。

——[美]杜威：《学校与社会·明日之学校》，赵祥麟等译，人民教育出版社 2005 年版，第 293 ~ 294 页。

（三）保育学校的传入和儿童日托所的出现

自 1911 年英国的麦克米伦姐妹创办保育学校以后，1918 年《费舍法案》（Fisher act）将保育学校作为幼儿学校的前一阶段纳入了公共教育的范畴，美国受英国的启发，于 1915 年初，芝加哥大学教授夫人团体自发地以集体经营的形式开设了第一所保育学校。

为推动保育学校在美国传播和普及，做出突出贡献的还有伊利奥特（Abagail E）及怀特（Edna Noble White），她们曾赴英国追随麦克米伦姐妹学习保育学校的办学经验，回国后，大力倡导及移植麦氏保育学校理论及实践。1922 年 1 月 2 日，伊利奥特在波士顿创办能充分体现麦氏办学特色的“拉格街保育学校”（Ru ggles street Nursery）。半月后，怀特在底特律麦瑞尔柏尔玛母亲学校（Merrill-Palmer School of Motherhood）又创办了一所附属保育学校。1919 年，美国第一所公立常设保育学校成立，10 年后成了“全国保育协会”（National Association。初期的保育学校多作为教育实习或研究性质的实验学校。美国的保育学校从引进的那一刻开

① 福禄培尔认为人天生具有“活动”“认识”“艺术”等本能，而教育就是促进这种本能发展的过程。他重视儿童的活动，认为儿童好动的天性不应被成人束缚，儿童的各种活动不应该是被教师强制，而必须是内发的、自动的自我活动，强调儿童应该在这种自由的作业中获得自动性的发展。

始就不满足于麦氏只重保育的形式，而是越来越强调教育的因素，重视儿童的发展，这与当时进步主义的影响有关。

19 世纪后期，在慈善幼儿园运动发展的同时，出现了日托运动（Day Nursery Movement），为全日制工作的母亲提供幼儿看护，在此之前，这些儿童只能单独被留置在家中或寄养在育婴院。和幼儿园不同，日托所主要为儿童提供身体方面的照顾，每天活动以为所有儿童洗澡开始，日托中心主要由保姆们来负责，她们的主要职责是看护儿童以及做饭、洗衣等日常杂事，虽然也有一些日间托儿所采用福禄培尔的教学方法，但大多数是重保育而非教育。日托运动的目的是力图仿效日常的家庭生活。1937 年罗斯福总统签署了《联邦经济复兴法》，建立了 1900 个日托中心，看护 4 万名儿童，后因该法到期而被全部解散。1971 年 12 月，尼克松总统否决了两院已通过的《儿童发展法案》，这样儿童看护制度被作为权宜之计而游离于政策之外，但从 20 世纪 90 年代开始，美国人已普遍认识到早期儿童教育和儿童看护不应被割裂开来，而应统一起来。1990 年，布什总统签署了有关法令，以加强早期儿童发展和校外儿童看护。

二、第二次世界大战后的幼儿教育

（一）“开端计划”的实施

20 世纪 50 年代后，美国学前教育的重要动向是顺应教育民主化的潮流，开展了教育机会均等运动。这次运动是以心理学家布鲁姆的理论为依据。1964 年，布鲁姆在其新著《人性的稳定与变化》中论述了环境变化对智力的影响。他认为，在良好环境中成长的 0～8 岁儿童的智商与在恶劣环境中长大的同龄儿童相比，相差 16IQ，并以此说明为儿童早期提供良好的文化环境的必要性。学前教育机会均等运动的开展还有其深刻的社会原因。战后，美国工业飞速发展，然而贫富差距却越来越大，种族歧视仍继续恶化，在教育领域内的表现尤为明显。由于贫困，广大黑人及少数民族裔的子女往往被排斥在学前教育之外，在义务教育年龄段时，处于明显不利的地位。面对愈来愈多的城市暴力犯罪，加之一些有志之士的呼吁和广大贫民和黑人的抗争，使政府及社会开始重视这些问题，学前教育机会均等运动即在此形势下展开。

1965 年秋，美国开始在全国范围内实行“开端计划”（Head Start Program）。这一计划由经济机会办公室（Office of Economic Opportunity）发起，这是实现学前教育机会均等的目标而实行的一项重要计划。具体计划是：由联邦政府拨款（当年国会计划拨款 9640 万美元）将贫困而缺乏文化条件的家庭 4～5 岁的幼儿免费收容到公立特设的学前班，进行为期数月至 1 年的保育。

“开端计划”实施后，对其效果进行的研究表明，儿童刚入学时，这一计划的短期效果是好的，但长期效果则不够理想，引起了各方的争议。反对派认为“开端计划”中的儿童尽管在认知方面有所提高，但情绪情感方面并未得到相应的发展；许多方案只注重服务范围、数量的扩大，而忽视了教育质量；投资过大但效果并不显著，得不偿失。因此，1969 年，尼克松总统把此计划的管理权由联邦经济机会局移交给新增设的儿童发展局，并将该局置于教育部管辖之下。此后开端计划在教育上进行了修正；缩减保育幼儿总数，提高教育质量；着手进行包括幼儿家庭、社区在内的综合革新实验计划；进行与学前教育机构或小学衔接的实验规划；有计划地培训教师等。

尽管人们对“开端计划”的效果褒贬不一，但总的来讲，这一计划的实施无疑大大地促进了美国学前教育的发展

（二）幼儿智力开发运动

20 世纪 50 年代末，受苏联“人造卫星”的冲击，美国开始反省本国教育，从 20 世纪 50 年代末 60 年代初开始，美国在新传统派教育思想及结构主义的影响下，进行了（针对中小学课程与教学方法改革）“十年改革”运动。同时早期儿童研究蓬勃发展，大规模的幼儿智力开发运动亦在此形势下展开，并成为美国现代幼儿教育的重要特色。

著名结构主义心理学家布鲁纳提出的结构主义教育理论对美国学前儿童智力开发活动产生了很大的影响。他主张，只要做到使学科教材适合儿童发展的阶段并按照儿童理解的方式加以组织和表达，则任何学科都可用某种方式有效地教给处在任何发展阶段的任何儿童，学龄前幼儿也不例外，并认为儿童存在着极大的智力发展的潜力，因此，现有各级学校的学科内容可以逐级下放。在他的影响下学前教育界日益重视幼儿智力开发，强调对幼儿进行科学教育。

在智力开发运动中，各种旨在促进幼儿智力开发的学前教育研究计划及学前教育实验纷纷出台。这些学前教育研究计划及实验主要表现为对学前教育效果进行实证追踪研究和运用新的理论来进行学前教育实验。

（三）蒙台梭利教育思想的复兴与发展

20 世纪 50 年代后期，蒙台梭利方法在美国又重新引起人们的注意。人们在转向重视幼儿智力开发运动时，蒙台梭利的感官训练方法、对幼儿早期教育的认识、对智力发展的看法都重新得到肯定。重新恢复的第一所蒙台梭利学校是由南希女士（Nancy Rambusch）于 1958 年在康涅狄克州格林尼治城建立的“菲特比学校”（Whitby School）。1960 年，“美国蒙台梭利协会”重新成立，到 1972 年，美国共有 762 所蒙台梭利学校。

20 世纪 80 年代以后，蒙台梭利教学法逐渐深入人心，不仅在学前教育领域极受欢迎，并逐渐向小学教育、中学扩展，由原来的私人办理推广到公立学校。至 1989 年，已被 60 个地区的 110 所公立学校采用。据当时统计，在美国各式各样的学校中，有 4000 余所冠以“蒙台梭利”字样。美国的公共教育家们认为，地方的教育标准大都能够与蒙氏教学法成功地融合起来，蒙氏教学法在计算机教育、艺术教育和其他公共教育领域也都大有可为。此外，公立学校招收各种肤色的儿童，在他们中间采用蒙氏教学法，将成为“颇具吸引力的，促进消除种族隔离而设计的教育计划的主旋律。”有人将公共教育里使用蒙氏教学法喻为“公共教育的文艺复兴”。

随着蒙台梭利教学法的普及，也出现了一些问题：（1）师资不足。蒙氏教学采取个别教学方式，因而要求师生比例低。（2）教学质量不稳。许多教师还没来得及规范训练就匆匆上岗，教学质量必然受到影响。（3）私立学校与公立学校发生矛盾。传统上，私立学校首先采用蒙氏教学法，并且比较正规，但学费昂贵，往往高达几千美元。免费的公立学校亦采用蒙氏教学法后，人们趋之若鹜，难免引起私立学校的不满。

（四）学前教育观念的演进

进入20世纪80年代以来，美国由工业时代进入信息时代，随着苏联的解体，“冷战”时代亦告结束，世界各国间的竞争越来越表现为更深层次上的科技竞争、综合国力竞争。面对新技术革命的发展，美国世界头号强国的地位遭到威胁，加之社会危机、种族冲突不断，美国人又一次将问题的症结归为教育。1983年，一份名为《国家在危急中：教育改革势在必行》的教育改革调查报告在美国引起了轰动。此后，政府、社会各界开始系统反思20世纪60、70年代的教育，启动了以整体性、综合性为特点的教育改革运动，学前教育理论得到发展，人们对学前教育的观点和看法较之前期发生了新的变化，主要表现在以下几点：（1）学前教育受到空前重视，幼儿园逐渐成为公立学校系统的一部分。（2）在学前教育的功能上，强调教育和保育的统一。如前所述，20世纪80年代以前，幼儿园注重教育，保育学校和日托中心则注重保育。20世纪80年代后，随着儿童研究的逐渐深入及社会上的早出人才的要求，各种类型的学前教育方案都强调教育与保育的统一。为此，有些州已采取了协调措施将二者统一起来。（3）在教育目标上，20世纪80年代以来，过去那种在儿童发展问题上非此即彼的观念和做法已不再流行，而越来越强调儿童的整体发展。（4）在教育内容上，注重对学前儿童进行社会教育，为了使幼儿适应幼儿园生活及为以后参与社会生活做准备。20世纪80年代以来，美国学前教育注重利用社区资源、视听材料及手工材料，以美术品制作、绘制地图等方式向幼儿进行社会的基本知识、基本态度和基本技能的传授，这是美国学前教育不同于他国的重要特点之一。（5）在教育对象上，强调学前教育面向全体儿童：既面向社会各阶层的儿童，也面向包括残疾儿童在内的所有儿童。到目前为止，美国3～4岁的幼教机构中入学率在逐年以极大的比例增加，而5岁儿童的入学率几乎达到100%。

（五）幼儿教育相关法案的颁布和施行

随着人们对学前教育的奠基地位的认识，各级政府、工商企业界人士、各种社区及个人都对学前教育表现出极大兴趣，纷纷通过各种途经来发展学前教育（如私人开办幼教机构、企业资助幼教等）。其中最重要的特点是联邦及各地方政府加入了重视学前教育的行列，把学前教育发展视为政府的一项重要工作来抓，其中包括以下几个方面：（1）加强立法，促进学前教育发展。近些年来，学前儿童的保育和教育日益成为美国政府部门和立法机构所关注的问题。联邦政府纷纷制定各种法律、法规来保障学前教育的发展。继20世纪60年代以后，除了1965年颁布的《经济机会法》和1975年颁布的《教育所有残疾儿童法令》这些涉及学前儿童教育的法案外，1988年美国国会又通过了两项涉及儿童保育和教育的法案。一项是《中小学改善修正案》；另一项是《家庭援助法案》。（2）增加学前教育的政府拨款。20世纪80年代中前期由于美国经济衰退，联邦政府的教育拨款有所紧缩，但对两项学前儿童教育计划的拨款反而有所增加，一个是“开端计划”，另一个是未成年人保育援助计划。从20世纪80年代后半期开始，许多州政府对学前教育的投资增加。此外，为提高幼儿园和小学教师的素质，《不让一个儿童落后法》还为这方面的师资培训和聘任提供了充裕的资金。（3）加强了对学前教育的管理。公立学前教育由各州教育主管部门统管，许多州还专设了学前教育协调员或顾问，专门负责各州的学前教育事宜，如学前教育规划、资金分配、对幼儿师资的管理、学前教育质量的评估等。

（六）幼儿教育类型的多样化

20 世纪 80 年代以来，美国学前教育类型有幼儿园、保育学校、各种类型的日托中心（如私立营利性日托中心、私立非营利性日托中心、公立日托中心、工商企业办的日托中心和日托之家等）。

三、美国幼儿教育的特点与启示

在美国幼儿教育史上，对幼儿教育关切颇深的时期是 20 世纪 60 年代和 90 年代。从 20 世纪 60 年代以来，学前教育是整个美国教育系统中最有生气、发展最快的部分。进入 20 世纪 80 年代后，美国学前教育从教育理论、教育观念和教育实施等各方面都开始了以整体性、综合性为特点的教育改革。

但是，美国学前教育也有不可忽视的问题，如重视幼儿的智力开发、认知能力的发展，而忽视了幼儿情绪情感及社会性等的整体全面发展；重视天才儿童的教育，而忽视一般儿童的发展；教师水平参差不齐，在学前教育经费、学前教育科研等方面也都有不尽如人意之处。造成这些问题的原因是多方面的，既有教育系统内的原因，也有社会变化的原因。例如，女权运动及经济发展变慢；越来越多的妇女加入劳动力队伍；家庭结构变化，单亲家庭增多，高层公寓和楼房使儿童失去了游戏的场地；电气化、自动化又使儿童失去了自我探索的机会，生育率降低使幼儿缺少玩伴等。此外，还有以下问题：

（一）儿童看护群体缺乏严格统一的规范

美国儿童看护者是处在社会不利处境的一个群体，由于儿童看护者的工资很低，便需要接受补贴，看护者们和那些家境富裕的父母的负担一样重，却只能把自己的孩子单独留在家里或托付给无执照的、不规范的、地下的、家庭式的日间看护所。进入 21 世纪以后，越来越多的 1 岁左右幼儿的母亲必须去工作，但是政府没有足够数量的婴幼儿看护机构满足社会上日益增长的需求，因此，大多数幼儿不得不进入私立日托中心或家庭看护中心。在大多数州，幼儿园是属于非义务教育范畴的，但幼儿园区别于初等学校的特征正在逐渐消退，幼儿园的课程越来越集中，课程的学术性也越来越强，幼儿园更像以往的小学一年级，在许多地方，幼儿园正在从半日制演变为全日制。①

（二）幼儿教育标准的制定不够合理

1989 年，布什总统召集全国 50 个州的州长构想了著名的《美国 2000 年教育目标》，提出面向 21 世纪的六项教育目标，包括：所有美国儿童都要做好入学准备；所有残疾儿童和处境不利儿童都能受到高质量的与其发展相适应的幼儿教育，以便为入学做好准备，要使家长成为儿童的首任老师，为此必须开展家长教育；使儿童都能得到足够的营养和医护，以便在入学时有健康的身体和大脑。

全国性的幼儿教育标准制定，指明了课程发展所必须遵循的共同标准和方向，有助于统一美国各州或各地方幼儿教育的水准，使各地幼儿所受的教育不至于差异太大。同时，由于国家标准的出现，出版商要按照标准来改进其出版物，这样，就可以逐渐消除各地方各版本

---

① 周采、杨汉麟：《外国学前教育史》，北京师范大学出版社 2012 年版，第 181 页。

教科书和课程评估之间的巨大差异，使它们渐趋统一到国家标准上来。但是全国性教育标准也给早已进行的综合教育改革带来了巨大挑战，要达到这些高标准，综合教育课程显然无力顾及到各个学科，同时这些标准还给多年形成的“生活化课程”施加了很多压力，而它和“综合化课程”是美国所有优秀幼儿教育方案的两大精神支柱，它们都强调让儿童在类似于日常生活的自然情景中进行学习，并根据儿童的需要和兴趣来编排课程的内容，新的国家标准却忽视了这些。

第三节　苏联（俄罗斯）的幼儿教育

进入 20 世纪后，苏联的幼儿教育发展速度领先于其他国家，同时，苏联政党和政府非常重视幼儿教育，强调幼儿教育机构对学前儿童进行教育的优越性，在政策上制定有关的方针，并采取各种措施，促进幼儿教育的发展。十月革命以后至 20 世纪 40 年代是苏联幼儿教育制度基本确立的时期。二战后，为适应形势发展的需要，苏联党和政府以及学前教育专家不断致力学前教育的改革。20 世纪 50 年代末至 60 年代初，政府以“托幼一元化”为重心，进行了第一次幼儿教育改革，并公布了综合婴幼儿教育的《幼儿园教育大纲》，并先后在 60 年代末和 80 年代末进行了第二、三次幼儿教育改革。

一、第二次世界大战结束前的幼儿教育

（一）苏联幼儿教育基础的奠定

20 世纪 20 年代，苏联政府在幼儿教育性质和任务的确立、幼儿教育机构网的建立、幼儿教育会议的举办三个方面做出了一定的成效：

第一，确立了幼儿教育的性质和任务。1917 年（十月革命）以后，幼儿教育的精神发生了根本的变化，苏维埃政府一反沙皇政府轻视幼儿教育的做法，明确地把学前儿童的教育纳入国民教育体系，1917 年 11 月 12 日建立了教育人民委员会学前教育局。11 月 20 日，教育人民委员会发表关于学前教育的宣言，指出苏维埃共和国的学前教育制度是整个学校制度中的组成部分，必须把它同人民教育的整个制度连成一气，儿童的公共免费教育必须从儿童初生时开始。1918 年 10 月 16 日颁布的《统一劳动学校规程》明文规定“在统一学校中还包括幼儿园”。

第二，发展幼儿教育机构网的工作初见成效。1920 年，苏俄已有 4723 所学前教育机构，共收儿童 254527 人。[①]随着学前教育机构的大规模兴起，除经济困难外，许多困难接踵而至，学前教育干部尤为缺乏。教育人民委员会学前教育局从工作的最初几个月起，就着手组织了每期为时 3 个月的训练班，以培养学前教育的视导人员。1918 年 9 月，苏俄在彼得堡设立了世界上第一所国立的学前教育专业的高等学府——学前教育学院，以代替原有的福禄培尔学院，其任务是培养幼儿教育专业的高级干部。学院讲授蒙台梭利的教育理论，并进行一些实习作业，该校还兼有学前教育理论研究中心的功能，第二莫斯科大学也设立了学前教育系。到 1920 年年初，由各种修业年限不同的学前教育专门训练班培养出来的教师达 3280 人。

第三，举行幼儿教育会议，讨论有关问题。在苏维埃政权成立之初，在幼儿教育机构的

① 周采、杨汉麟：《外国学前教育史》，北京师范大学出版社 2012 年版，第 183 页。

实际工作中没有统一的工作方法。西方的自由教育理论和儿童学在苏联广泛流行。1919—1928年，在莫斯科举行了四次全俄学前教育代表大会和若干次临时代表大会，讨论了幼儿教育的任务、教育机构的设立、经费来源、教学法研究、学前师资培养和编写学前教育大纲等方面的问题。这些会议对推动苏联学前教育的发展起了重要作用。

（二）苏联幼儿教育制度化的形成

随着苏联第一个“五年计划”（1930—1934年）的完成，社会主义经济基础已初步建成，工业的发展和农业集体化的实现，为幼儿教育的发展创造了有利条件。20世纪三四十年代，一方面，苏联的幼儿教育机构急剧增长，另一方面，苏联教育人民委员会不断制定和颁布关于幼儿园工作的规程、指南和规则，促进幼儿园教育更加规范化。

1. 幼儿园教学大纲草案

1932年，教育人民委员会颁布了最初的幼儿园教学大纲草案，第一次明文规定了幼儿园的工作任务与内容，对整顿幼儿园、促进幼儿园教学管理的正规化、提高幼儿教育质量具有重要意义。1936年，苏共中央颁布《关于教育人民委员会系统中儿童学的歪曲见解》的决议，宣布儿童学是“伪科学”，并予以取缔。与此同时，福禄培尔和蒙台梭利的学说也遭到批判与禁止。在20世纪30年代的教育整顿中，来自西方的幼儿教育理论均遭到严厉的批判。与此同时，苏共中央号召苏联教育工作者努力创立真正的、马克思主义的儿童科学。

2.《幼儿园规程》和《幼儿园教养员工作指南》

1938年，苏联教育人民委员会制定了《幼儿园规程》和《幼儿园教养员工作指南》。克鲁普斯卡娅直接参加了这些文件的起草工作。《幼儿园规程》规定了幼儿园的教育目的、任务、组织、幼儿园的基本类型、对儿童的营养和幼儿园房舍的要求等，其中包括要求以本民族语言进行工作和实行园长负责制等。《幼儿园教养员工作指南》是根据《幼儿园规程》编写的。它根据儿童的年龄特征，将幼儿园工作的任务、内容和方式等具体化了。

3.《幼儿园规则》

1944年，教育人民委员会制定了《幼儿园规则》，对幼儿园的教育对象、幼儿园的性质和任务、幼儿园教育的内容和方式以及幼儿园的开设等问题一一做了规定。《幼儿园规则》的制定表明苏联的学前教育制度至此已基本确立。

知识链接

《幼儿园规则》

第一，幼儿园是3~7岁年龄的儿童受到苏维埃社会教育的国家机构，目的在于保证儿童的全面发展和教育。同时，幼儿园帮助妇女参加生产，参与社会政治文化方面的生活；

第二，不论幼儿园由何种团体或机构管理，必须根据幼儿园规则和幼儿园教师工作指南开展工作；

第三，幼儿园应为儿童入学做准备。为此要求幼儿园关心儿童的健康，发展儿童的智力、说话能力、意志和品性，实行艺术教育；使儿童直接与自然和人接触，进行各种游戏和上课（绘画、讲故事、诵读、音乐、唱歌），通过参观和散步去认识周围世界，培养儿童独立和自我服务的习惯、卫生习惯、劳动习惯，正确使用和爱护物件，培养儿童守秩序、自制、尊敬长者和父母的习惯，培养儿童爱祖国、爱人民、爱领袖、爱军队的情感；

第四，设立幼儿园的任务属于国民教育科、生产企业、苏维埃机构、合作社和集体经济的组织。不允许私人开设幼儿园。

——周采、杨汉麟：《外国学前教育史》，北京师范大学出版社 2012 年版。

二、第二次世界大战结束后的幼儿教育

（一）“托儿所—幼儿园”的发展

20 世纪 50 年代以前，苏联幼儿教育按照年龄分成 0～3 岁（托儿所）和 3～7 岁（幼儿园）两个阶段，而托儿所和幼儿园又分别隶属于卫生部和教育部，由此给幼儿教育的管理带来了诸多不便。为消除上述不合理的现象，就需要创办将托儿所和幼儿园合一的幼儿教育设施，并实行一元化的行政领导。1959 年 5 月 21 日，苏共中央和苏联部长会议公布了关于幼儿教育制度改革的决定。改革的重点是创立将托儿所和幼儿园合并的统一学前教育设施，并将这种设施的指导和监督权统一于共和国的教育部，卫生部在儿童的保健方面负主要责任。1959 年的上述决定公布以后，苏联在原有幼儿园和托儿所的基础上，又出现了第三种学前教育机构“托儿所幼儿园”，招收初生至 6 岁的儿童。1959 年以后苏联新设的学前教育机构基本上都是“托儿所—幼儿园”。这类机构逐渐占据多数，成为苏联学前教育机构中的主流。

为适应新设的幼儿教育设施，需要制定一个从初生到入学为止的统一的教育大纲。1962 年，苏联公布了世界上第一部综合婴幼儿教育的大纲——《幼儿园教育大纲》。与此同时，原来的《幼儿园教养员工作指南》使用到 1963 年 1 月 1 日废止，从这时起，苏联所有的幼儿教育设置都依照《幼儿园教育大纲》。该大纲将出生后 2 个月至 6 周岁的儿童按年龄阶段分为 7 个班：第一婴儿期班（出生后第 1 年）、第二婴儿期班（出生后第 2 年）、婴儿晚期班（出生后第 3 年）、学前初期班（出生后第 4 年）、学前中期班（出生后第 5 年）、学前晚期班（出生后第 6 年）、学预备班（出生后第 7 年）。该大纲将原来婴幼儿（0～3 岁）和学前儿童（3～7 岁）互相分离的教育内容系统化和一元化。

（二）《幼儿园教育大纲》的修订

20 世纪 60 年代末至 70 年代后期，随着教育心理学家在儿童心理发展、教育实验研究方面取得了新成果和政府对初等教育年限的调整（由 4 年缩短为 3 年），苏联政府先后多次对 1962 年的《幼儿园教育大纲》进行修订。1970 年，《幼儿园教育大纲》的修订版公开发行。修订后的大纲加强了婴儿期的护理和教育；增强入学准备班的教育内容的知识性，将小学一年级语文、数学的部分大纲要求作为预备班儿童的教学内容。但这种教材下放的做法仅仅是一种实验。尽管效果比较理想，但并未做统一规定。因为苏联幼儿教育机构只容纳了适龄儿童的 50%，仍有一半的一年级学生直接来自家庭，他们仍然必须从头学起。这种情况是必须加以考虑的。

（三）《学前教育构想》

1989 年 6 月 16 日，在《幼儿园教育大纲》的基础上，苏联国家教育委员会发布了《学前教育构想》（以下简称《构想》）。《构想》根据现代科研成果制定了改革幼儿教育体系的理论方针，并指出了新的教育策略的基本特征。这种教育策略在其目标、手段和结果上都不同于

传统的教学—纪律式儿童教育观。新教育模式的制定既服从于整个社会的改革思想，也服从于当时苏联正在进行的教育科学改革。《学前教育构想》确定了苏联幼儿园改革的基本原则："运用关于学前期在个性形成中的意义的现代科研成果，使教育工作人道主义化，改善儿童的生活条件和幼儿园教师的教育工作条件，保证儿童教育的各个领域的协调性，彻底改变培育教育工作干部的性质及学前教育单位和管理机构的财政条件。"①

知识链接

20世纪后期苏联幼儿教育改革的内容

（1）在学前教育机构的设置和管理方面，实现法制化、民主化和多样化。确立各种形式和类型的学前教育机构并存的原则，实现教学大纲多样化；家长和工作人员组成幼儿园委员会，共同协商解决问题；幼儿园自我管理、经济独立，自己决定教学内容等全新的原则。（2）依据新的科研成果，强调学前期在个性形成中的意义。要求在教育教学中既承认学前机构工作人员创造性探索的权利和创办各种类型的幼儿园的权利，又考虑个别差异，以保证儿童情绪良好、心理健康地发展；将出生头7年间儿童的发展分为3个主要阶段：婴儿阶段（出生第一年）、先学前期（1～3岁）、学前阶段（3～7岁）。（3）教育工作的人道主义化，以"个性定向型相互作用模式"取代以往的"教学—训导型相互作用模式"，保证儿童的生理和心理健康，形成创造型个性的萌芽，及早查明儿童的个性特征，以便尽可能地形成并发展儿童与成人、儿童与儿童之间良好的人际关系。（4）家庭和幼儿园相互浸透的原则。无论是家庭还是幼儿园，都不能相互代替。重视家庭在儿童个性发展中的作用，家长参与幼儿园工作有助于家庭教育与社会教育相互浸透。强调在各种培养和发展儿童的社会机构中，幼儿园所占有的特殊地位，认为幼儿园可以而且应该成为改革原来的教育实践的中心。幼儿园应继承正在消失的庭院儿童团体的优良传统：创造性地自我组织，自然地传递游戏传统，亦即应该保持童年的亚文化群。

——周采、杨汉麟：《外国学前教育史》，北京师范大学出版社2012年版。

三、俄罗斯联邦幼儿教育制度化的形成

（一）《俄罗斯联邦教育法》

十月革命以前，俄国的学前教育尚处于萌芽状态。十月革命以后，苏联一直非常重视公共学前教育，学前教育的精神发生了根本变化。苏联通过教育法，幼儿园章程、规则和大纲等，对学前教育实行统一管理以保证教育的质量，但缺少灵活性。

1992年7月10日，俄罗斯颁布《俄罗斯联邦教育法》（以下简称《教育法》），这是俄罗斯的第一项国家级宏观教育政策。《俄罗斯联邦教育法》总则第一条就是"教育的国家政策"，即"国家领域是国家优先发展领域"，它在俄罗斯教育法规文件中处于核心地位。《教育法》的教育大纲部分规定了普通教育大纲包括学前教育大纲，第十二条规定了教育机构类型中包

① 黄人颂：《学前教育学资料参考》（上），人民教育出版社1991年版，第124页。

括幼儿教育机构，第十七条规定了在学前教育机构中实施普通学前教育大纲以及学前教育普通初等教育等教育机构的教育大纲具有连续性，并且每一个阶段的大纲以前一阶段的大纲为基础，第十八条对幼儿教育进行了具体规定。包括：（1）父母是孩子的第一任教师，他们应为子女的身体发展在婴幼儿时期打下基础。（2）国家保证从财政和物质上支持幼儿教育。（3）学前教育机构网络的存在旨在帮助家庭对学龄前儿童进行教育，保护并增强他们的身心健康，开发其智力并纠正他们在发展中的缺陷。（4）学前教育机构和家长之间的关系根据双方的协议来确定，但相对于法律而言，该协议不得对双方的权利加以限制。（5）地方行政当局为在家庭中实施学前教育的家庭给予教育方法、咨询检查等方面的帮助并加以协调。[①]《教育法》强调了家庭教育在幼儿教育中的重要作用，同时也在法律意义上明确了国家对幼儿教育的支持，它的颁布实施奠定了幼儿教育在国民教育中的基础地位。

（二）《学前教育机构基础条例》

1995 年 6 月 1 日，俄罗斯政府在《俄罗斯联邦教育法》的基础上颁布了《学前教育机构基础条例》，该条例吸纳了 1991 年的《临时学前教育机构基础条例》的内容。其内容为六章，共 53 条，第一章为总则，明确了该条例的地位和作用；第二章对学前教育机构的组织和活动进行了详细规定；第三章对学前教育机构的接收顺序进行了补充，在学前教育机构有限接收父母中只有一方在工作的、母亲还在读书的，一级和二级残疾人的孩子，多子家庭的儿童、受监护的儿童、父母（或者其中一方）在服兵役的，父母无业的、难民和流亡者以及大学生的孩子；第四章对学前教育过程的参与者进行了明确规定，“学前教育机构教育过程的参与者为学生、父母（法定监护人）和教学工作者”；第五章规定了学前教育机构的管理；第六章则对学前教育机构的财产和配置进行了规定。

（三）《2010 年前俄罗斯教育现代化构想》

俄罗斯于 2001 年出台《2010 年前俄罗斯教育现代化构想》（以下简称《构想》），体现了俄罗斯政府教育政策的主要方向，其中《构想》确立了俄罗斯教育发展的几项原则：教育应根据社会的需求和时代的特点而发展；在教育变革中积极引入社会力量，直接参与教育的管理；教育技术转向现代化：确保所有的俄罗斯公民都有权接受高质量的教育（特别是普通教育），其中《构想》所强调和普及的高质量的教育的前提条件是每个儿童在学前教育阶段便得到了最佳的发展，为学前教育在新阶段的发展奠定了重要的基础。

四、苏联和俄罗斯联邦幼儿教育的特点与启示

（一）苏联幼儿教育的特点与启示

在长期的历史发展中，苏联的幼儿教育形成了自己的特色，与欧美许多国家的学前教育相比，在很多方面有较大反差，并各有利弊。

1. 严格与集中的管理模式

苏联政府历来十分重视幼儿教育事业的发展，十月革命以后立即建立了专门的幼儿教育局，以加强对这项事业的领导，幼儿教育的双重任务被写进党纲。苏联把幼儿教育纳入整个

---

① 吕达、周满生：《当代外国教育改革著名文献》，人民教育出版社 2004 年版，第 232 页。

教育体系之中。幼儿教育机构都是公立，入托儿童一年费用的 80%由国家负担。政府通过教育立法，制定幼儿园章程、规则和大纲等，对学前教育实行统一管理，认为统一规定就可以保证学前教育任务的完成和教育质量的提高。因此，苏联重视根据幼儿教育的发展情况不断修订教育大纲。

但是，苏联的幼儿教育领导体制也有其弊端。主要的问题是统管太严格，缺乏灵活性和自由度。由于不允许私人办幼儿园，而国家的力量又有限，所以幼儿园的发展有限，供不应求，儿童入托率一直不高。

对于上述问题，苏联政府已有所认识。1989 年的《学前教育构想》已表明苏联政府已正视并力图解决这些问题，即赋予地方和幼儿园更多自主权。

2. 保教结合的幼儿教育原则

苏联的学前教育以解放妇女劳动力和保护、教育儿童为目的。苏联的学前教育机构从一开始就担负着双重任务。这种情况导致了苏联学前教育具有如下特点：（1）教育工作与保育工作密切结合，既要照顾儿童的日常生活，又要对儿童进行全面的教育。（2）儿童在园时间比欧美国家要长，甚至达到 12 个小时。（3）很大一部分教育工作与保育工作融合。教育工作者利用每一个生活环节如吃饭、睡觉等，对儿童进行文明卫生习惯和良好道德品质的教育。并且，苏联把发展托儿所和幼儿园放在同等重要的地位。

3. 教学—训导型教学模式

苏联的幼儿园教学模式以“教学—训导型模式”为主。在这种模式中，教学的目的是用知识、技能和技巧武装儿童，使他们听话。教育者不得不完成教学大纲，以满足领导和监察机关的要求。在教学过程中强调教师的主导作用，儿童仅仅被视为接受某种教育体系影响的客体。偏重于面向全体的教育形式，按小学上课形式进行作业。游戏是儿童的基本活动形式，但儿童游戏时间受限，游戏要求严格。在这种模式下，成人与儿童疏远，儿童的消极性大于积极性，主动性丧失。但一离开教师，儿童的行为便有所不同。

鉴于苏联传统教学模式存在的种种弊端，1989 年的《学前教育构想》（以下简称《构想》）提出了“个性定向型相互作用模式”。强调教学的目的是促进儿童个性的形成，在师幼互动中教师要摒除“威严”，以引导为主，以保证儿童的心理安全感，形成个性的萌芽。在新的模式中，儿童被看作合作条件下的平等伙伴。虽然有了新的构想，但要变为现实还是有很大困难的。长期形成的学前教育的传统并非朝夕即可完全改变的，但《构想》指明了苏联学前教育存在的问题和解决的方案，仍然有其积极意义。

（二）俄罗斯联邦幼儿教育的特点与启示

1. 加大在公共幼儿教育中的国家投入

2000 年开始，俄罗斯联邦政府致力学前教育的普及，义务教育向前延展。在 2006 年的《教育法》中特别补充了确保公民享有普及和免费的学前教育，并对就读于实行基本普通学前教育大纲的教育机构孩子的父母（法定监护人）进行财政补贴。除此之外，在传统的学前教育形式发展的同时还出现了新的形式：在普通教育机构开设学前班，在补充教育机构开设学前班以及学前儿童在家庭教育中接受系统教育。2008 年，俄罗斯联邦政府出台了新修订的《学前教育机构基础条例》，重新调整了学前教育机构及其班级的类型，满足了不同家长的需求，进一步提高了学前教育的普及性。

2. 为处境不利的学前儿童提供学前教育

苏联解体后，学前教育由于失去了政府的福利性财政支持，不少贫困家庭的儿童无法享有接受学前教育的机会，为保证每个儿重享有平等的受教育权，俄罗斯各地根据自身实际情况成立了福利性的社会服务性学前班，学前班招生对象主要是贫困儿童、被遗弃儿童、残疾儿童以及孤儿等。

3. 注重幼儿教育与普通教育之间的衔接

《俄联邦教育发展纲要》(2000 年) 中强调了要完善涵盖各级各类教育的连续教育体系，其中应发展学前教育机构与普通教育机构、补充教育机构一体化，确保学前教育与初等普通教育的衔接性。2003 年，俄罗斯联邦教育部普通教育委员会批准的《连续教育内容构想（学前教育与普通初等教育阶段)》制定了学前与小学儿童连续教育的目标和任务，学前儿童教育内容的筛选原则和教育内容等从法律层面上确保学前教育和普通初等（小学）教育的衔接性。

4. 突出幼儿教育的民族性

自 2000 年开始，部分新的学前教育大纲突出了民族文化和恢复民族意识的内容，民族性的幼儿园和机构相继开办，俄罗斯新大纲的制定突出了文化适应性原则，强调了民族教育的价值和传统。

第四节 法国的幼儿教育

20 世纪以前，法国已建成了自己的幼儿教育制度。之后，其幼儿教育发展主要受到新教育思潮和教育民主化思潮影响，这些因素为该国幼儿教育改革提供了推动力量。特别是 20 世纪 70 年代中期至今，法国政府始终坚持从二战后就提倡的为社会发展需要与幼儿身心健康成长而改革的幼儿教育发展方向，这些举措使之幼儿教育发展水平名列世界前茅。

一、第二次世界大战结束前的幼儿教育

20 世纪初期以来，法国传统教育学派和新教育学派在基本观点上针锋相对：传统教育思想的主要代表阿兰（Alain）和迪尔凯姆（E. Durkheim）等人认为教育的基本职能是传播文化，学校应当脱离社会生活，学习的过程是克服困难的过程，教学要有教师的参与。新教育思想则以弗莱内特（C. Freinet）和库奇内（R. Cousine）等人为主要代表，认为儿童是教育的中心，应当尊重儿童的自主个性，注重个人的实际经验。弗莱内特的活动教学法和库奇内的分组教学法比较适合幼儿教育，对母育学校教学方法的改革产生一定影响。法国政府对上述两种观点采取折中的态度，在吸取传统教育思想时尽量采用有利于民族统一和社会稳定的教育内容，又在教育方法上采用了有利于发展儿童能力的新做法，并不断增加科技教育的比重，促进儿童个性的发展。

（一）幼儿教育概况

1905 年，法国教育部部长对母育学校过于强调传授知识的倾向提出批评，指责母育学校充满小学的气味，认为对 2 ~ 4 岁的幼儿进行阅读和书写教学并不是母育学校的中心目的，要求进一步明确母育学校的性质。

1908 年 3 月，法国教育部部长再次发出指令，指出母育学校的目的是对学前儿童加以照料，满足他们在体、德、智三方面发展的要求，再次强调母育学校不是普遍意义上的学校。对有流落街头的危险和处于家庭环境不良的幼儿来说，母育学校是保护儿童的避难所，要求鼓励无人照料的儿童到母育学校来，并给予平等的、热情的接待和照顾。

上述观点反映了法国政府一如既往地坚持 19 世纪确定的学前教育的目的、任务和方法，也反映出新教育思潮的影响，同时还是政府力图利用母育学校缓和社会矛盾的意图的体现。20 世纪初，工人多次举行大罢工与政府抗争，甚至与前往镇压的军队发生激烈冲突。上述指令一再强调要使母育学校成为社会底层家庭儿童的“避难所”的社会政治意图是十分明显的。

这一时期在学前教育机构的管理方面已形成制度，公立的母育学校由国家和地方自治团体开办并支付经费，实行免费制度。私立幼儿园的监督由教育部的母育学校女视学官[①]负责。多数私立幼儿班则由小学的督学官监督。母育学校的教师与小学教师一样都由初级师范学校培养。1949 年，法国的公立母育学校有 3653 所，私立母育学校 217 所，公立幼儿班 438 私立幼儿班 397 个。[②]

（二）儿童智力测验

比纳特（A. Binet，1857—1911 年）是法国心理学家，巴黎大学的心理学教授，现代智力测验创始人。1905 年，他与西蒙（T. Simon）编写出版了第一份智力量表《比纳一西蒙智力测验量表》，以 3 ~ 13 岁的儿童为对象。

首先，比纳特的智力量表是新教育的产物。他重视对儿童个性差异的研究，批判传统教育忽视儿童的个性差异，要求把新教育建立在个性心理学的基础上，主张根据儿童的思维方式的差异来因材施教。其次该量表也是当时法国实施义务教育的需要。1904 年，法国政府要求运用各种方法来鉴别低能儿童，以便为他们开设特殊学校或特别班，避免他们不断留级所带来的麻烦。根据政府的要求，比纳特和西蒙编制了智力测验表。

1905 年的智力量表问世后受到普遍好评，但也暴露出一些局限性，主要是不能明确简便地从年龄角度来说明被试的智力超前或落后的程度。为此，1908 年比纳特和西蒙发表了被称为“年龄量表”的第二份量表，按年龄分组进行测试，并引入“智龄”这个智力测验的重要术语。1911 年，比纳在临终前与西蒙一起又一次修改量表，使其更规范化，成为比较科学、系统的儿童智力发展的测验工具。他们的量表被迅速译成多种文字在世界上流行。

二、第二次世界大战后的幼儿教育

战后，法国在第四共和国时期（1944—1958 年），曾出现过以“郎之万——瓦隆教育改革方案”为代表的各种教育改革方案。尤其是“郎之万——瓦隆教育改革方案”首次提出了“教育民主化”的思想，并首次在正式的官方文件中强调根据不同儿童的个体差异、年龄、能力和心理来设计学校，因而被称作真正“以儿童为中心”的教育改革计划，但由于当时法国的经济和政治状况限制，这份改革计划被搁置，但该方案的进步性是十分明显的。它的原则影

① 法国最早在 19 世纪 40 年颁布幼儿教育的监管规定，其中规定中的一条就是建立“女视学官制度”，自下而上设有一般女视学官、特别女视学官和首席女视学官，主要负责幼儿园的监督和巡视，其目的是为保证幼儿教育更好地实施。

② 周采、杨汉麟：《外国学前教育史》，北京师范大学出版社 2012 年版，第 158 页。

响着战后几十年法国教育改革的方向和进程。

从1959年至戴高乐总统执政的第五共和国开始，法国进入较为稳定的历史时期。但在1975年以前，政府主要致力中等教育结构的改革，力图建立单轨学制。1975年以后，法国的学前教育的发展越来越受到政府的重视，出现了较大变化。

（一）母育学校的教学改革和发展

法国从1957年10月1日开始，把儿童入学年龄提前至5岁9个月。这个决定也得到当时的初等教育视学官和学校当局的赞成。在法国，幼儿教育机构和初等教育机构都归教育部“学校司”管辖，在教育系统中“学校”一般指初等教育机构，即母育学校和小学。母育学校和小学幼儿班招收2~6岁儿童，按年龄分为三班（小班2~4岁，中班4~5岁，大班5~6岁），教学活动分班进行。

1969年，法国政府对母育学校的学习计划和教育方法进行了改革。改革的主要目的是要进一步加强幼儿的全面发展。改革后的幼儿教育也采取与小学教育相同的“三分制教学”。在20世纪60年代末，法国在初等教育阶段全面推行合科教育以代替传统的分科教学。所有的学科被划分为三个部分：基础学科（语文、数学）、启蒙知识科（历史、地理、自然、公民教育、手工、图画、音乐等）和体育。与小学这种跨学科的课程相类似，母育学校的课程也分为三大类：（1）基础知识课，上午进行，每周15课时。（2）各种启蒙教育课，下午进行，每周6课时。这个课程原来分为游戏、手工制作和唱歌等，现在把它们综合为一个课程。（3）体育课，下午进行，每周6课时。这个新的课程计划主要是为了克服分科教学的绝对性，把各科目有机联系起来，使儿童能更为统一、协调和整体地去认识世界，掌握和运用知识。同时，这个新计划也是当时重视智育的世界风潮的反映。[①]

法国从近代起就非常重视母育学校的环境和设施，以实现幼儿教育的目标。政府对校内的设施有严格规定，一般设有游戏室、活动室、厕所、盥洗室、餐厅和运动场所。法国一些大城市和工业区的母育学校一般都是从早上8点至下午6点，每天工作长达10小时。这些全日制学前教育机构的教师一般分为早、中班轮流看护。1990年2~6岁儿童入校率是：2岁为36.2%；3岁为98.0%；4~6岁为100%。[②]2009年，全法（本土和海外省）2岁儿童入园率约为15.2%（没有1973年数据，但1975年的入园率为26.6%）。3~5岁儿童入园率为100%（1975年3、4和5岁儿童的入园率分别为80.4%、97.3%和100%）。[③]

（二）公立幼儿教育的发展

20世纪70年代以后，法国政府更加重视公立幼儿教育的发展，把公立幼儿教育列为第七个《五年计划》（1976—1980年）的重点任务之一。1975年的普通教育改革以当时的教育部部长阿比（R.Haby）命名，涉及从学前教育到小学和中学的整个普通教育领域。1976年12月28日，政府颁布关于母育学校的法令，指出母育学校在普通教育中的重要意义。其一，母育学校有助于儿童在身体、智力和情感诸方面的发展。它引导儿童利用各种表达方式，为儿童以后接受小学教育做准备。其二，它可以促使儿童早期发展并从教育方面处理可能存在的

① 周采、杨汉麟：《外国学前教育史》，北京师范大学出版社2012年版，第159页。
② 周采、杨汉麟：《外国学前教育史》，北京师范大学出版社2012年版，第162页。
③ 周采、杨汉麟：《外国学前教育史》，北京师范大学出版社2012年版，第162页。

障碍，有助于在以后的学习过程中实现机会均等。该法令要求全面发展城市和农村的学前教育，要求所有 5 岁儿童进入母育学校和小学幼儿班，在母育学校的教学内容、方法和管理等方面也提出了一系列要求。

（三）幼儿教育的改革

20 世纪 80 年代以来，伴随着政治、经济形势的深刻变化，法国教育同社会的不适应显得日益突出。面对种种问题、矛盾与挑战，法国加大了教育改革的深度，推动了教育内部的改革。20 世纪八九十年代，法国的教育改革以全方位的方式展开，涉及学前教育、初等教育、中等教育、高等教育、继续职业教育、社会职业培训等各个方面，其特点是以大量的调查或研究报告为先导，继而以立法的手段加以推行。其中 1989 年 7 月 10 日，由总统正式颁布执行的《教育方针法》是法国社会党自 1981 年执政以来的一部重要立法。它以法律的形式规定了教育的地位："教育是国家优先发展的事业"；强调国家应确保青少年受教育的权利；决定成立全国教学大纲委员会，负责指导和协调各学习阶段和各学科间的教学大纲和教学内容，以适应学生的不同需要和经济科技的发展变化。

1989 年的《教育方针法》的附加报告明确规定了学前教育的目标："通过对美感的启蒙，对身体的意识，对灵巧动作的掌握和对集体生活的学习，发展幼儿的语言实践能力和个性，同时还应注意发现儿童在感觉、运动或智力方面的障碍并作及早诊治。"[①]这个目标实际上强调了法国学前教育的四重作用：启蒙教育作用、社会化作用、诊断和治疗作用、与小学的衔接作用。该报告对 20 世纪末的法国学前教育起重要的指导作用。

以 20 世纪 80 年代改革成果为基础，20 世纪 90 年代法国教育改革以克服学习失败提高教育质量和提高教师社会经济地位为重要目标。在教育的总政策上与 20 世纪 80 年代保持一定的连续性。在教育思想上仍强调 1989 年《教育方针法》提出的"学生处于教育系统的中心"20 世纪 90 年代法国学前教育的改革与初等教育的改革紧密联系。新的改革尝试是打破传统的年级概念，在包括母育学校和小学的整个初等教育中建立新的教学组织形式——学习阶段。进行这项改革的原则是在 1989 年《教育方针法》中就已确定的。1990 年政府颁布政令，决定 1991—1992 学年在 33 个示范省实施，1992—1993 学年在全国更大范围推行。这项改革把学前教育与小学教育合为体，2 ~ 11 岁儿童的教育被分为三个连续的学习阶段，每个学习阶段一般由二个学年组成：（1）初步学习阶段（2 ~ 5 岁）包括母育学校的小班和中班。（2）基础学习阶段（5 ~ 8 岁）包括母育学校大班和小学前 2 年。（3）深入学习阶段（8 ~ 11 岁）包括小学的后 3 年。每个阶段的教学活动按学生的能力和水平实行同学科同水平分组教学。学习阶段的实验和改革的意义在于重视学生的个体差异和幼小衔接，并以学生为中心组织教学。[②]

三、法国幼儿教育的特点与启示

法国幼儿教育能在世界上保持领先地位，首先因为法国政府历来重视幼儿教育，视之为国民教育的重要基础和解决母亲不能照顾子女这个社会问题的重要手段。其次，法国政府建立了行之有效的教育行政和管理制度，并通过教育立法和有关规定和文件，使学前教育工作

---

① 邢克超：《战后法国教育研究》，江西教育出版社 1993 年版，第 154 页。

② 周采、杨汉麟：《外国学前教育史》，北京师范大学出版社 2012 年版，第 160 页。

有章可循。与此同时，给地方和学校一定的自主权和灵活性。再次，法国幼儿教育重视研究儿童的个别差异和教学个别化。

法国幼儿教育目前面临的主要问题有以下几个：首先，法国教育管理体制方面的弊端，主要是教育行政部门发布的文件过多，以致形成所谓“文山”。同时，教育行政部门机构庞大，教育管理体制官僚化，效率不高。中央集权的政体和根深蒂固的教师自治传统之间也存在矛盾。其次，法国对学前教育研究不够重视。法国幼儿教育的改革往往没有明确的理论基础，有较强的随机性和行政性或政治性。与此相联系，提出实验和改革方案被认为是中央教育行政部门的重要职能。20 世纪 80 年代中期以后，地方和学校才开展了一些有意义的教育实验并取得一定成果。最后，法国幼儿教育机构还存在着供不应求的问题。由于大城市人口过于稠密，幼儿教育机构无法满足人民需要。在农村地区幼儿教育远未普及，有 50%以上儿童不能入园。发展不平衡仍是有待解决的问题。

法国政府及教育界认识到，为了更好地适应儿童个体的发展需要，必更进一步地研究儿童的个别差异，学校必须进行相应的改革以适应个体儿的发展需要，这就要求学校在维持较高的学术标准时，教育制度更具适应性。为此，早期儿童教育应采取以下对策：课程应该多元化；应强调社会相互作用在儿童成长及认知能力发展中的重要作用；加强计算机教学研究，使学习过程更易于为儿童所理解和掌握，更好地挖掘儿童的发展潜力；加强家庭教育研究；为家庭提供资助，改善儿童的文化和家庭生活环境；改进残疾儿童的教育，使之在所有机构（如家庭、学校、医疗机构和社会机构）中共享与其他儿童的相同权力。

第五节　德国的幼儿教育

19 世纪以后，德国幼儿教育在借鉴和学习英、法等国经验过程中逐渐形成了自身特点，随后，通过德国教育家福禄培尔教育思想的传播及其幼儿园的推广，德国幼儿教育开始引起世界各国的关注。1924 年，德国政府制定了《青少年福利法》，规定了儿童受教育的权利及家庭教育在幼儿教育中的优先地位。后来，德国联邦虽然对该法做了修改，但基本倾向不变。在此期间，幼儿园得到了极大的发展，成为德国幼教中的主流。1933 年，德国被纳粹统治，法西斯政府建立了中央集权的学校管理体制，在幼儿教育中进行种族教育，宣扬对法西斯的崇拜和对纳粹的盲从，强调锻炼健壮的体魄和对领袖的“感情”，于是体育比赛成为幼儿园中心工作。

一、第二次世界大战结束前的幼儿教育

20 世纪初，由于普鲁士政府对福禄培尔幼儿园的发展抱有希望，德国的幼儿教育政策有了一定进步。德国的学前教育承袭 19 世纪末的传统呈多元化的趋势，有幼儿园、慈善机构和幼儿学校等，第一次世界大战以后，德国废除了君主政体，建立了资产阶级的魏玛共和国。1922 年，德国政府制定了《青少年法》，其中强调要建立“白天的幼儿之家”包括幼儿园、托儿所及幼儿保护机构等，同时还提出训练修女担任看护工作，还要求加强幼儿教师的培训。在此期间，幼儿园发展成为德国学前教育的主流。政府还颁布了幼儿园条例，提出建立各种各样的学前教育机构。指出凡招收 2～5 岁儿童者，均可称为幼儿园。政府还规定，一切幼儿

园的政府监督，均隶属于教育、卫生两部；幼儿园儿童具体由地方儿童局负责，学校教养儿童均须得到儿童局许可；凡儿童在家不能得到正常教养者，应由儿童局遣送入学或入园。

1933 年，德国陷入了纳粹党统治时期。希特勒法西斯政府把教育作为侵略政策的工具，建立了中央集权的学校管理制度。各类学校，包括幼儿园，都必须进行所谓的“种族教育”——强调德意志是最优秀的民族，并在各种教科书中宣扬对法西斯的崇拜和对法西斯头子的盲从，幼儿教育遭到严重破坏。

二、战后联邦德国的幼儿教育

1945 年德国签订无条件投降书。1949 年德意志联邦共和国建立，其教育也进入了恢复阶段。在联邦德国的教育体制中，幼儿教育阶段被称作基本阶段。

（一）幼儿教育机构的多元化发展

此时期，德国幼儿教育的类型大致可分为：幼儿园和托儿所。其中幼儿园又分普通幼儿园、特殊幼儿园和学校附属幼儿园（或称学前班）。普通幼儿园和特殊幼儿园分别招收 3～5 岁儿童与特殊儿童入园。

1. 普通幼儿园

大多由地方政府、教会、企业、社会团体和私人开办，不纳入国家教育规划，直到 1970 年才把 3～6 岁的学前教育纳入教育体系的基础部，属于初等教育范畴。幼儿入园根据幼儿父母自愿，国家不强制要求，但不入园者，家长必须保证幼儿受到相当于幼儿园的教育。幼儿园的任务有两项：一是为减轻母亲料理家务和照料更年幼孩子的负担或者为就业妇女解决照管孩子的困难，让儿童白天待在幼儿园中。二是向儿童提供教育帮助，使他们接受早期学习，为入小学打下基础。幼儿园招收 3～5 岁的儿童，分全日制和半日制，大部分父母愿意把孩子送到半日制幼儿园，只有均系双职工的父母才将幼儿送入全日制幼儿园。幼儿园禁止教授基本知识如读、写、算，以游戏为主要活动。德国的幼儿教育不是义务的，除学校附设幼儿园外都实行收费政策，但收费较为灵活，一般根据家长的收入状况及家中子女同时入园的人数来决定征收额、减收额乃至免收学费。

2. 学校附属幼儿园（或称学前班）

这种幼儿园最初是 1939 年创立于汉堡的幼儿园，附设在小学校内，招收对象是那些到了入学年龄，但身心发展还不成熟尚不适合入小学的儿童以及下半年满 6 岁的儿童，为他们提供为期 1 年的特别准备。学校附属幼儿园实行免费制度，学校幼儿园的任务是使儿童身心的发展达到小学第一学年的要求，但不进行读写算的教育。其主要内容分为两大类：一是言语能力，包括听、说、会话、看图、唱歌、诗朗诵、游戏等；二是培养观察能力和思维能力。[①]

3. 托儿所

分为公立托儿所和私立托儿所，招收对象主要是那些来自双职工家庭且在家中无人照看的 0～3 岁的幼儿。

① 周采、杨汉麟：《外国学前教育史》，北京师范大学出版社 2012 年版，第 164 页。

4. 店铺幼儿园

1968年在西柏林出现了一种新的反对权威主义的“店铺幼儿园”，实行自由解放式的教育，反对过去对幼儿进行的顺从、纪律及家长式的教育。教育内容和方法由家长讨论决定，幼儿园的保育工作主要由家长轮流负责，有时也聘请专家指导。①

（二）幼儿师资

联邦德国设有专门培训幼儿园教师的学校，招收初中毕业生和具有同等学力者，修业年限为两年。但由于联邦德国的学前教育不属于义务教育阶段，幼儿园教师无论在社会地位还是在工资方面都不如其他教师。幼儿园教师仅仅是雇员，幼儿园教师的工资比小学教员低，这些引起幼儿园教师的不满。幼儿园严重缺乏无论是专业知识还是师德都合格的师资，因而幼儿教育的发展也受到了阻碍。这一状况与其他发达国家相比更显著。

（三）联邦德国的幼儿教育制度化的形成

联邦德国的幼儿园主要是由教会、普通慈善机构和民间团体开办的。其中教会开办的幼儿园占 70%左右。国家并不行使对幼儿园的监督。幼儿园的监督工作主要由开办幼儿园的团体自行负责。战后，联邦德国所有公、私立幼儿园的督察工作均由儿童局负责。幼儿园的入园制度大多由各州自行规定。各类幼儿园中立的仅占30%，远低于教会（包括天主教和新教）所办的幼儿园。

德国传统上认为，教育儿童是父母的事情，所以不太重视公共幼儿教育。1957年联邦教育制度委员会曾发出公告，指出幼儿园存在的问题并要求改革，但并未付诸行动。1966年以后，在美国及其他发达国家诸如开端计划、幼儿教育机会均等和开发幼儿智力等计划及思想的影响下，政府才开始意识到幼儿教育的重要性。1970年，联邦教育审议会公布了包括学前教育在内的全国教育制度改革方案。此方案将整个教育系统分为初等、中等、继续三领域，并把幼儿园3~4岁的幼儿教育纳入了教育体系的基础部分，列入初等教育；把5~6岁幼儿的教育纳入义务教育。此后，不仅5岁以上的幼儿普遍入学，3~5岁幼儿入园率也不断提高。据统计，1960年，3~6岁幼儿入园率为33%。1977年，3~5岁幼儿入园率已达到75%。但联邦各州之间存在着巨大差异。如1980年，柏林幼儿园入园率仅为55%，而在巴登符腾堡州却高达98%。在萨尔州，幼儿园接收的儿童甚至超过了当地儿童的实际人数。②

三、联邦德国幼儿教育的特点与启示

（一）幼儿教育机构不属于学校教育体系

自19世纪以来，德国的幼儿园绝大部分都是由团体和私人开设并负担经费，天主教和基督教等宗教团体开设幼儿园尤为盛行，儿童自愿入园，国家不做强制性规定。联邦德国没有专门的管理幼儿园的机构，所有公私立幼儿园都由各州的青少年局负责监督管理，国家和地区政府都不限定幼儿园的教育大纲和教育方法，而由幼儿园的开办者自行决定。这和联邦政府一贯坚持的地方分权的联邦主义是一致的。

① 周采、杨汉麟：《外国学前教育史》，北京师范大学出版社2012年版，第164页。

② 周采、杨汉麟：《外国学前教育史》，北京师范大学出版社2012年版，第166页。

（二）强调父母在幼儿教育上的责任

在德国，幼儿教育不属于义务教育的范畴，幼儿教育一直被认为是父母的责任，幼儿教育机构被看作是辅助家长教育孩子的“帮手”，只是为幼儿更好地进入小学做准备，大部分幼儿园实行半日制，即使是全日制幼儿园，一般也由家长领孩子回家吃午餐，下午再送幼儿回幼儿园。

（三）教育内容以社会教育和环保教育为主

德国的幼儿园不提倡对幼儿进行读写算等知识教学，其主要任务是创设出一种不间断的，能够从幼儿园很自然地过渡到初级小学阶段的条件。幼儿园日常的教育内容主要是社会教育和环保教育，幼儿园严格规定禁止读、写、算等基础知识的学习。儿童以自由活动为主，各班设活动室，儿童或独自活动或寻找伙伴一起游戏。幼儿园鼓励孩子节省能源，对垃圾分类处理，将能利用的垃圾进行再生，合理利用资源，节约能源。

（四）重视为幼儿提供真实的生活和学习环境

德国的幼儿园崇尚让幼儿在真实、自然的环境中活动，认为与真实、自然的环境的互动能使幼儿更好地学会自我保护和适应环境，否则，如果儿童进入的是一个被保护和人工装饰过的环境，反而会在进入一个真实环境后因不适应而发生安全问题。幼儿园作为儿童生活的一个重要环境，应让他们在生活中通过尝试、练习学会自我保护。

第六节　日本的幼儿教育

日本在经历资本主义全盘西化和现代化的改革之后，从 19 世纪六七十年代开始学校教育的改革。进入 20 世纪后，尽管受到欧美新教育运动和自由主义思潮的影响，日本教育仍然保持自身的传统，通过教育立法加强对教育的干预和控制。这一特点也影响到幼儿教育，使日本成为亚洲较早实现幼儿教育制度化的国家。①

一、第二次世界大战结束前的幼儿教育

（一）幼儿教育制度的确立

1911 年，日本全国保育工作者大会做出决议，敦请当局改变一向只在小学校令中附带提及幼儿园的做法，而制定单独的幼儿园令，以推动幼儿园的发展。此后，保育工作者大会又不断地向当局发出类似呼吁。1923 年，文部省分别以敕令和省令的形式公布了盲学校令和聋哑学校令。这一举措对幼儿园教育工作者鼓舞甚大，他们决心通过相应的方式促进幼儿园令的制定。1925 年 3 月，全国保育工作者大会向第 50 届帝国议会提交了《关于幼儿园令及其施行规则的建议案》提出为了改善和普及幼儿园的设施，必须制定关于幼儿园的幼儿园令及该令施行规则，上述努力终于换来日本学前教育独立发展的第一步。

1926 年 4 月 22 日，日本文部省颁布了《幼儿园令》及同令实施规则。从 1876 年第一所

① 郭法奇：《外国学前教育史》，北京大学出版社 2015 年版，第 178 页。

幼儿园成立到 1926 年，其间经过 50 年的时间，日本学前教育史上的第一部较为完整而又独立的法令终于颁布了。该法令的颁布，标志着学前教育逐渐趋于制度化而进入一个新的发展时期。在内容上，《幼儿园令》及其实施规则与 1899 年颁布的《幼儿园保育及设备规程》几乎完全相同。《幼儿园令》中颇具特色的地方是规定幼儿园是为父母都从事生产劳动，无暇进行家庭教育阶层的幼儿而设的保育机构。另外，《幼儿园令》放宽了入园年限，规定原则上幼儿 3 岁入园，但在特殊情况下得到知事批准，不满 3 岁的幼儿也可入园，这就从年龄上说明幼儿园应兼备托儿所机能。正因为如此，在幼儿园中可附设托儿所，在保育时间上规定幼儿园不必拘泥于每日实行 5 小时的半日制。

（二）幼儿教育机构的发展

1876 年，日本建立了第一所公立幼儿园。直到 20 世纪初，公立幼儿园在日本幼儿园中一直占据主导地位。1899 年日本颁布的《幼儿园保育及设备规程》使日本幼儿园在具体实施做法以及在教育制度的位置上逐渐明确。1900 年，日本政府修改《小学校令》规定幼儿园可以附设在小学校里，这样幼儿园的开设就较为容易了。同时文部省从 1896 年开始，规定每年各知事向文部省呈报的学务统计诸事项中，增加对幼儿园结业升入小学的幼儿数统计一项。该规定事实上也推动了在小学中增设幼儿园的行动。然而，由于政府投入经费的不足和日本传统的家庭幼儿教育观念，公立幼儿园的发展一直步履蹒跚。相比公立幼儿园，这一时期日本的私立幼儿园一直发展得很好。[①]

如果说日本的幼儿园基本上为富裕阶层子女服务的话，那么托儿所则承担起了收容贫民幼儿的任务。日本第一所托儿所于 1893 年由私人建立。第一次世界大战后，日本妇女就业率空前提高，许多女士携幼儿上班，此时婴儿死亡率极高（1918 年达 18.9%）。这一状况引起了社会各方普遍关注，要求办托儿所呼声四起。1918 年，日本爆发了贫民的“米骚动”[②]，统治阶级深感国家体制危机深刻，于是便投入经费扶持托儿所，以缓和国内阶级矛盾。托儿所招收 0 岁至学龄前期的婴幼儿，每日保育时间为 1 ~ 12 小时。托儿所的目的开始只为母亲和儿童提供养护，后来还强调注重婴幼儿的精神教化，托儿所收费低。尽管这一时期日本有志之士大声疾呼应重视幼儿园和托儿所的一元化，但由于历史和现实原因，托儿所和幼儿园并行发展，各自独立，出现颇具特色的学前教育机构的二元化局面。

（三）自由主义保育思潮涌现

20 世纪初，正值“儿童中心主义”教育思潮在欧美兴起之际，在日本资本主义工业化的背景下，一些受西方影响的人士突破明治后期天皇《教育敕语》的专制主义及德育主义观，提出了与西方新教育相呼应的“自由主义”保育思想。

“自由主义”保育思想在当时幼儿园工作者中获得很大反响，并对 20 世纪初官方幼儿教育政策一度发生影响。1911 年，文部省改了《小学校令》施行规则，对有关幼儿园条款进行了大幅度修改。修改后的教育内容仅仅规定为游戏、唱歌、谈话和手技 4 项，取消了过去对

① 周采、杨汉麟：《外国学前教育史》，北京师范大学出版社 2012 年版，第 193 页。

② 20 世纪初，日本人民饱受资本主义剥削，于 1918 年日本爆发了历史上第一次全国性的大暴动。这次革命暴动最初以渔村妇女抢米为开端，各地一般也以抢米形式爆发，所以在日本历史上习惯地将其称为“米骚动”。

这 4 项内容的具体指示，凭各地自由安排，过去将保育时间规定为 5 小时，此时则修改为由管理者或设置者自定，府县知事批准。此外，还扩大了幼儿园的规模，过去规定为 100～150 人，修改后则为每园 120～200 人。①

二、第二次世界大战结束后的幼儿教育

（一）幼儿教育制度化

1945 年 8 月，日本战败投降，对外侵略战争同样也给日本自身带来了巨大的灾难，战争结束后新生人口急剧增长，无形中给战败的日本增加了幼儿教育的压力，但同时日本政府也意识到幼儿教育的重要性。为了加强对幼儿保育工作的管理，文部省于 1948 年 3 月颁布了《保育大纲》。这是由国家编制的日本第一部学前教育大纲。1956 年，《保育大纲》进行修订，并在此基础上推出《幼儿园教育大纲》，该大纲的颁布标志着战后初期日本学前教育的整顿改革工作已基本结束，整顿改革期作为一个过渡阶段已经完成了其历史使命，对日本幼儿园的发展具有重要的指导意义。

20 世纪 60 年代以来，重视幼儿教育（包括重视早期智力开发及教育机会均等）的世界潮流迭起。日本政府除了颁布或修订幼教大纲外，还推出了几项振兴学前教育的重要计划，从而使 20 世纪 60 年代后的日本学前教育事业发展更为迅猛。

（二）幼保一元化的进展

所谓幼保一元化，就是要求幼儿园和保育所在制度上实现一体化。幼保一元化问题是个老问题，自 1926 年《幼儿园令》公布开始，对此争论延续不绝。

1926 年颁布《幼儿园令》，拟将保育所作为简易幼儿园置于文部省管辖之下，使二者归于统一，但内务部从社会事业角度，并于 1938 年公布了《社会事业法》，使保育所也有了法律依据，于是便形成了学前教育的二元化体制。这样，第二次世界大战前日本的幼儿园和保育所形成了两个系统，幼儿园主要是对富裕阶层的 3～6 岁幼儿进行教育的场所，归文部省领导；托儿所则主要收容贫民家庭（尤其是劳动妇女）的 0～6 岁婴幼儿，由内务省管辖。1947 年 3 月颁布的《教育基本法》及《学校教育法》将幼儿园纳入受文部省领导的学校系统。1947 年 12 月，日本国会又颁布了《儿童福利法》，强调保育所所有儿童的福利同时又宣布将战争时期的托儿所改名为保育所，声称保育所是受保护者之委托以保护婴幼儿为目的的福利机构，受厚生省管辖。实际上仍要求保育所继承战前托儿所特点，收容家庭有困难的贫民婴幼儿。另外，过去凡从事婴、幼儿保育的工作者统称为“保姆”，然而随着保育制度的确立，为区别于保育所的保育工作者，便将幼儿园的保育工作者由原来的“保姆”改称为“教谕”，保育所的保育工仍称为“保姆”。因而，幼保二元化系统分野更为明显。

为了把幼保差别降到最低水平，一些地区进行了幼保一元化的尝试，闻名遐迩的“多闻台式”②就是其中之一。总的看来，日本“幼保一元化”的进程离目标还远，这除了人们的观念原因外，显然还涉及比较敏感的管理体制、经费以及师资问题，国家的“自由竞争”体制

① 周采、杨汉麟：《外国学前教育史》，北京师范大学出版社 2012 年版，第 195 页。

② “多闻台式”做法是把幼儿园和保育所建在一起，进行统管理和经营，在一天日程安排上，要求保育所的幼儿上午去幼儿园接受教育，下午在保育所里接受教养。目前，日本幼保一元化的做法基本上是在保育所里增加幼儿园课程。

也是一元化的阻力之一。鉴于保育所与幼儿园目前尚有互补作用，日本许多的教育界人士认为，在实行幼保一元化之前，处理好幼儿园和保育所两者关系和职能分工，创造充分条件来完成各自职责，乃是当务之急。

（三）修订《幼儿园教育大纲》

1956 年以后，日本的学前教育进入稳步发展时期。根据国际和国内形势发展对学前教育的需要，日本不断改革学前教育的内容和方法，在 1956 年、1989 年和 1999 年，数次修订《幼儿园教育大纲》。

1964 年，为配合“人才开发”政策，以满足产业界经济高速增长的需求，文部省对《幼儿园教育大纲》进行修订并予以颁布。修订后的《幼儿园教育大纲》正式作为国家标准而具有法律效力，规定日本幼儿园教育的基本方针是：（1）力求幼儿身心得到协调发展。（2）培养基本的生活习惯和正确的人生态度。（3）激发关心自然和社会现象的兴趣，培养初步思考能力。（4）提高幼儿的语言能力。（5）通过各种表达活动丰富幼儿的创造力。（6）培养幼儿的自立性（7）因材施教。（8）结合幼儿的生活经验、兴趣、要求，全面教育。（9）完善幼儿园生活环境。（10）突出幼儿园特点，有别于小学教育。（11）与幼儿家庭教育密切配合。大纲将幼儿教育内容系统化，概括为 6 个方面：健康、社会、自语言、音乐韵律、绘画、手工，并对每个方面都提出了“理想的目标”，要求“无遗漏地全部予以指导”。①

1989 年 3 月 15 日，日本根据 20 世纪 60 年代以来社会生活的变化、科技的进展及前教育的发展，又颁布了一个新的《幼儿园教育大纲》。总的看来，新大纲对幼儿园的方针、任务的规定较为简明，力求更符合当代社会对幼儿培养规格的需要。该大纲的特点是比较简明扼要，更具有宏观指导的价值。

（四）出台振兴幼儿教育计划

20 世纪 60 年代以来，在重视幼儿教育的世界潮流的推动下，日本政府在修订《幼儿园教育大纲》的同时，还推出了几项振兴学前教育的重要计划。1962 年，日本文部省根据政府提出的“培养人才”政策，制订了从 1964 年开始的《幼儿教育七年计划》，其目标是要使 1000 人以上的市、镇、村学前儿童入园（所）率达到 60%以上。

1972 年，文部省制订了《振兴幼儿教育十年计划》，其目标是实现 4 ~ 5 岁儿童全部入园（所），为推动此项计划的实施，对送子女入园的低收入家庭实行减免保育费的奖励制度，在该政策的推动下，日本学前儿童入园（所）率逐年提高。

1991 年，文部省又制订了战后第三份振兴幼儿教育计划，其目标是确保在十年中 3 ~ 5 岁儿童有充分的入园（所）的机会，由于 4 ~ 5 岁儿童教育基本普及，新的计划将重点放在进一步推动 3 岁幼儿的保育上，并为此划拨了专项经费，还推出采取奖励措施以鼓励低收入家庭的子女入园，日本的三次幼儿教育振兴计划把幼儿教育作为人才培养的基础环节来抓，以提高幼儿入园率为落脚点，彻底改变了以往家庭和社会不重视幼儿教育的观念，有力地促进了日本幼教事业的发展。

---

① 周采、杨汉麟：《外国学前教育史》，北京师范大学出版社 2012 年版，第 198 页。

（五）私立幼儿园的发展

日本私立学前教育的发展，最初从初创期的简易幼儿园、季节性的托儿所等机构发展到至今已经形成了自己的体系。私立学前教育机构的发展与国立的、公立的幼儿教育机构共同构成了国民教育机构的组成部分。私立学前教育机构的发展带动了国家学前教育事业的发展。日本私立学前教育机构的发展，最初只是在一些基本法律里被提及，继而在战后制定了一系列关于私立教育的法规。这些法律中包含了私立幼儿教育机构发展的方方面面，具有较强的约束。例如，1949 年制定了《私立学校法》《私立学校法实行令》《私立学校法施行规则》，1956 年制定了《私立学校职员共济组合法》，1970 年制定了《私立学校振兴财团法》，1975 年制定了《私立学校振兴资助法》《私立学校振兴资助法施何令》，同时还制定了《学校法人法》等一系列法令。这些法令法规的颁布，一方面，有利于私立学前教育机构自身的发展；另一方面，有利于国家的管理、督导。例如，国家政府依据《私立学校振兴财团法》《私立学校振兴资助法》《私立学校振兴资助法施行令》等法令，为私立幼儿园提供经费补助，从而保障了私立幼儿园的发展。①

三、日本幼儿教育的特点与启示

纵观日本幼儿教育事业的发展，由初期只招收达官贵人家庭的子女到今天普及到各个阶层的子女；由战前初创期照搬国外的模式，发展成今天的自成体系的学前教育制度；在教育内容和方法等方面由以往的“模仿型”“输入型”，发展成今天具有独自风格的教育；经过 100 多年的努力，已由过去落后地位跃居今天世界领先地位，所有这些对我们都有一定的启示和教益。

1. 制度的完善促进幼儿教育的发展

在整个日本幼儿教育的发展过程中，幼儿教育的制度化文件不断完善。从公布《幼儿园保育及设备规程》（1899 年）、《幼儿园令》（1926 年），到颁布《学校教育法》（1947 年）、《幼儿园设置标准》（1956 年）和《幼儿园教育大纲》（1964 年修订后以法令形式公布）；从公布《社会事业法》（1938 年）到颁布《儿童福利法（1947 年）和《儿童福利设施最低标准》（1948 年），整个历程就是幼儿教育不断法制化的进程。日本每个历史时期幼儿教育的迅猛发展和质量提高都和上述法令的颁布紧密相连。通过这一系列法令的颁布，日本学前教育一方面巩固了已有的发展成果；另一方面，又使学前教育发展有了法律保障，增强了其发展后劲。

2. 吸收外国成熟的幼儿教育经验，严格把控建立自己的幼教体系

近代日本学前教育在创建初期，从保育内容到保育方法，几乎完全照搬外国，但在自己有了学前教育雏形后，日本学习外国学前教育经验既博采众长，又加以甄别，努力做到在教育输入时与本国国情相结合，建立自己学前教育体系。日本在办学方面，就是广开学路，调动各方面积极性的典型国家，但它决不降格以求，调动一切因素办学，既调动办学积极性，又严格审查办学者的办学条件，很好地保证了幼儿教育质量的统一，促进了幼儿教育快速而健康的发展。

---

① 周采、杨汉麟：《外国学前教育史》，北京师范大学出版社 2012 年版，第 199 页。

3. 重视师资队伍建设和幼儿教育理论的宣传

幼儿教育能否搞好，师资问题是关键。在这个核心问题上，日本政府紧抓不放，大做文章。为了建立一支合格的幼儿教师队伍，日本不仅成立和指定了某些培养幼儿教师的机构，而且还建立了相应的资格待遇制度、在职进修制度等。同时，为了广开师路，通过检定考试的方式，吸收社会上有志于幼儿教育的教育者从教。日本幼儿教育事业之所以飞速发展，地方、私人举办幼儿教育机构如此积极，与日本注重学前教育理论宣传分不开。日本民间早就流行“三岁之魂，百岁之才”的影语，可见，早期教育重要的观念很早就被日本国民认可。在过去的世纪之交，日本社会曾展开“幼儿园作用论”大辩论，从而使学前教育事业更深入人心。

本章小结

从 19 世纪末到 20 世纪初，由于工业和经济的飞速发展，全世界的社会生活发生了重大变化，科学技术的发展也为这一时期的教育改革和教育研究提供了有利条件，随着欧美各国中小学义务教育普及，人们逐渐把目光聚焦到教育质量的提高上，同时也不断关注和研究教育发展中出现的问题。在儿童早期教育的发展历程上，欧美各国都通过立法将学前教育纳入国民教育体系，确立儿童早期教育的地位和关系，同时注重幼儿教育政策的制定，并采取如发展战略、教育规划和计划等多种形式促进建立幼儿教育发展的制度和政策环境，同时注重协调和解决幼儿早期教育过程中的实际问题，包括儿童早期教育的性质、儿童早期教育的实施机构和儿童早期教育和初等教育之间的关系等问题，促进儿童早期教育的有序发展。现代欧美和日本等主要国家的幼儿教育发展在社会化的基础上逐渐走向制度化。在这一过程中，各国的幼儿教育都形成了各自的特点，同时人们对幼儿发展的认识也不断加深，在理论和实践中推动着现代幼儿教育朝着更加人性化和科学化的方向发展。

思考与练习

1. 联合国《儿童权利公约》规定，对儿童的养育与发展负有首要责任的是（　　）

A. 联合国儿童权利委员会

B. 父母或法定监护人

C. 国家

D. 幼儿园

答案：【B】

——2015 下半年幼儿教师资格证考试《综合素质》选择题第 5 题

2. 第二次世界大战后英国幼儿教育机构的类型有哪些？

3. “开端计划”和“幼儿智力开发计划”有何区别与联系？

4. 试分析法国学前教育的特点与启示。
5. 试分析进入 20 世纪 90 年代后，美国幼儿教育观念的演进。
6. 德国学前教育机构形式有几类，对我国幼儿教育发展有何借鉴意义？
7. 试评析战后日本学前教育立法的内容、发展和意义。

【拓展阅读书目】

[1] 杜成宪、单中惠. 幼儿教育思想史[M]. 北京：人民教育出版社，2010.
[2] [美]劳拉 · E. 贝克：儿童发展[M]. 吴颖等译，苏州：江苏教育出版社，2002.

第九章　现代外国幼儿教育思想

儿童的一切教育都必须遵循一个原则，即帮助孩子身心自然地发展。

当儿童还没有发展起控制能力的时候，“让儿童想干什么就干什么”是与自由观念相违背的。

——[意]玛利亚·蒙台梭利

内容提要

本章主要叙述了蒙台梭利、爱伦·凯、杜威、皮亚杰、马拉古兹的幼儿教育思想。第一节介绍了蒙台梭利的幼儿教育思想，第二节介绍了爱伦·凯的幼儿教育思想，第三节介绍了杜威的幼儿教育思想，第四节介绍了皮亚杰的幼儿教育思想，第五节介绍了马拉古兹的幼儿教育思想。

学习目标

1. 了解蒙台梭利幼儿教育思想的形成。
2. 了解爱伦·凯教育思想及家庭教育的基本准则。
3. 理解和掌握杜威教育的本质及幼儿教育的主要观点。
4. 理解马拉古兹幼儿教育的基本理念。
5. 理解和掌握皮亚杰儿童心理学、儿童教育的主要观点。

第一节　蒙台梭利的幼儿教育思想

玛丽亚·蒙台梭利是20世纪享誉全球的幼儿教育家，她所创立的、独特的幼儿教育法风靡了整个西方世界，深深地影响着世界各国，特别是欧美发达国家的教育水平和社会发展。蒙台梭利教育法的特点在于十分重视儿童的早期教育，她为此从事了半个多世纪的教育实验与研究；她的教学方法从智力训练、感觉训练到运动训练，从尊重自由到建立意志，从平民教育到贵族教育，为西方工业化社会的持续发展，提供了几代优秀的人才基础。《西方教育史》称她是二十世纪赢得欧洲和世界承认的最伟大的科学与进步的教育家。蒙台梭利于1949年、1950年、1951年连续3年获得“诺贝尔和平奖”候选人的资格。

一、蒙台梭利幼儿教育思想的形成

（一）家庭出生

1870 年 8 月 31 日，蒙台梭利出生于意大利一个贵族家庭。她的父亲亚历山德鲁·蒙台梭利是贵族后裔，其性格平和保守；母亲瑞尼尔·斯托帕尼是虔诚的天主教徒，博学多识、善良、严谨、开明。蒙台梭利虽是独生女，但父母并不溺爱她，而是注意对她的教育，如要求她守纪律，同情、帮助穷苦和残疾儿童。

（二）求学成长之路

蒙台梭利（见图 9-1）5 岁时（1875 年），因父亲调职而举家迁居罗马，开始了她的求学生涯。13 岁时（1883 年），她选择了多数女孩不感兴趣的数学，进入米开朗琪罗工科学校就读。且在 16 岁时（1886 年）以最优秀的成绩毕业，奠定了其坚实的数学基础。20 岁（1890 年）进入罗马大学就读生物专业。之后，蒙台梭利深感自己对医学有浓厚兴趣，因此做了一个前所未有的决定——学医。“女孩子学医”在当时保守的欧洲社会可谓荒谬。但蒙台梭利不顾父亲反对（中断经济上的资助）以及教育制度的限制，凭着她不屈不挠的努力，终于获准进入医学院研读。26 岁（1896 年）便获得罗马大学医学博士学位，成为罗马大学和意大利的第一位女医学博士。31 岁（1901）那年，蒙台梭利离开精神治疗学院，再次回到罗马大学进修哲学、普通教育学、实验心理学和教育人类学。蒙台梭利不平凡的求学之路，表现了她好学不倦、不落窠臼的人生态度，塑造了她愈挫愈勇的毅力，为她日后献身儿童教育，奠定了成功的基石。

图 9-1　玛利亚·蒙台梭利（1870—1952 年）

（三）教育批判与传承

蒙台梭利善于学习、总结和批判地汲取先辈及当代教育家的研究成果，勇于实践、创造和革新，在实践中不断地改进和完善自己的理论和方法，因此对幼儿教育做出了重要贡献。

1. 对旧学校教育的批判

对于当时学前教育的落后状况，蒙台梭利深感不满。她认为无论是为学前儿童建立的机构还是家庭教育，都未建立真正能够帮助儿童发展的一种制度，并且提供这种帮助的有关教育在社会组织中仍然没有地位。蒙台梭利认为，对儿童来讲生命力表现为自发冲动，因此她把对儿童的自发冲动是“压制”还是“引发”，作为区分好坏教育的分水岭，对旧学校压抑学生自发冲动的做法予以猛烈抨击。作为欧洲新教育的重要代表，蒙台梭利尖锐地批判了旧教育对儿童的摧残。她指责传统教育不了解儿童的本性，尤其忽视儿童的精神需要，使教育成为灌输和惩罚的同义词。她曾感叹地说：“面对这种愚蠢而顽固地漠视成长中的儿童生命的现象，难道我们不应垂首反思，不应用双手掩住我们感到内疚的面容吗？”

2. 在批判中继承与发展

蒙台梭利的儿童观和儿童发展观在很大程度上接受了卢梭、裴斯泰洛齐、福禄培尔的自然教育和自由教育的观点，然而她根据自己的实际观察和实验研究以及生物学、遗传学、生理学、心理学和生命哲学的理论做了必要的阐述和发挥。她的儿童发展观深受前辈影响，但她不同意格赛尔（A.Gesell）关于“由于儿童的发展进程，他的智力水平与身体发展成正比”的观点，称之为“一元论学说”。

蒙台梭利在罗马大学医学院工作期间，担任身心缺陷和精神病患儿的治疗工作。她对这些不幸的儿童深表同情，并激发了对儿童神经和心理疾病研究的兴趣。她深入研究和检验了伊塔和塞贡两位前辈教育低能儿童的方法。可以说这是蒙台梭利对伊塔和塞贡 40 年工作的总结。

（四）教育实践与反响

1. 特殊教育效果初具影响力

1898 年，在都灵（Turin）召开的教育会议上，蒙台梭利发表了以《精神教育》为题的演讲，阐述了对智障儿童教育的思想和方法。她在会上指出儿童的智力缺陷主要是教育问题，而不是医学问题，教育训练比医疗更为有效。她向社会呼吁，智障儿童应当与正常儿童一样享有同等受教育的权利。她的发言在社会各界，特别是在医学界和教育界引起了强烈反响。

同年，政府委任蒙台梭利在罗马建立一所国立特殊儿童学校，收容精神病院的智障儿童和公立小学的低能儿童共 22 名，由蒙台梭利主持教育训练和实验研究。在将近两年的时间里，这些儿童通过学习，通过了与公立学校同龄儿童同等水平的考试。社会各界为蒙台梭利所创造的奇迹大为震惊。这时，蒙台梭利在人们的心中已经是一位教育家的形象。

当人们正在为蒙台梭利所取得的巨大成功而交口称誉的时候，她却在思考：既然低能儿童都能达到正常儿童的水平，那么公立学校的正常儿童为什么不能达到更高的水平呢？1901 年，蒙台梭利离开了特殊学校，决心研究正常儿童的教育问题。

2. 建立“儿童之家”

蒙台梭利发现，智力缺陷儿童的心理素质一般比同龄的正常儿童差，但与年龄更小的正常儿童有很多共同的特点，如感官发育不完善，动作不协调，走路不稳定，不能从事脱衣服之类的活动，没有掌握语言，注意力不集中等。因此她确信，自己为智力缺陷儿童设计的教育方法也适用于正常儿童，而且会获得更显著的效果。于是，她决心献身于正常儿童的教育工作。

1907 年，蒙台梭利在意大利“贫穷、黑暗、愚昧、悲惨”的罗马圣罗伦佐贫民区创办了“儿童之家”。招收 3 ~ 6 岁的儿童加以教育，她运用自己独创的方法进行教学，取得了惊人的效果；几年后，那些“普通的、贫寒的”儿童，心智发生了巨大的转变，被培养成一个个聪明自信、有教养的、生机勃勃的少年英才。蒙台梭利崭新的、具有巨大教育魅力的教学方法，轰动了整个欧洲，“关于这些奇妙儿童的报道，像野火一样迅速蔓延”。人们仿照蒙台梭利的模式建立了许多新的“儿童之家”。

（五）教育成就与著作

1909 年，蒙台梭利写成了《运用于儿童之家的科学教育方法》（又称为《蒙台梭利教学法》）一书，1912 年这部著作在美国出版，同时很快被译成 20 多种文字在世界各地流传；100 多个国家引进了蒙台梭利的方法，欧洲、美国还出现了蒙台梭利运动，1913—1915 年，蒙台梭利学校已遍布世界各大洲，到 20 世纪 40 年代，仅仅美国就有 2 000 多所。蒙台梭利在世界范围内引起了一场幼儿教育革命。

蒙台梭利留下了丰富的教育著作，就其内容大致可分为四类：（1）关于从诞生到 3 岁儿童教育的有：《童年的秘密》《儿童的发现》和《有吸收力的心理》；（2）关于 3 岁至 7 岁儿童教育的有：《蒙台梭利方法》《蒙台梭利手册》《家庭中的儿童》；（3）关于 7 岁至 13 岁儿童及青春期教育的有：《高级蒙台梭利方法》两卷，包括《教育中的自发活动》与《蒙台梭利初等教育》《青春期及其后的教育》；（4）其他方面：《人类教育学》《新世界的教育》《教育的重建》《开发人类的潜能》《和平教育》等。[1]蒙台梭利于 1952 年 5 月 6 日逝世于阿姆斯特丹，享年 82 岁。

知识链接

从特殊儿童康复到正常儿童教育

当时，我的老师，教育部总长吉多·巴西里（Guid Baccelli）要求我为罗马的教师讲授低能儿童课程。这一课程很快发展成为国立特殊儿童学校（State Orthophrenic），我指导该校两年多。

在这所学校里设有一个全日班，由原来在普通小学里被认为是不可救药的低能儿童组成。稍后，在一个慈善团体的帮助下，又在那里建立了一个医疗教育学院。除了公立学校的低能儿童外，把罗马各精神病院的低能儿童也集中到这里。

在这两年时间里，在同事们的帮助下，我培训罗马教师，使他们能用特殊的方法来观察和教育低能儿童。除培训教师外，更重要的是，为了实际研究低能儿童的教育方法，我曾到过伦敦和巴黎。以后，我把全部时间投入到对儿童的实际教学，同时，还指导学院里其他教师的工作。

我更像是一个小学教师，因为我从早晨 8 点到晚上 7 点，都在儿童中间或对他们直接进行教学。这两年的实践是我在教育学上的第一个真正的学位。从一开始对低能儿童进行教育（1898—1900），我感到我采用的方法与训练低能儿童所用的方法没有什么特殊区别。我认为这些方法比常用的方法包含更合理的教育原则。不仅如此，运用这些方法的确使智障儿童得到发展。我的感受是很深的，具有直观性。在我离开这所智障儿童学校后，我的这一感受就成了我的思想，我逐渐相信，这种类似方法如果应用于正常儿童，定将在发展或解放他们的个性方面取得美妙和惊人的效果。

正是这样，我才开始对人们所称的医疗教育学作真正彻底的研究，并希望从事师范教育学及其所依据的原理的研究。于是，我注册成为罗马大学哲学系学生。虽然我还不知道能否证实我的想法，被这种伟大的信念所激动，从而放弃了一切其他职业，以便加深和扩展我的

---

① 蒙台梭利：《蒙台梭利幼儿教育科学方法》，任代文等译，人民教育出版社 1993 年版，第 11 页。

信念。当时我似乎是在为完成一项未知的使命而做准备。

——蒙台梭利:《蒙台梭利幼儿教育科学方法》，任代文等译，人民教育出版社 1993 年版。

二、蒙台梭利教育的基本理论

蒙台梭利主张让儿童自然发展，批判传统学校教育的灌输式教学，倡导家庭教育与学校教育一致，家长与学校积极配合进行教育。以发现童年的秘密为起点，在孩子有吸收力的心智的基础上，发现孩子的敏感期，同时在培养孩子各方面能力的过程中给予日常生活中教育的指导以及学习的环境的准备。

（一）蒙台梭利的儿童发展观

蒙台梭利对儿童心理发展的看法是她全部教育学说的基础。蒙台梭利认为，人的一切生理，人的一切进步，都靠人的内心力量。生命力的冲动是通过儿童的自发活动表现出来的，“生命是活动的，只有通过活动才能发展”，为了使儿童的生命力和个性通过活动得到表现、满足和发展，就必须创造适宜的环境。蒙台梭利的一个重要思想是儿童理应得到尊重并获得独特的发展。另一个能够产生共鸣的思想是儿童本质上是自我教导的，通过自己的活动来学习并不断适应。

1.“精神胚胎”——童年的秘密

蒙台梭利认为，人类似乎有两个胚胎时期。一个是在出生前，在母体中度过，当胎儿降生到这个世界，“肉体胚胎期”就宣告结束了，这是所有动物都具有的。与此同时，他们将开始一个新的发展时期，就是“精神胚胎期”这一长时间的婴儿时期是人类所特有的。并认为这段时间是人的敏感期——距离自己天性最近的时刻。孩子不仅是一种肉体的存在，更是一种精神的存在。孩子的精神深深地隐藏着，并不立即表现出来，他通过适宜环境的刺激和自身的努力形成自己的个性。

精神胚胎（the Spiritual Embryo）产生于母腹中，形成期是在出生以后（0 ~ 6 岁）。精神胚胎可比于人之初受精的细胞，这细胞并不具备一个缩小的成人形状，但却包含其未来发展的预定计划。同样的，儿童的精神成长也受到预定模式的引导，这个模式在诞生时并看不到。但儿童依靠这种预定的计划来建构自我的精神层面和品格。[①]

“精神胚胎”——儿童天生的心理本质，是蒙台梭利一个形象的比喻，她指出人生命的开始，不仅是有形的机体功能完备的肉体，而且还是一个精神胚胎，蕴藏着心理潜能，伴随着成长，胚胎便会发展成为成人的个性。她提出“精神胚胎”的目的，是为了提醒成人正视婴幼儿的精神需要及重视精神主导的创造力。儿童的精神胚胎得以发育的途径，就是要给孩子一个有预备的环境，给儿童独立探索和发展的自由，提供足够的精神营养。对孩子的抚养，除去吃喝拉撒外，儿童的心理生活同样需要得到保护，得到爱、得到尊重和理解。但“精神胚胎期”尚只是对童年蕴藏着巨大力量和可能性的模糊认识。

2. 自发成长——有吸收力的心智

在“精神胚胎期”，即 6 岁之前的儿童本身具有一种吸收知识的天然能力，即所谓“吸收性心智”。蒙台梭利通过将成人及儿童两者与外界互动后的结果进行比较，对“吸收力的心智”

① [意]蒙台梭利:《有吸收力的心理》，江雪译，天津人民出版社 2003 年版，第 5 页。

进行说明。她认为，成人通过运用心理来获得知识，然而儿童吸收知识使其直接进入心理生活。成人接受印象并将其储存于大脑之中，但自己依然与其保持分离，就像一个花瓶与它所容纳的水相分离一样。然而婴儿却要经历一个转化过程，印象不仅进入其心理而且形成其心理。这些印象本身在儿童身上得到具体化。儿童创造了自己的“心理肌肉”，用于所发现的周围事物。蒙台梭利将这种心理类型称之为“吸收的心智”。从婴儿期开始，孩子通过与周围环境（人和事物）的密切接触和情感联系，获得各种感觉、经验与印象，并由此构筑自己内部的精神世界。

3. 儿童发展的敏感期

从对儿童的观察中，蒙台梭利认识到了每个儿童的独特性，并且她观察到了被称为“敏感期”（sensitive periods）的特殊时期。在这一时期内，儿童会对特定的学习刺激特别敏感。蒙台梭利描述了儿童到成人发展的4个阶段，每一个阶段都有自己独特的发展特点和挑战：0～6岁是感知探索阶段，这一阶段儿童形成他们独特的智能；6～12岁是概念探索阶段，这一阶段儿童发展处自己的抽象能力和想象力；12～18岁是对人性进行探索的阶段，这一阶段儿童逐渐理解自己的社会中的位置，并懂得如何对世界做出贡献；18～24岁，年轻人开始进行更为专门化的探索，寻找社会中适合自己的工作。[①]某种感觉能力在相应时期内出现、消失，当它们出现时，能最有效地学习；如果忽视了敏感期的训练，就会造成难以弥补的损失，这正是很多低能儿童之所以低能的主要原因。因此，环境和教育在儿童心理发展中又是举足轻重的。环境问题在蒙台梭利教育方法体系中占有举足轻重的地位。

（二）蒙台梭利的儿童教育观

蒙台梭利教育思想起源于她宏博的医学、生物学、卫生学、哲学、心理学、教育学、生物学与精神病理学等理论基础。蒙台梭利强调，教育者必须信任儿童内在的、潜在的力量，为儿童提供一个适当的环境，让儿童自由活动。蒙台梭利教育法最为精彩、最为科学和适合儿童发展的部分，就是成人对待儿童的态度和其独树一帜的教育理念。

1. 教育目标

从降生那刻开始，孩子作为一个独立的个体，开始了自己的生命历程。教育的任务是激发和促进孩子内在潜力的觉醒，并按其自身规律使其获得自然的和自由的发展。在蒙台梭利看来，要想帮助和拯救世界只能依靠儿童，因为儿童是人类的创造者。儿童被赋予各种未知的能力，这些能力能够引导我们走向一个光辉灿烂的未来。如果我们确实渴望一个新世界，那么教育就必须把发展这些潜在的可能性作为它的目标。

蒙台梭利指出，教育的双重目的一是生物学的目的；二是社会学方面的目的。从生物学上讲，希望教育能够帮助个体自然地发展；从社会学上看，教育的目的是培养个人适应环境。蒙台梭利希望用自己的科学教育法培养强有力的新一代。

2. 以观察为主的教育方法

蒙台梭利强调，任何教育改革都必须依据人的天性，人本身必须成为教育的中心。为此，必须认真地研究儿童，了解儿童身心发展的规律。蒙台梭利提倡科学教育学的基本原则应该是学生自由的原则——这一原则允许个性发展，允许儿童天性的自发表现。如果新的科学教育

① [美]卡罗尔·格斯特维奇：《发展适宜性实践：早期教育课程与发展》（第3版），霍力岩等译，教育科学出版社2011年版，第393页。

学产生于个性研究，那么这种研究就必须从事于对自由儿童的观察。她一再强调“观察的方法是建立在一个根本原则——学生自然表现的自由原则的基础上”[①]，正是通过对儿童的直观观察和分析，提出了新的教育理论。观察成为教师的一项重要技能。

3. 教育主张

（1）教育与独立。

谁若不能独立，谁就谈不上自由。因此，必须引导儿童作为个体积极表现最初的自由，使儿童可能通过这种活动走向独立。独立成长理论主要包含两个含义，第一，独立是儿童成长的主要目标，成为一个独立的人，并且具有发展的生命能力；第二，独立是儿童成长的必要条件，只有让孩子尽快地独立，才能更快更早地迈向自己想去的地方。任何教育活动，如果对幼儿教育有效，那么就必须帮助儿童在独立的道理上前进。不必要的帮助是天然能力发展的实际障碍。

蒙台梭利认为：“一个人通过自己的努力，能够完成满足自己生命发展和享受所需要的一切行动，他就征服了自己，并在做的过程中增强了他的能力，成为一个完善的人。”[②]因此，教育必须把我们的后代造就成为强有力的人，也就是我们所说的独立和自由的人。到了三岁，孩子在很大程度上就能独立和自由地支配自己了。

（2）自由与纪律。

蒙台梭利非常强调儿童纪律性的培养，认为纪律必须通过自由获得，反对传统的强制性纪律教育。[③]蒙台梭利的有关纪律跟大众的纪律不一样。她认为纪律必须通过自由而获得。一个守纪律的人不是一个默不作声或不能活动的人，而是一个积极主动的人。这是奉行旧教育法的人难以理解的另一个教育原则。她认为，“当一个人是自己的主人，在需要遵从某些生活准则的时候，他能够节制自己的行为，我们就可称他是守纪律的人。”[④]要维持持久的纪律，关键在于要有正确的方法。为了建立积极的纪律，蒙台梭利认为，“孩子们首先应具备的思想是分清好坏；教师的任务在于使孩子不要混淆好和不好，也不要混淆不动与活动。”[⑤]教师必须采用以自由为基础的教育方法去帮助儿童赢得自由，从而建立积极的纪律，工作的纪律，良好的纪律。

在蒙台梭利的理念中，享有自由和守纪律的人，他所追求的不是使他受到轻蔑而感到沮丧的奖励，而是从他的内在生命中产生的人类的力量、自由的源泉和更大的积极性。

---

① [意]蒙台梭利：《蒙台梭利幼儿教育科学方法》，任代文等译，北京：人民教育出版社 1993 年版，第 71 页。

② [意]蒙台梭利：《蒙台梭利幼儿教育科学方法》，任代文等译，北京：人民教育出版社 1993 年版，第 123 页。

③ 杨汉麟：《外国幼儿教育名著选读》，华中师范大学出版社 2008 年版，第 243 页。

④ [意]蒙台梭利：《蒙台梭利幼儿教育科学方法》，任代文等译，北京：人民教育出版社 1993 年版，第 112 页。

⑤ [意]蒙台梭利：《蒙台梭利幼儿教育科学方法》，任代文等译，北京：人民教育出版社 1993 年版，第 117 页。

拓展阅读

观察发现儿童

有一次，蒙台梭利在护院部偶然发现一些精神病患儿在禁锢他们的那间屋子的地面上乱抓乱扒，似乎在“寻找什么”，她立即把管理人员找来，问道：“这些孩子是否用过食？”回答：“刚用过食，而且他们都吃得很饱。”这种现象引起她极大的注意！后来经过她多次观察、思考和研究，认为“关着这些儿童的那间屋子里，四壁空空，没有任何可供孩子们抓、握、摆弄等操作的什物，所以，这些孩子只能在空地上乱扒乱抓来活动他们的手指，以满足他们的生理和心理的需要”。

一次，蒙台梭利在街上见到一位妇女牵着一个三岁左右的小孩，这个小孩突然挣脱妈妈的手，从地上拾起一张废糖果纸爱不释手，妈妈再三呵斥，小孩仍不肯抛掉；于是妈妈拿出又香又甜的蛋糕去换取小孩手里那张肮脏的糖纸，可是小孩却对那块蛋糕不感兴趣！这说明“儿童所喜爱玩的东西，比食物更重要”。

这些事例使她认识到塞贡和伊塔训练低能儿童的方法和教具的正确性，并从她对生理学、人类学的研究中发现身体结构、生理机能和心理活动的关系和练习，而为这种方法找到了生理、心理学依据。她深信：心理缺陷和精神病患儿童，通过运动和感觉训练的活动，可以使他们的身体动作协调，并促进其智力发展。

——[意]蒙台梭利：《蒙台梭利幼儿教育科学方法》，任代文等译，人民教育出版社 1993 年版。

三、蒙台梭利教学法

（一）教学法的总原则

蒙台梭利不认可奖励和惩罚的教育方式，主张在给予孩子充分自由的前提下，教师准备好环境，观察和引导孩子在与材料互动中教学。

对于具体的教学，蒙台梭利根据下面这些观点来安排儿童之家的教学活动。第一，必须有效地发展儿童的三种能力：运动功能、感觉功能和身体适应功能。第二，儿童的教育应遵循这样的发展路线：从肌肉系统到神经和感觉系统；从感觉训练到一般训练；从一般概念到抽象思维；从抽象思维到道德。第三，关于儿童发展的整体性思想，她认为“事实上，人的性格、智力、情感与成长是同步进行的”。她设计的所有练习不仅训练技能，开发智力，也锻炼意志力和培养纪律性。

授课是以个别方式进行的，最重要的特点有“简洁、明白、客观”。“简洁”是个别授课的主要特征之一。蒙台梭利指出，教师在备课时应特别注意，要考虑和衡量每句话的价值“让你说的每句话都算数”。对于“明白”，她说：“教师一定要删除一切不正确的内容，一定不要讲含糊不清的话”。第三个“客观”的要求，授课必须以不表现出教师个性的方式进行，仅仅突出教师想要孩子注意的客观对象。因此，在蒙台梭利教育中，教师必须认识到，简单明白的课应该是对客观对象的解释以及让儿童怎样使用的说明。

（二）教学内容

蒙台梭利认为脱离现实的游戏会把儿童引向不切实际的幻想，不可能培养儿童认真负责、准确求实和耐心秩序的行为习惯。只有透过“工作”，才能培养儿童多方面的能力，比如专注力、手眼协调能力等，从而促进儿童全面发展。什么是“工作”？她说：“儿童只有靠环境经验才能得到充分的发育。我们称这种经验为‘工作’。”在蒙台梭利看来，成长源于环境经验，是大自然的规律。儿童的“工作欲”是生命本能的表现。正常化是儿童“全神贯注”于某件工作的结果。

蒙台梭利教学内容包括实际生活练习、肌肉训练（又称为健康教育）、自然和劳动教育、感觉训练以及读、写、算练习，科学文化教育等内容。其中感官教育是蒙台梭利法的一大特点，在全部课程中占有突出地位。具体教育内容如下所示：

1. 日常生活教育

蒙台梭利把日常生活教育分成动作教育、照顾自己、照顾环境、社交礼仪四类。培养儿童日常生活中如穿衣、个人卫生、室内整理等，使儿童不需别人帮助而能自己处理日常生活上的事项，培养其独立性。

2. 健康教育

蒙台梭利认为，锻炼儿童的四肢、肌肉及各种器官技能，能促进儿童身体健康。她把这种锻炼称为“体操”，包括四肢体操、自由体操、教育体操和呼吸体操。

3. 自然和劳动教育

蒙台梭利认为，让儿童参加体力劳动，接触大自然，能引导儿童的爱心、责任心和对大自然的感情。同时动手练习还能促进儿童智力发育、人格健全。

4. 感官教育

感官教育是让幼儿经由视觉、听觉、嗅觉、味觉以及触觉的外界刺激，通过感官训练培养孩子观察力、判断力、鉴别能力、推理能力和逻辑分析能力，以达到促进儿童智能的发展。

通过反复操作蒙台梭利感官教具，可以使幼儿通过自己的感官，感受和鉴别出事物之间的细微差别。经常从事感官刺激活动的幼儿，不仅能够更加娴熟地使用双手，而且能更加敏锐地感知来自外部世界的刺激。

5. 读、写、算练习

数学教育：蒙台梭利数学教育，即利用日常生活中常见的素材和教具，教孩子从生活中认识和掌握数学知识。让幼儿面对“数学”这种抽象概念的知识，能够以具体、简单的实物为起点，让孩子在动手操作中，先对实物的多与少、大与小求得了解，然后再自然而然地联想出具体与抽象的关系，让孩子在教具操作中懂得数与量的关系，感受四则运算的快乐。

6. 语言教育

蒙台梭利语言教育是一种全语言课程，包含了广泛的内容并涉及了整个教学环境，包括听、说、读、写四个方面，让孩子通过对实物的描述，促进语言表达能力的发展，同时渗透文字活动，培养阅读能力，为书写做准备。

7. 科学文化教育

蒙台梭利倡导的文化教育，是其幼儿教育的升华部分，它涵盖了科学、文化、艺术诸方面的内容。涉及动物学、植物学、历史学、地理学、天文学、物理学等方面的知识，使儿童在玩中探索科学的奥秘，从宏观到微观，培养幼儿对科学的兴趣。

（三）蒙台梭利教学的关键理念

1. 教学中的重要组成

蒙台梭利学校使用独特的教学方法、材料，教师都遵循蒙台梭利教学方法，经过特殊培训。蒙台梭利教育中的重要组成部分包括：①

（1）受过专门的蒙台梭利哲学和教学方法培训的教师。

（2）与家庭建立合作关系。

（3）混龄教学。

（4）多样化的蒙台梭利材料和体验，按照儿童的需要精心并有顺序地呈现。

（5）日程安排中为儿童提供大块完整的时间，让他们解决问题并沉浸于学习中。

（6）教室氛围以鼓励为主，强调儿童进行合作学习。

2. 对教学中奖励和惩罚的态度

蒙台梭利说，奖励和惩罚是一种刺激手段，产生非自然和强迫力量，它们只会诱使儿童勉强去做非自然的努力，因此，这些行为只会妨碍孩子们的自然发展，教育是不应该使人屈服压力的。蒙台梭利教育法，提倡鼓励、引导和支持，过度的奖励与处罚只能培养出金钱和荣誉的奴隶。她说："在这样的学校里，儿童像被钉子固定的蝴蝶标本，每人被束缚在一个地方——桌子边"，这对儿童的发展是不利的。在身体方面，导致骨骼畸形；在心理方面，教师为了把零碎干瘪的知识塞进儿童的头脑，用奖励和惩罚诱逼儿童集中注意和缄默不动。"这种奖励和惩罚，请允许我如此措辞，简直是灵魂的'板凳'，是奴役精神的工具；它们不是用来减少畸形，而是用来制造畸形。用奖励和惩罚所激起的努力是被迫的而不是自然的，可以肯定地说，这绝不会给孩子带来自然法则。"②

蒙台梭利教学中否定奖励、惩罚等强化的作用，强调儿童的内在力量、主观能动性；要求环境（刺激）要适合儿童的内在需要和兴趣，认为儿童不是消极被动地接受外界刺激，他们每个人都有自己的内部结构、变化和发展。③她说，奖励制度可能使人放弃他特有的爱好，去选择一条于他有害而无益的道路，并迫使自己沿着这条道路走下去。人的本性活动可能因此被歪曲、贬低，乃至泯灭。④

四、蒙台梭利的地位及蒙台梭利教育的影响

蒙台梭利被誉为世界"幼儿教育史上，自福禄培尔以来影响最大的一人"。她毕生致力于探索"科学的教育学"，通过创办"儿童之家"，在批判和继承中形成了其独特的幼儿教育方法，为现代幼儿教育的改革和发展做出了极大的贡献。在她不懈地努力下，世界各国了解了

---

① [美]卡罗尔·格斯特维奇：《发展适宜性实践：早期教育课程与发展》（第 3 版），霍力岩等译，教育科学出版社 2011 年版，第 393 页。

② [意]蒙台梭利：《蒙台梭利幼儿教育科学方法》，任代文等译，人民教育出版社 1993 年版，第 66 页。

③ 袁锐锷：《外国教育史新编》，广东高等教育出版社 2006 年版，第 318 页。

④ [意]蒙台梭利：《蒙台梭利幼儿教育科学方法》任代文等译，人民教育出版社 1993 年版，第 68 页。

她的教育理念，这对欧洲乃至整个世界的幼儿教育发展产生了深远的影响。

（一）蒙台梭利教育的国际影响力

1929 年，“国际蒙台梭利协会”在丹麦成立，蒙台梭利任会长。此后，10 多个国家相继成立了“蒙台梭利学会”。从 1929 年至 1951 年蒙台梭利逝世前，“国际蒙台梭利协会”召开了 9 次大会，蒙台梭利连任 9 届大会主席。到 1952 年蒙台梭利逝世时，欧美和印度等地都建立了蒙台梭利学会，“儿童之家”则遍及世界各地。

蒙台梭利为促进儿童发展和实现世界和平奋斗终生。她生前曾经获得许多荣誉和奖励，反映了世界各国人民对她的热爱与尊敬。例如，法国授予她“荣誉社团会员勋章”；她的故乡安科纳和米兰等地授予“荣誉公民”的称号；荷兰阿姆斯特丹大学授予她“荣誉哲学博士”学位；苏格兰教育研究院授予她“荣誉院士”称号。

（二）蒙台梭利教育在中国的发展

我国幼教专家卢乐山教授曾说：蒙台梭利教育为什么能扩展得比较快，是因为它有一定的理论，也有一套方法和器具，学起来容易，用起来也比较容易和方便。她也曾写文章呼吁大家要理解蒙台梭利教育的精神实质，不能仅仅停留于表面上的模仿。当前，一批研究蒙台梭利教育法的译著、专著和学术论文相继问世，蒙台梭利教育的中国化实践迅速开展，蒙台梭利幼儿园教师培训日益规范化。为了更好地开展蒙台梭利教育实践，我们要促使蒙台梭利教育中国化实践研究系统化，进一步提高蒙台梭利教师培训的规格与质量，扩展蒙台梭利教育实践的范围，最终实现促进儿童全面发展的目标。

蒙台梭利用毕生的精力去发现儿童，为儿童争取到了更自由的成长环境，她的幼儿教育思想是影响深远的，具有强大的生命力。虽然，当代有一些人根据一些公认的“好教育”的实践假设，对蒙台梭利教育模式提出了质疑：如在传统的蒙台梭利教育中，强调儿童的工作，影响想象力发展；儿童必须按照老师展示的方式来使用这些材料，没有对材料进行探索的自由；还有些人对儿童之间有限的社会互动机会产生忧虑。[①] 但就像自由与纪律是一体两面一样，所谓“缺陷或质疑”可能正是它的“魅力和合理性”所在。

第二节　爱伦·凯的幼儿教育思想

教育一个小孩就等于把一个灵魂的生死之权握在手里。

——[瑞典]爱伦·凯

一、生平简介

爱伦·凯（Ellen Key，1849—1926 年）是瑞典女作家、妇女运动活动家和儿童教育家、自由主义的理想主义者。她一生主要从事写作、教学及社会宣传活动，其中心内容是妇女解放、儿童的权利及教育问题，被称为“瑞典的智慧女神”（Pallas of Sweden），如图 9-2 所示。

① [美]卡罗尔·格斯特维奇：《发展适宜性实践：早期教育课程与发展》（第 3 版），霍力岩等译，教育科学出版社 2011 年版，第 395 页。

爱伦·凯于1849年12月11日出生于瑞典南部斯马伦特州（Smaland），其家境优越，父亲是国会议员，母亲关注妇女问题、教育问题，爱伦·凯深受母亲影响。23岁时，爱伦·凯随父亲周游欧洲各国，回国后成为父亲的秘书，为其起草演说稿，同时研究思想家，如卢梭、爱弥儿、达尔文、尼采、斯宾塞等人的著作，以形成日后思想之根源。30岁时，因父亲事业失败，爱伦·凯开始独立生活。19世纪80年代后开始专注于教育问题的研究。主要著作有《儿童的世纪》《妇女运动》《母性的复兴》《恋爱与结婚》等。《儿童的世纪》是其具有代表性的论著，其希望“20世纪成为儿童的世纪”。

图 9-2　爱伦·凯

二、教育目的

爱伦·凯认为教育是社会问题之一。在她看来，个体的发展、种族的改善和社会的向上都有赖于“新人”的培养；用新的教育方法培育在身体和精神两方面都健全发展的具有独立创造精神的“新人”，这应该是20世纪的主要任务。[①]她指出，我们创造的子孙在某种程度上其发展是不固定的，他们可以决定人类种族在未来的命运，因此，20世纪将会是儿童的世纪，他们最主要的权力是可以任意去思想那些与自己相接触的事物。儿童能够在自然、社会与艺术之世界去使用自己的眼睛，以及能够看出善的事情，是家庭与学校教育应该向前进的两大目标。[②]爱伦·凯强调，不把儿童置于平和之中是今日儿童教育最大的弊端，教育应该是决心去创造一个儿童能在其中生长并且外表与内部都美丽的世界，使儿童能在这样的世界中去自由的活动，而以不冒犯他人的权力为界限，是今后教育之目的。[③]因此要对儿童进行“自由教育”，教育应使儿童自己活动、个性发展、选择自由，教师越能把自己的人生观及个性之精髓充分地分享给儿童，则越能促进儿童的发展，但教师不能把自己的意见绝对化强加于儿童，他们应该能够被允许进行自由选择，得到自由活动，进行自由的发展。

三、家庭教育

爱伦·凯认为，在家庭生活中对儿童所要求的行为以及情绪的要素能够深入起来并且温情能够发展起来，而幼儿园却使儿童离开他们天赋之个人责任，反之代入不是团体便不能成功的要求，使儿童走入皮相[④]的关系，在此情形下儿童的情绪变得皮相。[⑤]因此，不论是儿童个性的发展还是情绪的培养，家庭更优于幼儿园与学校。她还指出，家庭不仅是儿童身体的住所更是其精神的住所，儿童必须回归于家庭，而不是像现在一样家庭只是为学校教育做准备，儿童生活最好的部分，学校只占据其中一小部分，而家庭占据了大部分，因此家庭在儿童的成长过程中扮演着重要角色，良好的家庭气氛是儿童获得良好教育的主要源泉。

---

① 张霞：《爱伦·凯教育思想研究》，山东师范大学2008年，第27页。
② [瑞典]爱伦·凯：《儿童之世纪》，魏肇基译，上海晨光书局1936年版，第213.页。
③ [瑞典]爱伦·凯：《儿童之世纪》，魏肇基译，上海晨光书局1936年版，第86页。
④ 皮相：指只看到表面现象，不透彻，不深入。
⑤ [瑞典]爱伦·凯：《儿童之世纪》，魏肇基译，上海晨光书局1936年版，第194页。

（一）对父母的要求

爱伦·凯认为，幼年阶段的身心发展会影响儿童整个一生，尤其强调母亲在家庭教育中的作用。所以青年妇女需要学习教育学、心理学等课程，是一种应尽的社会义务，因为只有健全的家庭生活才能使儿童真正幸福和健康成长。她还指出"为母亲的一定要用她的智慧，她的想象，她的艺术感觉以及生理上、心理上的本性为儿童的自由发展提供良好的环境，更为重要的是陶冶儿童。"同时，父母应正确看待与子女的关系，父母并不是为了孩子而生活，孩子也并不是为了父母而存在，谁也不能对谁专制，儿童享有与父母同等的权力，父母对于儿童具有同等的义务。作为父母应该以身作则，通过高尚的言行来对儿童进行无言之教，形成潜移默化的影响，使其健康成长。

（二）培养自理能力，反对包办代替

爱伦·凯指出，当今的教育是母亲教儿童功课、为他们创造游戏、读故事书，但在儿童外出后却帮他们整理房子，捡起随意丢落的物品，整理散乱的东西，使儿童随心所欲，造成父母软弱而被动。事实上，家长虽应给儿童自由但不能过度，为儿童准备好一切、包办代替的这种习惯应改变，如让儿童分担家务事，在上学前整理自己的房间、刷洗衣物等，以培养其自理能力。

（三）温和的训练法

当停止鞭笞儿童，使其不再遭受耳光，增强儿童爱生命的能力，而不让儿童去学习伤害生命时，真正的教育才开始。将儿童放置于平和的空气中，竭力减少对儿童的干涉，切勿用粗野的方式去对待他们，应当将注意力集中于观察儿童的个性发展，便是儿童训练的真手段。①此外，达尔文自然淘汰的法则，家长应该认知到儿童身体训练的重要性，让他们去运动、游戏、体操以及徒步旅行或自然户外的生活，使之成为生理、心理更新的基础。

（四）提供榜样，反对外部奖励

爱伦·凯认为，儿童无论成功或失败在其自身都含有奖惩的事情，即失败会痛苦，成功则愉悦，儿童自然会增加力量变得慎重与忍耐。但如果对儿童用特别惩罚或特别奖励，会使儿童产生失败是恶的，成功是正的思想，这是不必要的。外部的奖励或威胁将阻碍那种人类的内在性质——勇气，或对于他人仁慈之心的表达。②因此，她反对对儿童进行外部的奖惩，倡导应为儿童树立榜样，榜样是儿童养成习惯的基础，而习惯是人格的基础，儿童具有较强的模仿性，若要促进儿童人格、性格的发展，就应该为儿童提供良好的榜样。

（五）反对体罚

爱伦·凯表示，有许多人为体罚辩护，认为殴打儿童是比其行为所产生的报应更柔和的惩罚手段，殴打使儿童在记忆中有最强的效果，形成儿童的观念而永久不消。她反对这种观念，认为殴打将会使儿童身体苦痛变得迟钝，羞耻感或畏怯性增加。体罚使怠惰的儿童更怠惰，顽固的儿童更顽固，硬性的儿童更硬性，体罚只会使那两种差不多可称为世界一切罪恶之根源，即憎恶与恐怖更加强盛，凡在把殴打看作与教育同意义的时候，这个憎恶与恐怖之

① [瑞典]爱伦·凯：《儿童之世纪》，魏肇基译，上海晨光书局1936年版，第135页。

② [瑞典]爱伦·凯：《儿童之世纪》，魏肇基译，上海晨光书局1936年版，第123页。

两种情绪将永远支配着人类。[1]她指出，儿童不真实的自白是害怕被殴打所逼出来的，想要做事的热情、想象的活动、发明的冲动也因为害怕殴打而被压服。因此，体罚对儿童来说是有害的，他们应该快乐成长而不应该被体罚产生憎恶。

（六）建立图书馆，提供充足材料

家庭应为儿童建立适当的精选图书馆。里面只放不朽的经典著作，并且按年代难易编好次序，使儿童在成长的过程中有适合他阅读的书籍。此外，家长还应准备充分一些工具和材料让儿童自造玩具，使他自己的发明力与理想力，能从杉果、橡实、棘针、碎磁等各种废物中得到发挥，自造出有价值的东西。

四、未来的幼儿园

（一）对传统幼儿园的批判

爱伦·凯指出，传统幼儿园存在着许多弊端不但没有促进儿童的发展，反而对儿童的发展产生负面影响，她认为传统的幼儿园只不过是制造工厂，儿童在其中去学模造，而不是依靠自己的嗜好去做黏土馒头，这个过程是人类所尝经验之典型的过程，这样所制造出来的物品，从制造工厂之第一阶被送到其上之第二阶即学校，在这里他们被包装好而送出去。[2]这种注入式的教育使儿童在幼儿园中不再具有独立发展的个性，而变成一个等待加工的“物品”毫无自我可言。另一方面，爱伦·凯认为福禄培尔“让我们与儿童一起生活”的格言应改变为更有意义的句子“让我们的孩子去生活吧”，即儿童的灵魂应是安静的、秘密的活动，就好比地上的种子发芽生长一样是非常重要的，儿童应从暗记之重负、从制度的形式、从大众的压迫中解放出来。但传统幼儿园却与之相反，他们使种子在器皿上发芽，虽然好看却只能得到暂时性的生长，限制了儿童的自由。她并不赞成幼儿园，认为扼杀了儿童的想象力，认为家庭教育应代替幼儿园教育。在此基础上，爱伦·凯提出对未来幼儿园的设想。

（二）未来的幼儿园

1. 幼儿园以家庭之熏陶来代替之事情

爱伦·凯认为，幼儿园对那些需要从事家庭以外劳动的母亲以及不能尽义务的母亲来说会成为一种恩惠。尤其是幼儿园作为家庭一部分的代理，当儿童没有玩伴时、当母亲自身不顾或不能教育儿童时幼儿园是必要的。因此，幼儿园是作为家庭教育的辅助和补充。

2. 自由的幼儿园

爱伦·凯认为，不久的或很远的将来如果还再需要幼儿园，那么幼儿园应该是宽大而光明的，它应该成为一个儿童与猫犬同样自由的地方，儿童可以充分享受活动的自由，按照自己所喜欢的方式去游玩，在这里他们可以想出自己所特有的东西，也可以实行自己的计划，并找到一同游戏的伙伴共同玩耍。教师在旁边观察保护任他们自由玩耍，只有当儿童可能会受到伤害时才会加以干涉。教师有时为儿童画画，有时为他们讲故事，有时教给他们有趣的游戏，表面上应该是十分被动的；但教师在儿童的自由游戏中观察幼儿性格和气质的特点，

① [瑞典]爱伦·凯：《儿童之世纪》，魏肇基译，上海晨光书局1936年版，第115页。
② [瑞典]爱伦·凯：《儿童之世纪》，魏肇基译，上海晨光书局1936年版，第191页。

并相应地加以引导，应该是积极主动的。[①]

五、评价与总结

爱伦·凯在批判旧观念和旧教育的基础上，提出了自由教育思想。她将儿童看作时代的未来，强调儿童教育的重要性，并把儿童和家庭、婚姻、妇女权利等联系起来，揭示家庭、社会、学校在儿童教育中的作用，她强调家长和教师应尊重儿童，研究和了解儿童年龄特征、个性特点；强调社会也应承担相应责任，在儿童需要母亲全职照顾期间给予教育补偿费。《儿童的世纪》出版后，此书成为父母教育孩子的教科书，明确了家长在良好的家庭教育中应承担的责任，促进了家庭教育的发展，此书也在世界范围内引起了巨大的反响。此外，爱伦·凯的教育设想直接推动了瑞典教育改革的实践，瑞典的学校在教育内容、教育方式、教育方法等诸方面进行了改革，使瑞典和其他几个欧洲国家一起促成了资本主义国家教育改革的运动。爱伦·凯的教育思想也存在着一定的弊端，她倡导重视家庭教育、重视儿童自由活动的同时，忽视了幼儿园教育的重要性，忽视了教师的作用及系统知识的传授，产生了一定的消极影响。

第三节　杜威的幼儿教育思想

教育即生活，教育即生长，教育即经验的改造。

——[美]约翰·杜威

一、生平简介

约翰·杜威（John Dewey，1859—1952 年），美国著名的哲学家、教育学家、心理学家，被称为创立"美国教育学的首要人物"（见图 9-3）。

图 9-3　杜威

1859 年，杜威生于美国一个商人家庭。1875—1879 年就读于佛蒙特州立大学，并对哲学产生浓厚兴趣，毕业后先后任教于中学和乡村学校，工作之余跟随大学期间的老师托里（H.A.P Torrey）教授学习哲学史。1882 年进入霍普金斯大学研究哲学，跟随哲学家皮尔斯（Charles Sanders Pierce）学习，特别是受到莫里斯教授（George Sylvester Morris）的影响，接受了黑格尔哲学。杜威表示，黑格尔对他影响深远。1884 年，杜威发表博士论文《康德的心理学》，从霍普斯金大学毕业。1884—1894 年担任密执安大学的哲学教授（1888—1889 年在明尼苏达大学任教）。1894 年杜威接受芝加哥大学哲学教授职位，并担任哲学、心理学和教育学系主任，此后开始专门从事教育活动。1896—1903 年，杜威在芝加哥大学创办了"芝加哥实验学校"，在 4 ~ 13 岁儿童中实践自己的教育主张，对教育问题进行实验研究，这对杜威教育理论的形成产生巨大影响。1904 年，杜威因在实验学校的管理问题上与芝加哥大学校长的意见不合，辞去芝加哥大学教授职务，随后离开芝加哥大学转去哥伦比亚大学任

① 张霞：《爱伦·凯教育思想研究》，山东师范大学 2008 年，第 42 页。

哲学教授，直至1930年退休。在此期间，他于1915年创立了美国大学教授协会并担任第一任主席，1916年创立了纽约市教师联盟，曾到中国、日本、土耳其、苏联等国进行教育考察和旅行演讲。1952年杜威逝世，享年94岁。

杜威一生成果颇丰，出版的教育著作达30余部，教育论文共约180余篇。主要的教育著作有：《我的教育信条》(1897)、《学校与社会》(1899)、《儿童与课程》(1902)、《我们怎样思维》(1910)、《明日之学校》(1915)、《民主主义与教育》(1916)、《经验与教育》(1938)、《人的问题》(1946)等。其中，《我的教育信条》是杜威教育思想的纲领性论述，阐述了实用主义教育思想的基本观点；《学校与社会》是杜威在芝加哥大学实验学校中对家长所做的报告，他第一次提出传统教育的概念，并对传统教育的做法进行批判；《民主主义与教育》最集中、系统地论述了杜威的教育理论，它的目的在于“探讨科学、进化论和工业制度对于教育的意义”。[①]

二、教育思想的理论基础

（一）实用主义哲学

“实用主义”(Pragmatism)来源于希腊文“Pragma”，原意指行动、行为，应用在哲学上称之为行动的哲学。由詹姆士(W.James，1842—1910年)正式提出并将其发展。1907年，詹姆士著《实用主义》一书，系统阐述了实用主义理论的哲学观点。杜威深受实用主义理论影响，并将该理论运用于教育中，他在著作中常提及的“工具主义”“实验主义”即是实用主义的具体体现。实用主义哲学的中心概念是“经验”，杜威强调，“经验包含主动和被动两个要素，在主动方面，经验是尝试；在被动方面，经验是承受的结果。并指出，主动与被动这两个因素越有关联就越有价值”[②]。而杜威所说的主动经验和被动经验实质上都是人的主观感受，是一种主观经验论。他认为世界上的事物以及相互之间的关系都是经验包括作为经验主体的人和经验客体的自然，将经验、自然、人连接为一体，强调经验是认识自然、深入奥秘的方法，而且是唯一的方法。由此，杜威认为人的发展存在于主客体的相互作用中活动，通过人的活动、行为与环境作用不断的连接、结合形成经验。“经验”这一概念也在杜威的教育理论中占据核心地位。

（二）社会学

在受到实用主义哲学影响的同时，杜威的教育理论还受到以人性论和庸俗进化论为核心的社会学理论影响。(1)人性论。杜威认为社会是由具有原来的人性如本能、习惯等的个人联结而成，他指出人性天然具有趋向分化(形成个人主义)和趋向结合(形成社会的本质)，这种本质就是所谓的“人性中利己和利他的倾向”。[③]因此，社会既然是人性的结合，那么要使社会进步，可以采用发展人性、激发智慧的方法，无须进行斗争，教育即在改进社会的过程中发挥重要作用。(2)庸俗进化论。杜威认为社会利益冲突，发生暴力的原因是未能用智慧去对待这种冲突，他建议用教育的方法进行社会改革而非采用斗争方式，即通过教育、智

---

① 吴式颖、赵荣昌、李明德等：《外国教育史简编》，科学教育出版社1988年版，第380页。

② 王天一、夏之莲、朱美玉：《外国教育史（下册）》，北京师范大学出版社1985年版，第142~143页。

③ 王天一、夏之莲、朱美玉：《外国教育史（下册）》，北京师范大学出版社，1985年版，第144页。

慧来进行社会发展，无须进行阶级斗争更改社会制度。

（三）机能心理学

杜威受詹姆士生物本能论心理学观点的影响，创建了机能主义心理学。机能主义宣称，心理活动的实质就在于有机体采用一定的行动来适应环境并满足自己的需要。杜威认为，人的本能是潜伏在儿童身体内部一种与生俱来的能力，是由遗传得来，而情绪、习惯、兴趣、能力等生物性本能是心理的基本内容。因此，儿童心理活动的实质是其本能的发展，我们应按照儿童的本能为其提供教育素材，使教育适应儿童的本能，积极参与社会生活中。

三、教育的基本理论

（一）教育“中心论”

杜威在《我的教育信条》中指出，教育过程有两个方面，一个是心理学的（儿童中心），一个是社会学的（社会中心）。它们并列并重，哪一方面也不能偏废。否则不良后果便随之而来。①因此，在教育中心理和社会两方面是相互联系着的，不能把教育看作是二者之间的折中，或者一方凌驾于另一方之上。

1. 儿童中心论

在论述儿童的心理和社会的关系时，杜威认为儿童的心理学是基础，儿童有自己的本能和倾向，如探究的本能、艺术的本能，他们的积极生长依赖于对这些的能力的运用。因此，他反对传统教育对儿童心理能力的忽视，认为这种有固定课桌的传统“静听”教学将他们看成是被动的、单个的个体，只是为了尽可能地管理更多的儿童，教育的重心在儿童以外的任何一个地方。杜威主张传统教育应该发生变革，并表示教育正在发生的一种变革是重心的转移。这是一种变革，一场革命，一场和哥白尼把天体的重心从地球转到太阳的那场革命。在这种情况下，儿童变成了太阳，教育的各种措施，围绕着这个中心转旋转，儿童是中心，教育的各种措施围绕着他们而组织起来。②因此，儿童是积极且主动的，他们的本能和能力为教育提供了素材，教育的问题就是要抓住儿童的活动并予以指导的问题。

2. 社会中心说

杜威认为，一切教育都是通过个人参与人类的社会意识而进行，在人类进行潜移默化的社会教育中，其个人的能力、习惯、思维已经在不自觉中被社会所锻炼，并不断分享人类积累下来的智慧和道德财富。如果从儿童身上舍弃了社会因素，便只剩下一个抽象的东西，学校应该把现实的社会生活结合，缩小到一种雏形的状态，以使儿童不至于同社会接触时产生迷乱的情境。所以，杜威强调学校本身必须是一个比现在所公认的在更大的程度上生气勃勃的社会结构。他引用了一个故事，某市有一所游泳学校，那里教青少年游泳而不到水里去，而是反复练习游泳所需要的各种动作。当有人问一个受过这种训练的年轻人，在他掉到水里

---

① [美]约翰·杜威：《我的教育信条》，罗德红、杨小微译，华东师范大学出版社 2015 年版，第 92 页。

② [美]约翰·杜威：《学校与社会·明日之学校》，赵详麟、任钟印、吴志宏译，人民教育出版社 2005 年版，第 41 页。

他怎么时，他干脆回答："沉下去了。"[①]借此故事表示，若离开现存的社会情境，想培养有用的习惯，实则就是在岸上教儿童有用的动作毫无用处。

杜威总结，受教育的个人是社会的个人，而社会是许多人的有机结合。若舍弃儿童的心理因素，我们只剩下没有生命力的集体；若舍弃社会因素，那么我们只剩下空洞的东西。因此，教育应该从儿童的兴趣、习惯、能力开始，并在儿童参与的社会事务中加以解释和阐述，使儿童的心理与社会相结合。

（二）教育的本质

对于什么是教育？教育的本质是什么？杜威在自己的教育理论中从不同角度、多方面进行论述。总的来说，杜威对于教育的本质概括为三点：即教育即生活、教育即生长、教育即经验的改组或改造。

1. 教育即生长

杜威认为，无论是成人还是儿童都在不断地成长，他们的区别在于各有适合于自己的成长方式。所以，一个人在一个阶段的生活和在另一个阶段的生活同样重要的，也是同样真实、积极的。因此，教育应该不问年龄，提供保证生长的条件。他强调，人的成长是各种能力逐渐生长的结果。儿童时期的真正含义是生长和发展的时期。成熟要经过一定的时间，操之过急会导致伤害；儿童期的真正含义是：它是生长和发展的时期。所以，为了成年生活上的成就而不顾儿童时期的能力和需要是自杀性的。[②]传统教育并没有研究儿童生长过程中需要什么，只是将成人所积累的与生长毫不相关的知识强加给儿童，重视儿童生长的成果，却忽视了儿童生长的过程。因此，教育不是将知识强迫给儿童吸收，而是要使他们与生俱来的能力得以生长。对家长和教师来说，认识到儿童的生长就是要尊重儿童、尊重儿童的未成熟状态，注意儿童的冲动在哪些方面向前发展，而不是注意他们以往的冲动。杜威总结，因为生长是生活的特征，所以教育就是生长，在它自身以外没有别的目的。学校教育的价值、它的标准就在看它创造继续生长的愿望到什么程度，看它为实现这种愿望提供方法到什么程度。[③]

2. 教育即生活

在论述教育即生活这一基本观点时，杜威称生活就是发展，而不断发展，不断生长就是生活。教育之于社会生活，正如营养和生殖之于生理的生活。[④]他指出，传统学校最大的浪费是由于儿童完全不能把他在校外获得的经验完整地、自由地在校内利用，另一方面，他在日常生活中又不能应用在学校学习的东西，那就是学校的隔离现象，就是学校与生活的隔离。[⑤]而教育是生活的过程，并不是为未来的生活做准备，教育即是生活，一开始就具有文化、艺术、科学以及相互作用的一面。如何使学校与生活相联系，杜威设计了理想中的学校，即将

---

① [美]约翰·杜威：《学校与社会·明日之学校》，赵详麟、任钟印、吴志宏译，人民教育出版社2005年版，第141页。

② [美]约翰·杜威：《学校与社会·明日之学校》，赵详麟、任钟印、吴志宏译，人民教育出版社2005年版，第217页。

③《杜威教育论著选》，赵祥麟、王承绪编译，华东师范大学出版社1981年版，第158页。

④《杜威教育论著选》，赵祥麟、王承绪编译，华东师范大学出版社1981年版，第148页。

⑤ [美]约翰·杜威：《学校与社会·明日之学校》，赵详麟、任钟印、吴志宏，人民教育出版社2005年版，第58页。

学校办成一个小型社会、雏形社会，使儿童能将平常获得的经验带到学校中加以利用，又能将学校中学到的东西带回并运用于日常生活中，培养儿童的社会适应能力，杜威认为将学校和生活联系起来，那么一切学科也都相互联系（见图 9-4）。

图 9-4　学生们建造校舍

3. 教育即经验的改组或改造

杜威称，任何一个阶段生活的主要任务，就是使生活过得有助于丰富生活自身可以感觉到的意义，这样我们就得到教育的专门定义：教育就是经验的改组或改造，既能增加经验的意义，又能提高后来经验进程的能力。[①]一方面，通过教育或有教学意义的活动，能使儿童意识到过去未曾感觉到的联系。例如，一个儿童伸手去碰火光，烫痛了，他便知道将火光和手建立起联系，知道手距离火光近会被烫痛，使视觉活动和触觉活动联系起来，由此儿童获得经验赋予意义。另一方面，是增加指导或控制后来经验的能力。意味着儿童若能知道自己在做什么，或者能预料到某些事情，他就能提前做准备，避免不良结果的发生，产生有益的结果。杜威认为经验有一个重要原则——交互作用原则，即有机体与环境相互作用，使经验的客观条件和内部条件能够有同等权，意味着经验是一个主动的过程，儿童不仅受环境的塑造，也存在对环境的主动改造，并在改造过程中将新的经验增加到原有经验中去，以获得一种有教育意义的经验。

——《学校与社会·明日之学校》

（三）教学论

1. 教学方法——从做中学

杜威认为，既然教学内容是以儿童的生活经验为主，那么与之相适应的教学方法的基本原则是——从做中学。他指出，一个儿童要学习最难的课程就是实践课，假如他学不好这门课程，再多的书本知识也补偿不了，而传统教育是"静听式"教育，教师教儿童听，尽管儿童学会了外部世界的一堆事实，但在更为真实或更易理解方面，儿童收获甚少甚至一无所获，

①《杜威教育论著选》，赵祥麟、王承绪编译，华东师范大学出版 1981 年版，第 159 页。

若儿童能进行游戏或参与实践性活动，则可以在实践中培养儿童的观察力、想象力以及问题的解决能力。因为，比起通过阅读书本或倾听关于食物的性质，儿童亲自品尝更能深刻体会，加深印象。因此，从做中学要比从听中学更实用，且效果更明显。

杜威强调，从做中学，如果这种“做”是向儿童指定的，是一步步向他提出要求的，那么大部分的做只会导致表面上的肌肉锻炼。假如学生真正的是要从做中学的话，除了养成独立和勤勉的习惯外，允许儿童自由是必要的，还要将儿童的体力引导到积极的道路上去。[①]毕竟儿童在没有进入学校前所接触到、学习到的知识都是与其生活直接相关的，任何材料如果不是在儿童的生活中引出，那么将缺少生命力，儿童只有在实际生活中学到这些材料，这些材料才开始对儿童有意义（见图 9-5）。

图 9-5　通过从事有用的工作来训练手、眼和脑

2. 思维与教学

杜威重视儿童思维能力的培养，他表示若思维不能提高行动的效率，那么就不能增加儿童对于自己以及生活中关于世界的知识，这种思维就是无用的，我们需要牢记，思维也就是方法，就是在思维过程中明智的经验的方法。杜威认为，思维就是有教育意义的经验和方法，因此，教学法的要素和思维的要素是相同的。这些要素就是：（1）学生要有真实的经验情境——要有一个对活动本身感兴趣的连续的活动体。（2）在这个情境内部产生一个真实的问题，作为思维的刺激物。（3）他要占有知识资料，从事必要的观察，对付这个问题。（4）他必须负责一步一步地展开他所想出的解决问题的方法。（5）他要有机会通过应用来教研他的想法，使这些想法意义明确，并且让他自己去发现它们是否真的有效。[②]

3. 课程与教材

传统教育中以既有知识为中心的教材和由教材所组成的学生课程遭到杜威的严重反对。一方面，将已准备好的教材强加给儿童，违反了儿童的天性；另一方面，前人所积累下来的

① [美]约翰·杜威：《学校与社会·明日之学校》，赵详麟、任钟印、吴志宏译，人民教育出版社 2005 年版，第 285 页。

②《杜威教育论著选》，赵祥麟、王承绪编译，华东师范大学出版社 1981 年版，第 191 页。

由文字和符号所构成的系统课程是一种间接经验，它代表的是成人标准，已超出儿童现有的经验范围，并不适合于儿童。这种看似多样化分门别类的学科却将儿童的世界加以肢解和割裂，阻碍了儿童的生长，使儿童对世界的认识不再全面而变得片面化。因此，杜威在《今日之教育》中说："学校课程中相关的真正中心，不是科学、不是文学、不是历史、不是地理，而是儿童本身的社会活动。"[①]课程中占中心位置的应是各种形式的活动作业；教材应该来源于儿童在生活中所形成的直接经验。[②]学校应根据儿童的生活经验来安排形成活动课程，不应按照学科体系去选择教材、设置科目。他认为，在第一阶段（4～8 岁）儿童是以直接的社会兴趣和个人兴趣、印象、观念和行动之间的直接的、即时的关系为特征的。这个年龄段是从参与儿童自己的社会环境中的生活状况选择教材，尽量让他们自己重演接近于社会方式的事情——从事游戏、竞赛、作业或微型工艺、讲故事、富于想象力的图画和交谈。[③]儿童将所学知识置于社会生活背景中时才对其有教育性，所以课程与儿童参与的社会活动相结合，教育社会化的问题便迎刃而解。

4. 游戏与作业

杜威表示，任何时代任何人，对儿童的教育，尤其是年幼儿童的教育，在很大程度上依赖于游戏和娱乐，游戏是如此自然又不可避免的。在杜威术语中"游戏""作业"二者相互联系、有时又含义相同。他认为，把儿童的业余时间从事的活动引入到学校，从而给学生开展最生动的课程，要做到这一点，唯一自然的方法就是把游戏作为幼儿的主要作业。幼儿生活中的最主要的时间是消磨在游戏上的，不是从事他们大一点的儿童那里学来的游戏活动就是玩他们自己发明的游戏。通过游戏，他们了解成人世界的工作和娱乐。除了看到构成这个世界的种种要素外，他们认识了许多保持这个世界前进所必需的种种活动和过程。[④]此外，杜威还反对游戏性别概念的看法，即认为某些游戏适合于男孩，而某些游戏适合于女孩儿，这种观念是矫揉造作的，它的建立是成人将其生活场景中的反映灌输于儿童身上，事实上无论是男孩还是女孩，对所有活动，不管是娃娃家、缝纫还是打子弹、做木工都表现出同样的兴趣。

木工、手工、纺织、缝纫、烹调等作业具有社会意义，这些作业能让儿童感到社会生活需要的一些基本手段。但杜威表示，不能将这些作业看成是单纯的职业手段，使学生获得专门的技术，而是作为科学地去理解自然的原料和过程活动的中心，作为引导儿童去认识人类历史发展的起点。[⑤]因此，一种作业必须是一桩连续的事情，它不只是持续数天，而是持续数月、数年。它不是代表孤立的表面的一种激动，而是代表沿着确定的总方针的一种稳定的、连续的能力的有机体。[⑥]例如，儿童研究纤维织成衣料的必经程序，他们在作业的过程中不仅

① 罗炳之：《外国教育史（下册）》，江苏人民出版社 1981 年版，第 271 页。

②《杜威教育论著选》，赵祥麟、王承绪编译，华东师范大学出版社 1981 年版，第 323 页。

③ [美]约翰·杜威：《学校与社会·明日之学校》，赵详麟、任钟印、吴志宏译，人民教育出版社 2005 年版，第 74～75 页。

④ [美]约翰·杜威：《学校与社会·明日之学校》，赵详麟、任钟印、吴志宏译，人民教育出版社 2005 年版，第 268 页。

⑤ [美]约翰·杜威：《学校与社会·明日之学校》，赵详麟、任钟印、吴志宏译，人民教育出版社 2005 年版，第 32 页。

⑥ [美]约翰·杜威：《学校与社会·明日之学校》，赵详麟、任钟印、吴志宏译，人民教育出版社 2005 年版，第 94 页。

重新发明原始梳理羊毛的框架还知道了纺织史上别的发明并反复试验，在实践的过程中儿童重演了从原始到现代的纺织机全部发展过程。这种作业为儿童提供了直接经验，使其能接触现实，不仅是一种愉快的东西，而且成为儿童理解事物的媒介、工具和手段。杜威认为，游戏中的目的在于进行更多同类的活动，而不是按照所产生的结果规定活动的继续，当活动变得更为复杂时，由于需要较多地注意所取得的特殊结果，活动的意义机会增加，因此活动逐渐变成工作，工作始终渗透着游戏态度是一种“艺术”。[①]

四、道德教育

杜威认为，没有什么东西能像讨论教育中的道德原理那样接触到教育思想的根基。儿童在智力上、身体上、社会性上、道德上是一个有机的整体，我们必须从最广义上把儿童看作社会的一个成员，要求学校做的任何事情都必须使儿童能够理智地认识他的一切社会关系并参与维护这些关系。[②]道德教育的主要任务就是协调个人与社会的关系。他指出，传统学校中的教师关心儿童道德生活的形式仅仅是警惕儿童是否遵守学校的规则和常规，而对儿童来说，这样的规则是专横的，由此产生的道德训练也都是专横的。那么如何进行道德教育呢？杜威认为道德教育分为两方面：社会方面和心理方面。一方面，道德教育应具有社会性的情境、社会性的内容、社会性的目的，以学校的社会性质作为道德教育的基本因素；另一方面，儿童对于自己在干什么应该有积极的认识，以便从他必须做什么的立场判断自己的行为。只有这样，他才真正有充满活力的标准，一个使他能够为了未来而从失败中吸取教训的标准。[③]

五、评价及启示

杜威的教育理论的产生与发展是为适应美国政治经济的需要而产生，并推动了世界教育的发展。其目的在于克服传统教育的弊端，企图通过教育改变个人心智以达到变革社会的目的，即通过教育来缓和阶级斗争，加强教育与生活、与社会的关系，以此消除革命。杜威的教育理论尝试解决社会中存在的教育与社会、教育与儿童相脱离的问题并提出一系列的改革设想，但由于杜威过分强调儿童的直接经验，要求“从做中学”，而忽视了间接经验在课程与教材中的作用，降低了智力训练的标准。

杜威教育观的基本要求是实现教育的内在价值与工具价值相结合，既使教育过程本身充满乐趣，又能联系儿童的生活经验，有益于儿童成长。通过活动性、经验性的课程使儿童掌握科学思维的方法，我国的陈鹤琴、陶行知的幼儿理论深受杜威影响，并将其理论运用于幼儿教育中形成教育实践。无疑，杜威的儿童中心主义使社会更加关注儿童的经验及兴趣、需要，但在一定程度上忽视了系统知识理论的传授，使儿童经验的建构缺乏系统性和完整性。

---

①《杜威教育论著选》，赵祥麟、王承绪编译，华东师范大学出版社，1981 年版，第 212 页。

② [美]约翰·杜威:《学校与社会·明日之学校》，赵详麟、任钟印、吴志宏译，人民教育出版社 2005 年版，第 138 页。

③ [美]约翰·杜威:《学校与社会·明日之学校》，赵详麟、任钟印、吴志宏译，人民教育出版社 2005 年版。第 142 页。

第四节　皮亚杰的幼儿教育思想

我们所期望的教师不仅仅是一个讲授者，仅仅满足于传达现成的答案，而是善于激发学生主动探究未知事物的导师。

——[瑞士]皮亚杰

一、生平简介

皮亚杰（Jean Paul Piaget，1896—1980年）当代世界著名的儿童心理学家、教育家，日内瓦学派（又称皮亚杰学派）的创始人，被许多西方人士视为与苏格拉底、弗洛伊德、爱因斯坦齐名的思想文化巨人（见图9-6）。

图9-6　皮亚杰

1896年，皮亚杰出生于瑞士的纳沙特尔，在其童年时代就对生物学观察方面表现出浓厚兴趣。10岁时在自然科学杂志上发表《白化病麻雀》一文。中学毕业后，在纳沙特尔大学主修生物学并于1915年获纳沙特尔大学学士学位；1918年在纳沙特尔大学获自然科学博士学位。同年，前往苏黎世参加心理实验室工作，并在精神病诊疗所工作学习精神分析学派理论，这一年皮亚杰认为实验心理学虽然科学，但单调无味，而精神分析学虽然有趣但高度思辨不科学，两者与他关心的问题很少关联，于是他在1919年前往法国巴黎，在巴黎大学学习病理心理学、数理逻辑和哲学。1920年，皮亚杰担任亨利·西蒙的助手，在巴黎的比纳实验室从事儿童心理研究工作，在对儿童进行智力测验并将其标准化的过程中，他从儿童各式各样的回答中受到启发，思考如果透过儿童对问题的回答，特别是错误的回答去研究儿童心理，分析儿童的推理过程，将是探寻认知起源的最好途径。由此，他便开启了将生物学、心理学和认识论结合起来进行研究的新领域。正是后来皮亚杰长期孜孜探寻的方面，特别是深入研究儿童心理问题上，他倾注了毕生的心血。[①]

1921年，皮亚杰应邀从巴黎回到日内瓦大学，担任心理学教授和卢梭学院研究室主任，1925年，运用“临床法”开始正式系统地对儿童的思维活动进行一系列实验。1925—1932年，在妻子瓦朗蒂纳·夏特内协助下对自己的两个女儿和一个儿子进行仔细的观察，形成了有关儿童智力起源、儿童象征行为（游戏和模仿）的一系列重要理论。1933年，担任日内瓦卢梭学院院长后，开展大规模的儿童研究工作，建立了有关儿童各个发展阶段的年龄特点和儿童心理发展的完整理论。1939年后，皮亚杰将符号逻辑引进儿童心理学，用符号逻辑来描述不同阶段儿童的智力结构。1954年，在加拿大举行的第十四届国际心理学会议上被推选为国际心理学会主席，后来又任联合国教科文组织领导下的国际教育局局长。为组织有关学者研究发生认识论，于1955年创建了“国际发生认识论中心”，并担任主任，出版专刊《发生认识论研究》，该中心在儿童认知发展问题的研究中取得了丰硕成果，并形成了独特的儿童心理学

① 吴式颖：《外国现代教育史》，人民教育出版社1997年版，第622页。

派——日内瓦学派。1968 年，美国心理学会授予皮亚杰“心理学卓越贡献奖”。1971 年，皮亚杰退休，辞去卢梭学院院长职务。1980 年 9 月 16 日，皮亚杰病逝于日内瓦，享年 84 岁。

皮亚杰一生著述丰富，共发表 300 余篇论文和 50 多部著作。其主要著作有《儿童的语言和思维》（1923）、《儿童的判断和推理》（1924）、《发生认识论导论》（1945-1950）、儿童的道德判断（1952）、《逻辑学与心理学》（1957）、《儿童期至青年期逻辑思维的成长》（1958）、《儿童心理学》（1969）、《结构主义》（1970）、《教育科学与儿童心理学》（1970）、《发生认识论原理》（1972）、《心理学与教育》（1976）等。

二、思想渊源

皮亚杰一生涉猎丰富。在自然科学方面，早年主修生物学并在自然博物馆兼职工作，成果颇丰并发表一系列的研究报告。受达尔文进化论的影响，得出外部世界是发展变化的结论，达尔文提出有机体是由一个物种向较高级物种进行以更好适应环境的进化过程，皮亚杰将达尔文的“适应”观念发展成为主动的同化。在哲学方面，皮亚杰受到柏格森、亚里士多德、康德等哲学家的影响，受亚里士多德关于逻辑和理性是统一有生命自然和无生命自然的力量影响，他提出人类理性的功能、人类的智慧给所有的科学——包括社会科学、生物学、自然科学提供了统一的原则，此观点成为皮亚杰一生学术生涯的指导思想。[①]在教育学方面，皮亚杰受到夸美纽斯、卢梭、福禄培尔、蒙台梭利、杜威等人的影响，重视儿童的社会性，倡导儿童中心，并提出了“活动教学法”；在心理学方面，弗洛伊德的精神分析学派，格式塔心理学、瓦隆的儿童发展阶段理论都对皮亚杰产生影响。无疑，皮亚杰理论的发展及完善并不仅只局限于一个领域中，对于这一系列的思想也并非全盘接纳，而是批判性地加以吸收。同时，皮亚杰试图在自然科学、教育学、心理学、逻辑学等领域研究成果的基础上来解答研究过程中所探讨的主要问题，从而建立起自己的理论体系——认知结构主义。

三、儿童心理学的主要观点

（一）儿童的认知结构及智力发展

皮亚杰在《结构主义》一书中，对各学科领域的结构主义做出考察，认为结构是由具有整体性的若干规律组成的一个自身调整性质的图式体系也叫系统、整体、集合，包括整体性、转换性、自我调节性三个基本特性。他意识到儿童的认知发展过程中存在着结构的特征，在研究儿童的认知结构时涉及四个基本概念：

1. 图式（scheme）

皮亚杰认为，图式指动作的结构或组织，这些动作在同样或类似的环境中由于重复而引起迁移或概括。[②]图式不是神经系统的物质生理结构，而是指一种主体活动的功能结构——外部动作和内部思维的功能结构，它构成了我们理解现实世界、获得新经验的基础。他指出，在婴儿出生时图式是遗传性的，是婴儿的本能活动，如吮吸图式的存在使婴儿产生吮吸反射，随着儿童年龄的增长，图式会不断分化变得更加抽象，其网络结构变得更加复杂。儿童在适应环境的过程中，图式不断变化发展构成了成人图式，在皮亚杰看来引起图式的变化发展就

① 陆有铨：《皮亚杰理论与道德教育》，北京大学出版社 2012 年版，第 4 页。
② 皮亚杰、英海尔德：《儿童心理学》，吴福元译，商务印书馆 1980 年版，第 5 页。

在于同化、顺应机制。

2. 同化（assimilation）

同化是指把新的感知、运动的或概念的材料整合到已有的图式或行为模式之中的认知过程[①]，即将新的刺激纳入已有图式的认知过程。皮亚杰认为同化是主体活动对环境能动适应的一种形式，同化是学习的根本，表明儿童或学习的主体是主动的。在认知过程中，任何的外部刺激都需要被主体同化于它的结构中，主体才能对外部刺激做出反应，但同化只是从数量上丰富图式生长，引起量的变化但不会引起原有图式结构的改变。

3. 顺应（accomodation）

顺应，指个体受外界刺激使原有图式发生变化或建构新图式，导致认知结构发生变化以适应现实的过程。顺应能改变图式的结构从质上革新，从而使图式产生质的变化。简言之，顺应使主体的图式结构发生变化，从而使儿童将外部刺激整合于结构中以适应新的刺激物。

4. 平衡（equilibrium）

皮亚杰将主体自我调节的过程称之为平衡，自我调节的过程以同化和顺应为手段达到一种稳定状态。他认为平衡具有连续的可能性，有着水平间的顺序联系，当平衡没有达到第一水平时，就不可能达到第二水平，也只有平衡达到第二水平时，才有可能达到第三水平，也即是说，每一水平都取决于已经达到了的前一水平给予的最大可能。[②]平衡并不是静止状态，当儿童在面对新刺激时，试图原有图式进行同化，若同化成功则获得暂时平衡，反之儿童则需要改变原有图式，达到认识上的新平衡。因此，儿童认知结构的发展总是经历不平衡到平衡，再到不平衡循环往复的过程。

（二）制约儿童心理发展的因素

皮亚杰对制约儿童发展的因素进行了分析。他提出："用什么因素来解释从一组结构到另一组结构的发展呢？"他在看来，主要有四个因素：第一是成熟；第二是物理环境对智力结构的影响；第三是广义的社会传递；第四是平衡因素。

1. 成熟

成熟尤其是神经系统的成熟是其心理发展的必然要素。皮亚杰认为，不能忽视成熟的意义，他在儿童的发展过程中起着不可缺少的作用，儿童期的每一次转变，成熟都必然要发挥作用。同时，他也认为，成熟虽必不可少但不能解释一切，它不是影响儿童心理发展的唯一因素，随着儿童年龄的增长，自然和社会因素对于儿童的影响作用也随之增加。

2. 物理环境对智力结构的影响

皮亚杰认为，物体的经验，物理实体的经验是认知结构发展的一个基本因素。[③]他认为在心理学上有两种意义不同的经验，一类是物理经验，一类是逻辑数学经验。物理经验是由个体作用于物体，通过对物体的抽象获得有关物体的知识，如物体的大小、轻重、形状等。逻

① 吴式颖、任钟印：《外国教育思想通史——20 世界的教育思想》（下），湖南教育出版社 2002 年版，第 56 页。

② [瑞士]皮亚杰：《皮亚杰教育论著选》（第 2 版），卢濬选译，人民教育出版社 2015 年版，第 24 页。

③ [瑞士]皮亚杰：《皮亚杰教育论著选》（第 2 版），卢濬选译，人民教育出版社 2015 年版，第 20 页。

辑数学知识不是来源于物体本身，而是来自主体作用于物体的动作。他指出，所谓的逻辑数学经验是动作的整体协调，是集中东西或编排东西顺序的动作，是主体动作的一种经验。

3. 社会传递

皮亚杰指出，社会传递包括语言传递和教育传递。即社会环境、语言、教育等因素会对儿童产生影响，但这些因素是不充足的。因为儿童能够通过成人指导的语言或教育接受有价值的信息，前提是儿童对这些信息处于能理解的状态时。①这意味着，社会经验作为影响儿童心理发展的因素会对儿童产生影响，但不是起决定作用的因素。如良好的教育能引起儿童的主动同化，反之，若不能促进儿童的同化，那么教育则无效。

4. 平衡化

皮亚杰强调平衡化是儿童心理发展最根本的因素。为什么是最根本因素，他认为有两个原因：一是因为影响儿童发展的因素有成熟、物理环境、社会传递，因此他们之间就必须要保持平衡，于是引入平衡因素；二是因为儿童在求知活动中，主体是主动的，因而，当他面临外部困扰时，他就要有所反应，以求得补偿，从而使他趋向平衡。②这是皮亚杰提出平衡因素最重要的原因。儿童主动发展的过程就是一个自我调节的过程，这个自我调节的过程，皮亚杰称之为“平衡”。他认为这是获得逻辑数理知识的根本因素。

（三）儿童认知发展的阶段性理论

儿童的认知发展，在皮亚杰看来并不是数量的简单累加，而是认知结构从量变到质变的过程，构成了认知发展的不同水平。他根据儿童从出生到青年时期运算及思维特点，将儿童认识发展划分为四个阶段：

1. 感知运算阶段（0～2岁）

这一阶段的儿童语言尚未形成，认知活动以感知和运动反射为主要形式并且依赖于眼前的事物，通过感觉运动图式来与外界相互作用取得平衡。皮亚杰认为，儿童在1～2岁时期，发生了一种哥白尼式的革命，即活动不再以主体的身体为中心，主体的身体开始被看作是处于一个空间中的诸多客体中的一个，由于主体开始意识到自身是活动的来源，从而也是认识的来源，从而主体的活动也得到协调而彼此关联起来。③于是儿童获得了客体永久性观念，即便脱离了对物体的感知仍然相信该物体持续存在。

2. 前运算阶段（2～7岁）

此阶段儿童语言的出现使其开始以符号为中介来描述外部世界，思维具有表象性和直觉性的特点。在这一阶段儿童的认知具有如下特点：（1）自我中心主义。皮亚杰将前运算阶段也称为自我中心时期，即考虑事情从自我的角度出发，认为一切事物都与自己的活动相联系。因此，他们总是以自己为中心观察事物而不考虑别人的意见。（2）泛灵论。儿童认为自然界各种事物和人一样是有意识的，因此一切事物都是有生命的。如气球在天上飞是因为它喜欢空气；在吃饭时会喂洋娃娃吃饭，认为洋娃娃不吃饭就会和自己一样饿。（3）思维不可逆，不守恒。这一水平的儿童不能从事物的变化中把握事物概念的可逆性和守恒性。如一个玻璃杯中的液体倒入另一个不同形状的杯子时，前运算期的儿童会认为一个杯子的液体比另一个

① [瑞士]皮亚杰：《皮亚杰教育论著选》（第2版），卢濬选译，人民教育出版社2015年版，第23页。

② [瑞士]皮亚杰：《皮亚杰教育论著选》（第2版），卢濬选译，人民教育出版社2015年版，第23页。

③ [瑞士]皮亚杰：《发生认识论原理》，王宪钿译，商务印书馆2016年版，第24～25页。

杯子里的多，可以看出儿童的运算具有不可逆性，也就没有量的守恒。

3. 具体运算阶段（7～12 岁）

在第三阶段出现了最初的运算，皮亚杰称之为具体运算，因为儿童虽能进行运算，但要在物体之上进行运算，而不能在语言表达的假设上进行运算，即运算依赖于具体事物。此阶段的儿童已能进行分类运算、序列运算、数概念的建构、空间和时间的运算以及所有的初步逻辑的类和关系，初步的数学、集合甚至初步的物理的逻辑的基本运算。[①]这一阶段最显著的特征是儿童的动作开始内化，运算具有可逆性，获得各种守恒概念。

4. 形式运算阶段（12～15 岁）

在这一阶段儿童能根据假设进行推理，而不仅仅限于物体上。因此，皮亚杰将此阶段称为形式的或假设演绎的运算水平。儿童在此阶段建立了新的运算，即能用抽象的符号进行命题逻辑上的运算，而不简单地限于类、关系、数的运算，形成认知结构的整个体系，属于儿童思维的高级形式。

皮亚杰认为，上述的四个阶段虽有本质区别，但发展是一个连续的过程，其变化是渐进的。儿童的认知发展具有阶段性和连续性的特点。首先，儿童的认知表现在几个不同水平的连续阶段，每一阶段都具有代表该阶段特征的主要行为模式并构成一个整体，代表该阶段的智力。其次，每一阶段出现的先后顺序固定不变的，不能逾越也不能颠倒。但各阶段出现的年龄由于个体及个体环境的差异又有所不同，或向前或推后。最后，前一阶段的认知模式总是要整合到后一阶段的认知模式中，为下一阶段做准备并被下一阶段所取代，两阶段具有一定程度的交叉和重叠。

知识链接

三山实验

图 9-7　三山实验

皮亚杰做过一个著名的实验——“三山实验”。如图 9-7 所示，在一个立体沙丘模型上错落摆放了三座山丘，让 3～4 岁儿童坐在桌子的一边，正对面放置一个玩具娃娃，实验者让被试儿童从前后、左右不同方位观察这座模型，然后让儿童看四张从前后、左右四个方位所摄的沙丘照片，让儿童指出和自己站在不同方位的另外一人（玩具娃娃）所看到的沙丘情景与

① [瑞士]皮亚杰:《皮亚杰教育论著选》(第 2 版)，卢濬选译，人民教育出版社 2015 年版，第 18 页。

哪张照片一样。前运算阶段的儿童无一例外地认为别人在另一个角度看到的沙丘和自己所站的角度看到的沙丘是一样的！这个实验证明了前运算思维缺乏逻辑性的表现之一是不具备观点采择能力——从他人的角度来看待事物的能力。

——[瑞士]皮亚杰、英海尔德:《儿童心理学》，吴福元译，商务印书馆 1980 年版。

四、论儿童教育

(一)教育目的

皮亚杰认为教育目的并不是盲目确认的，他认为现在社会以至上的方式来确定教育目的，它是用两种方法来这样做的。它首先是用自发的方式，通过语言、习俗、舆论、家庭、经济必需品等的强制来规定教育目的。这就是说，社会通过维护与转化他们本身的集体活动，即按照前辈的静止的或变动的模型塑造新一代的方法来加以确定。其次，社会用周密思考的方式，通过国家机器或私人机构，按照所期望的教育类型，有意识地来确定教育目的。[①]他指出，这种根据社会需要来确定的外在教育目的并没有关注到儿童的内在发展需求。而教育目的的确定是综合运用各种知识的结果，不仅是政治的，而且还有经济、技术、道德、理智等方面的知识。因此，教育目的的确定应该是服从于可以分析的社会学的规律。也即是说，只有通过社会与教育的相互作用并建立在儿童本身的社会生活之上，才会使之变为有效的行为。传统的教育理论将儿童看作是小大人，认为他们和我们一样能推理、有情感，只是因为年纪太小缺乏知识和经验，教育只需从外部提供材料就足以使心智得以训练，但皮亚杰认为如果儿童的结构变化和思维性质与成人不同，那么教育的主要目标就在于形成儿童的智力和道德的推理能力。而且，既然那种力量不能从外边形成，那么问题就在于找到最合适的环境与方法去帮助儿童自己构成他的力量，换言之，在智力方面能够达到协调与客观，而在道德方面则达到互利。所以，了解儿童思维的结构以及儿童与成人心智之间的关系对于学校来讲具有根本的重要性。[②]

(二)儿童教育的基本原则

1. 教育应遵循儿童的认知发展顺序

儿童不是小大人，各阶段的认知结构也不尽相同，每一阶段都表现出与前后各阶段不同的认知能力。同时，儿童的认知发展过程具有规律性，想让儿童获得发展，教育就应遵循儿童的发展规律，提供适当的教育来促进儿童各阶段智力结构的发展。儿童的认知结构是严密且有顺序的，教师不能让儿童进行心理上还没有准备好的学习，应注意其学习的顺序性，使儿童的学习有充分准备。皮亚杰指出，一切理智的原料并不是所有年龄阶段的儿童都能吸收的，我们应考虑到每个阶段的特殊兴趣和需要，作为教师，应去发现符合于每个阶段有些什么知识，然后，根据有关年龄段的心理结构所能吸收的方式把它传授给学生。[③]

皮亚杰认为，儿童的发展是一个不断建构的过程，想要获得发展就需要建立在前一阶段

① [瑞士]皮亚杰:《皮亚杰教育论著选》(第 2 版)，卢濬选译，人民教育出版社 2015 年版，第 121 页。

② [瑞士]皮亚杰:《皮亚杰教育论著选》(第 2 版)，卢濬选译，人民教育出版社 2015 年版，第 50 页。

③ [瑞士]皮亚杰:《教育科学与儿童心理学》，傅统先译，文化教育出版社 1981 年版，第 176 页。

的基础之上，盲目超越儿童的学习阶段，只会欲速不达。若教师不尊重儿童年龄阶段的特点，一味加速儿童的发展只会浪费时间和精力。儿童的认知发展有其顺序和必经之路，他们的学习需要与之发展阶段相配合，教师应丰富儿童在相应阶段的生活经验，课程的设置和教材的安排应符合发展阶段的先后顺序及年龄特征，使儿童能有所发展。

2. 让儿童主动自发地学习

皮亚杰指出个性的相互联系方面是自主和互利，只有儿童自我发现的东西，儿童才能积极地将其同化，产生深刻印象。因此，儿童的认知不能从外部形成，只能以机体本身的发展来决定，不应从成人立场去理解儿童，而应以儿童为中心，考虑儿童的经验及思维方式。此外，儿童的主动性在其认知和智力发展过程中发挥着重要作用，他们是主动的学习者，真正的学习并不是由教师教儿童学，而是出自儿童本身，教师只是儿童学习的促进者，其作用是间接的，不应把知识直接传递给儿童，应注重“自我发现的教学”，介绍问题和对策使儿童通过自己的活动主动学习，建构起自己的思维形式。皮亚杰认为，若过早地教给儿童一些他们日后能自己发现的东西，儿童不会理解这些东西也会失去创造力，应该自发主动地学习，最好能使儿童自己发现并找到答案（见图 9-8）。

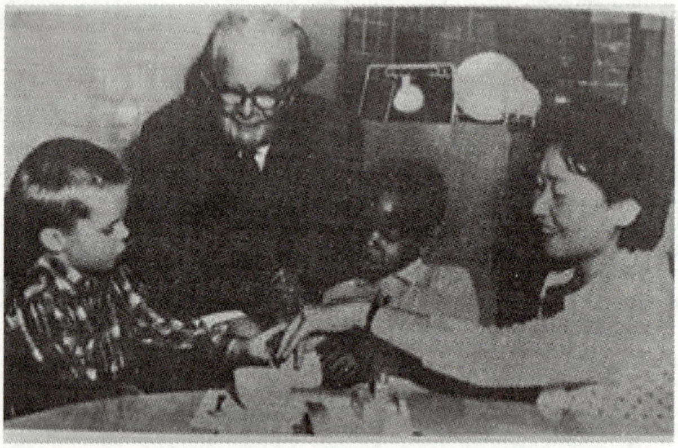

图 9-8　皮亚杰观察儿童做实验

皮亚杰主张，主动过程有两个含义：一是儿童直接作用于他的环境；二是儿童在心理上是主动的。[①]若对内容不感兴趣，儿童也不会想要学习，要调动儿童的积极性就得引起儿童的学习动机，特别是内在动机，由外部奖惩的强化引起的动机并不起主要作用。他认为，应该采取适度新颖原则，即给儿童学习的材料要和已有经验相联系，同时又具备一定的新颖性，由此产生认知上的冲突和不平衡，从而激发儿童的求知欲，引起儿童的兴趣和好奇心促进其主动学习。

3. 儿童应通过活动进行学习

皮亚杰从发生认识论出发，强调认识起源于动作，从动作开始，把活动与动作看成是主体与客体相互作用的桥梁，是知识的来源，要使儿童主动学习，应该使儿童通过活动和具体事物进行学习。因此，教育应该重视儿童的动作和活动，认识的形成是一种活动的内化，若是没有活动仅仅只是对儿童进行听和看的教育，那么儿童也只是进行了口头上的学习。儿童

① [瑞士]皮亚杰：《皮亚杰教育论著选》（第 2 版），卢濬选译，人民教育出版社 2015 年版，第 6 页。

只有自觉地参与各种活动才能获得真正的知识，形成自己的假设并予以证实。教师应该为儿童提供情境和条件，让儿童自由操作、实验，从而认识事物、发现问题。

皮亚杰提出“活动教学法”，将其视为儿童教育的重要原则，此原则并不是要降低教师在教育中的地位，而是把儿童和教师间，以及儿童与儿童之间相互协作转化为一种高级形式的合作。[①]他认为，应重视儿童的游戏，从感觉运动练习与符号这两种主要的形式来看，游戏乃是把现实同化于活动本身，给活动提供必要的粮食并根据自我的多种需要改变着现实。当儿童游戏的时候，他们也在发展自己的知觉、自己的智力、自己要进行实验的倾向、自己的社会本能等，这就是游戏在幼儿学习中如此强有力的一个杠杆的原因，因而每当人们能够成功地把儿童的阅读、算数或拼法的基础知识的传授转变成为游戏时，人们就会看到，儿童会热衷于通常视为劳役的这些工作。[②]

4. 重视社会交往

皮亚杰认为，传统学校强调教师对学生的支配作用，形成了理智和道德上的权威而学生只有服从的义务，由此学校形成一种强制性约束的社会关系，但儿童之间相互的社会影响、社会传递是其认识发展的重要源泉，新学校应把儿童集体互相协作的社会生活放在主要地位。只有学生之间的一种社会生活，也就是说，形成一种尽可能大的并和共同的智力工作相并行的自治，这样才能导致个性的这种双重发展，使人们既是自己的主人又相互尊重。[③]他指出，个性是通过相互之间关系的调整而获得自身的独立，儿童在社会交流方面具有高度的感受性，儿童的发展正是从自我中心状态开始转向互相交流，从而摆脱自我中心导致人格的形成。

皮亚杰将社会相互作用与合作看作是推动儿童个性发展的一部分，如果没有思想上的交流与合作，个体则不能把他的运算集合成一个连贯的整体。因此，儿童的智力发展需要与他人相互交往，这种交往不仅包括儿童之间的合作还包括儿童与成人之间的合作，交往的重点放在儿童间的合作上。为此，皮亚杰提出“同伴影响”，强调与同伴合作相互学习。儿童只有与其他儿童交往，才能意识到自己对事物的看法并非唯一见解，也认识到别人不一定和自己立场一致，从而摆脱自我中心，形成批判性思维。

五、论儿童的道德发展及教育

皮亚杰重视儿童的智力和道德能力的发展，他指出：“教育的主要目标就在于形成儿童智力和道德的推理能力……在智力方面能达到连贯性与客观性，而在道德方面能相互作用”[④]。皮亚杰对于儿童道德发展的研究集中在儿童道德情感和道德判断的方面，即儿童的尊敬情感、责任感、对规则的态度、对于正确的和错误的判断，以及对于“公正”的评价等方面。[⑤]同认

---

① 吴式颖、任钟印：《外国教育思想通史——20 世纪的教育思想》(下)，湖南教育出版社 2002 年版，第 65 页。

② [瑞士]皮亚杰：《皮亚杰教育论著选》(第 2 版)，卢濬选译，人民教育出版社 2015 年版，第 47 页。

③ [瑞士]皮亚杰：《皮亚杰教育论著选》(第 2 版)，卢濬选译，人民教育出版社 2015 年版，第 94 页。

④ 吴式颖、任钟印：《外国教育思想通史——20 世纪的教育思想》(下)，湖南教育出版社 2002 年版，第 62 页。

⑤ 陆有铨：《皮亚杰理论与道德教育》，北京大学出版社 2012 年版，第 35 页。

知方面的发展一样，儿童在道德方面的发展也具有一定的阶段性：

（一）感知运算阶段（0~2 岁）

道德萌芽阶段。刚出生的婴儿具有与生理系统密切关系的情感反射，此时他们还不具备客体稳定性的概念，无法将自我和外界客体分开，因此他的情感只和自己的动作有关，形成爱自己、爱自己动作的情感。随着年龄的增长，婴儿获得了客体稳定性的概念之后，其情感也随之发生变化。不仅能意识到自我，也能在自我之外将客体视为生动、有意识的东西，即情感客体化，将情感投射到自我之外的对象上去以形成人与人之间的情感。概言之，感知运动时期在情感方面，婴儿最初与动作本身相联系的基本情绪或情感则由于人与物的客体化而发展成为人与人之间的情感。①

（二）前运算阶段（2~7 岁）

儿童道德发展的最初阶段，称为“他律”道德阶段。“他律”表现为以服从成人为主要特征，成人对儿童的强制以及儿童对成人单方面的服从和归顺，意味着儿童的道德在本质上是屈从于成人，受外界所支配，因此儿童和成人间就是一种不平等关系，成人的规则就包含对儿童的强制，属于“他律”的道德。皮亚杰认为，一个命令只有来自一个受尊敬的人，才会被接受并产生一种责任感。儿童的第一道德感是服从，而所谓的“好”就是服从家长或他所尊敬的人的意志。皮亚杰指出，从道德判断立场而言，“他律”的道德感引向一个有规则的结构，这结构从有关的各种认知机制以及社会化的各个过程来说，都具有前运算的性质，这一结构称为“道德实在论”。②儿童的道德实在论主要表现在规则观、客观责任感以及公正感这几方面。将从以上三方面概括此阶段儿童道德发展的特点：

（1）此阶段的儿童希望懂得游戏规则而受到别人的称赞，因此，他们会从外部去接受规则但实际上并未真正理解规则的实质。

（2）儿童在判定行为时，答案往往两极化，不是好的就是坏的。

（3）儿童对行为做出判断时，主要是依据行为的物质后果，即行为符合或违犯规则的程度，而不考虑行为者的主观动机。③

（4）前运算阶段的儿童处于自我中心阶段，当成人的道德强制与处于自我中心的儿童发生冲突时会出现“撒谎”行为。皮亚杰认为说谎是儿童的一种自然倾向，是自发的、普遍的。而儿童将不真实的东西界定为“撒谎”。所以儿童认为说谎内容离真实性越远，那么说谎也就越严重。

（5）当问这一阶段的儿童哪种惩罚最公正时，儿童赞成抵罪的惩罚，即运用痛苦的办法使违规的人知道他的过错，通过强制手段使儿童遵守成人所提出的规则。在儿童眼中，违规就是违背成人的要求，因此受到惩罚是理所当然的事情，那么成人运用专断的手段进行惩罚也是合理的。

（三）具体运算阶段（7~12 岁）

这一阶段儿童的道德发展属于“自律”阶段。皮亚杰认为 7 岁左右是儿童发展具有决定

---

① 陆有铨：《皮亚杰理论与道德教育》，北京大学出版社 2012 年版。

② 陆有铨：《皮亚杰理论与道德教育》，北京大学出版社 2012 版，第 42~43 页。

③ 陆有铨：《皮亚杰理论与道德教育》，北京大学出版社 2012 年版，第 48 页。

意义的转折点。7～12 岁时期的重点在于无论在智慧方面还是在社会方面，儿童都从前一阶段的那种自我中心的状态中解放出来。儿童由客观判断转向主观价值判断，产生相互尊敬的情感以及自律的道德。此阶段的道德具有以下特点：

（1）此阶段的儿童能够理解别人的观点和意图，将自己置于和同伴相同的地位，也就产生了相互尊敬的情感。皮亚杰认为，自律的道德是随着社会性互相协作的进展以及相应的运算发展，儿童达到了基于相互尊敬的新的道德关系。[①]

（2）儿童不再把规则看成是神圣不可改动的，而认为规则是可以变化的。不仅是成人或绅士可以制定规则，儿童也可以发明规则，只要他发明的规则被认同即可。

（3）当平等观念和成人的权威发生冲突时，儿童认为平等更重要。产生了平等的公正感。

（四）形式运算阶段（12～15 岁）

在道德发展上，属于“公道”阶段。此阶段的儿童能够根据自己的价值标准对一些道德问题作出判断，从考虑规则的要求转而考虑有关人的需要。将公道原则作为价值判断的内在基础。皮亚杰认为，公道和公正不同。公正依据的是规则和法令，而公道却依据对别人的关心和同情，即平等的公正强调平等对待，不管具体情况如何，都不允许有任何变化，而公道却是根据不同的动机和不同的条件做出不同对待的公正，因此，公道是公正感的高级形式。[②]

皮亚杰对儿童道德发展理论的研究做出了贡献。首先，皮亚杰提出了儿童道德发展的阶段理论，他指出儿童的道德发展的顺序是不变的，儿童道德从一阶段到另一阶段发展时有着质的差别，但其道德发展不会停滞不前而是不断前进的。其次，他肯定了认知的发展是道德发展的必要条件，即儿童的道德发展并不是孤立的，是其心理发展的有机组成部分，认知的发展与道德的发展是平行的，儿童的道德判断和道德情感、道德规则的学习受到认知水平的制约。最后，皮亚杰认可了教育在儿童道德发展中的作用。他指出教育可以控制不利于儿童道德发展的因素，认知作为儿童道德发展的必要条件可以通过教育来促进。他还强调，虽然教育对道德发展具有促进作用，但是这种教育不能违背儿童道德发展的规律，因此所教的内容必须被儿童同化。[③]同时，我们也应该认识到皮亚杰的道德认知发展理论也存在着不足，皮亚杰重视儿童道德情感的发展却忽视了道德行为的重要性，同时他也忽视了在不同的社会背景和文化情境下的道德标准会对儿童的道德判断产生影响。

六、评价与总结

皮亚杰综合运用生物学、哲学、社会学、教育学对儿童进行研究，建立了一个跨学科的发生认识论，其理论指导着世界各地儿童认知发展的研究。他通过经验研究以及实验的方法研究儿童认识的发生与发展，不仅对儿童智力的发展进行描述，还试图说明其智力发展的机制及原因，创建了一套完成的儿童发展理论。此外，皮亚杰关于儿童认知发展连续性和阶段性理论，揭示出儿童心理发展是复杂且有规律的，为我们更好地理解儿童、教育儿童提供了理论依据。如他指出教育应重视儿童的兴趣和需要，以此为依据在欧美国家兴起了“开放课

---

① 陆有铨：《皮亚杰理论与道德教育》，北京大学出版社 2012 年版，第 61 页。

② 陆有铨：《皮亚杰理论与道德教育》，北京大学出版社 2012 年版，第 77 页。

③ 陆有铨：《皮亚杰理论与道德教育》，北京大学出版社 2012 年版，第 94 页。

堂”“活动课程”。当然，皮亚杰的理论也不是毫无缺陷的，他虽指出社会因素是影响儿童心理发展的因素，但将其理解的较为狭窄，忽视了它在儿童智力发展中的重要作用，因此社会因素在儿童的认知过程中重视度不够；皮亚杰认为儿童的认识发展有自己的节奏，应让儿童自己探索，从而忽略了教师在儿童发展中的作用，皮亚杰的这一观点遭到了批评。

第五节　马拉古兹的幼儿教育思想

我们将幼儿园视为一个完整的生命有机体，是一个成人与幼儿可以彼此建立联系和生活的地方。

——[意]马拉古兹

一、生平简介

罗里斯·马拉古兹（Loris Malaguzzi）（1920—1994 年），瑞吉欧市属婴幼儿中心和幼儿园的领导者、创始人，探索出一套根植于本地文化独具特色的幼儿教育体系被称之为“瑞吉欧·艾米莉亚教育经验”（见图 9-9）。

图 9-9　马拉古兹

加德纳评价：马拉古兹这位思想家的名字可以与他心目中的英雄——福禄培尔、蒙台梭利、杜威及皮亚杰相提并论。[①]

马拉古兹 1920 年 2 月 3 日出生于意大利，1923 年随家人搬迁至瑞吉欧·艾米莉亚市。1939—1941 年先后在索罗格诺（Sologno）小学、亚平宁村（Apennines）小学任教，1942—1947 年在瑞吉欧·艾米莉亚任教并在期间完成了乌尔比诺大学（University of Urbine）教育。之后辞职去幼儿学校，由于不满州立学校对待幼儿冷漠的态度、为迎合当局将包装好的成套知识塞给幼儿，马拉古兹决定去罗马的国家研究中心（National Center for Research）攻读心理学，并于 1950 年在政府资助下成立瑞吉欧艾米莉亚市立心理医学教育中心。1963 年在瑞吉欧创办第一所市立幼儿园，标志着意大利人民第一次有权力为孩子建立一所学校，打破了天主教会对幼儿教育的垄断。1971 年，马拉古兹领导策划全国性教师会议，会后出版了第一部以幼教为主题的作品《新式幼儿学校的经验》。1972 年，市议会通过马拉古兹参与制定的幼儿学校管理条例，条例的通过使市民创办的学校获得合法地位。1975 年马拉古兹应邀参与艾米莉亚·罗马格纳地方政府举办的主题为“幼儿的权力”会议，并成为该会议主讲人。会后不久在皮亚杰理论启发下设计的一系列计划开始实施。1976 年，意大利政府通过官方广播电台为天主教会说话，猛烈抨击市立学校，认为马拉古兹领导创立的教育模式阻碍幼儿发展，使幼儿园发展遭遇危机。为此，马拉古兹决定予以反击，暂停教师们的日常教学活动并邀请神职人员进行公开辩论，经过长时间辩论，反对声浪开始变得温和与诚恳，并使双方开始向互惠的方向发展，马拉古兹领导创办的幼儿园得到了政府关注，国家教学中心开始与之合作。同年，马

① [美]卡洛琳·爱德华兹、莱拉·甘第尼、乔治·福尔曼：《儿童的一百种语言》（第 3 版），尹坚勤、王坚红、沈尹婧译，南京师范大学出版社 2014 年版，第 5 页。

拉古兹应出版公司委托指导《零到六岁》杂志（后更名为《儿童》)。1981 年，马拉古兹及其团队带着蕴含瑞吉欧教育理念及成果的作品在瑞典的斯德哥尔摩举办第一个展览——“当双眼越过高墙”获得巨大成功（之后展览主题更名为“儿童的一百种语言”在世界巡回展出）。1991 年，马拉古兹指导下建立的戴安娜学校被美国《新闻周刊》评定为“世界上最好的学校”，1994 年马拉古兹去世。

知识链接

不，就是一百种
儿童由一百种组成
儿童有
一百种语言，
一百只手，
一百种思想，
一百种思维方式、
游戏方式、说话方式。
一百种，一百种方式
聆听、惊喜和热爱，
一百种喜悦
去唱歌和理解，
一百个世界
去探索，
一百个世界
去创造，
一百个世界
去梦想。
儿童有
一百种语言
（一百又一百）
但有人偷走了九十九种。
就是学校和文化
把他们身心分离。
他们告诉儿童：
不动手而思考，
不动脑而行动，
只听不说，
理解了也毫无乐趣，
喜爱与惊奇

只属于复活节和圣诞节。
他们告诉儿童：
在已知的世界里探索。
一百种中，
他们偷走了九十九种。
他们告诉儿童：
学习与玩耍，
现实与幻想，
科学与空想，
天空与大地，
理智与梦想，
都是
水火不容的。

因此他们告诉儿童
没有一百种。
儿童说：
不，就是一百种
——罗里斯·马拉古兹

——卡洛琳·爱德华兹、莱拉·甘第尼、乔治·福尔曼：《儿童的一百种语言》(第3版)，尹坚勤、王坚红、沈尹婧译，南京师范大学出版社2014年版，第57页。

二、理论来源

马拉古兹领导探索的“瑞吉欧·艾米利亚教育经验”并不单单来源于一种理论或一种教育模式，他认为不存在一个能包含所有教育现象的理论，教育经验的建构在不同阶段会有不同需求，应根据各阶段具体情境探索相适宜的经验（如20世纪70年代，心理学者霍德华·加德纳、大卫·谢弗；哲学家大卫·霍金斯；理论学者莫斯科维奇、查尔斯·莫里斯等人在社会理论、政治、经济、数学、推理等方面的观点就深深影响着马拉古兹，并成为其做出决定时的重要参考。）总的来说，马拉古兹探索的教育经验主要受到杜威的进步主义教育理论、皮亚杰和维果茨基的建构主义理论、弗雷内的合作性教育理念的影响，并在这些理论中进行调整，逐步建构起自己的教育经验。

（一）杜威进步主义教育理论

进步主义教育运动是20世纪盛行于美国的一种教育哲学思潮，其核心观点是反对传统教育的形式主义、反对教育对儿童的压制、提倡民主、尊重儿童。代表人物——杜威。区别于传统的“教师中心”“课堂中心”“教材中心”，杜威提出了“儿童中心”“活动中心”“经验中心”。即教育的各种措施应围绕儿童来组织，我们无需用成人的标准去设计标准框定儿童，应把教材引入到儿童的活动和自然生活中，使儿童在操作的过程中获得有关经验、知识形成观念。杜威所阐释的这些核心观念对马拉古兹所诠释的教育理念作出重要贡献，其中尊重儿童成为马拉古兹哲学观之根本。

杜威所著《艺术是一种经验》对马拉古兹影响深远。文章中讨论空间中人的经历和日常普通经历相交融的重要性时，首次将审美与经验两个观念结合起来。此文给马拉古兹及其同事们提供了一个新的反驳传统教育方法的有利观点，他们认为审美包含着关系、自由、表达，同时儿童天性中蕴含着对美的感受和理解，教育应该鼓励民主和合作，这种观念与杜威的想法不谋而合，并在此基础上形成了富有表现力的教育并成立“艺术工作室”①。杜威和马拉古兹总结，审美并非独立于教育经验之外，而是教育经验的一部分。②

（二）皮亚杰和维果茨基的建构主义心理学

马拉古兹认为，皮亚杰是第一位通过长期观察和与幼儿交谈，来深入分析幼儿发展并建立发展阶段的心理学家，他的心理学观点为我们解释儿童做出依据，其著作中的内容也为我们提供了直接或间接的教育建议，以促使我们反思教学、优化教学。皮亚杰认为，知识的发生来源于主客体的相互作用，相互作用的过程即是活动的过程。同时，他在《理解即创造》指出，应在以下两者之间做一个决定：是直接教授基础知识与结构，还是只提供给幼儿丰富的问题解决情境，让幼儿主动从探索过程中学习。马拉古兹赞同皮亚杰观点，认为无论在什么地方，儿童在学习知识与理解建构中都扮演主动、积极的角色，教学的目的在于为幼儿提供学习情境，应给予幼儿自主探索的空间，为幼儿提供更多的机会去发现和创造，从而实现自我的建构和发展。

维果茨基进一步发展皮亚杰思想，强调知识是与他人共同建构而成，力求把儿童置于广阔的社会历史文化背景中，使其同伴、成人、与自己的历史以及周围的社会文化环境的互动关系中获得知识，得到发展。③在此基础上，马拉古兹带领团队建立了一个强调以关系和参与为基础的瑞吉欧幼儿教育体系。此外，马拉古兹认为维果茨基最近发展区理论为教师介入提供帮助，肯定了教师对幼儿学习介入的价值。理论认为学生的发展有两种水平：一种是学生的现有水平，指独立活动时所能达到的解决问题的水平；另一种是学生可能的发展水平，也就是通过教学所获得的潜力。两者之间的差异就是最近发展区。教学应着眼于学生的最近发展区，为学生提供带有难度的内容，调动学生的积极性，发挥其潜能，超越其最近发展区而达到下一发展阶段的水平，然后在此基础上进行下一个发展区的发展。该理论引发马拉古兹的思考并形成自己版本的“最近发展区”，他认为儿童已经掌握好的技能和好奇的本性会使之对更高的认识水平产生期待，并准备好跨越这一差距，我们应探索一种教学情景，在这种情景里让幼儿能够理解那些大人已经理解的事物。④

① 艺术工作室注解：诠释艺术工作室的形象是将它看作是一个丰富的、设施齐全的研究环境，而艺术资源老师则是一个深思熟虑、富有技能，对儿童与成人的认知方式进行探索的研究员，同时他们在和儿童、家长、同事的相处中始终充当一个游戏中提供丰富资源的伙伴。由此，我们不得不将艺术工作室的概念推广至整个学校环境，将整个学校喻为一个艺术工作室。

② [美]卡洛琳·爱德华兹、莱拉·甘第尼、乔治·福尔曼：《儿童的一百种语言》，尹坚勤、王坚红、沈尹婧译，南京师范大学出版社 2014 年版，第 307 页。

③ 屠美如：《向瑞吉欧学什么——〈儿童的一百种语言〉解读》，教育科学出版社 2002 年版，第 65 页。

④ [美]卡洛琳·爱德华兹、莱拉·甘第尼、乔治·福尔曼：《儿童的一百种语言》（第 3 版），尹坚勤、王坚红、沈尹婧译，南京师范大学出版社 2014 年版，第 61 页。

（三）弗雷内的合作性教育理念

20 世纪 50 年代，意大利许多家长迫切需要更好的早期儿童教育，但现实中民主党无意改革早期教育现状。因此，民众下定决心改革当时教育。1951 年，由小学教师们所组成的团体——“合作教育运动”成立，该团体有目标地运用弗雷内的应用技术，达成合作协议。随后，马拉古兹参与创办了第一所合作学校，推动了城市婴幼儿中心的发展以及早期儿童教育系统的完善。

弗雷内教学法认为学生应该分组合作学习，这与马拉古兹的观点相契合。他认为最理想的教室组织形式是以 2 ~ 4 名幼儿为主的小组活动，具有良好沟通功效的单位，有助于冲突的产生与探索。此外，弗雷内提出三大教学原则，即（1）自由表达（应给儿童自由活动权，使儿童能遵循自身的内部法则进行发展，反对传统教学中的灌输制）。（2）实验探索（儿童有天生的好奇心，他们可以通过感官去了解世界，我们应该创造丰富的环境吸引幼儿参与探索）。（3）协作生活（教学、教育工作建立在师生合作的基础上，使学校成为一个既有民主生活，又有自由表达、既有相互协作，又有个人探索的生活乐园）。[①]这些原则充分体现在马拉古兹的教育理念中，如设计方案教学、为幼儿提供支持、创设会说话的环境并鼓励幼儿主动探索、建立幼儿与教师平等、对话的关系……

诚如马拉古兹所说，我们的理论来自不同领域，在对这些领域进行谨慎思考的同时也认真考察自己正在进行的实践，发现并没有哪一种理论可以统领一切教育现象，我们在实践过程中往往会参考一个或多个理论，而关键在于如何将这些理论与儿童活动、工作组织相结合。同时，对不同领域的理论我们也并非全盘吸收，而是根据具体文化情境批判性地加以接纳和改良使理论和实践完美契合。

三、教育理念

马拉古兹的教育理念产生于一个复杂的文化背景中。他表示在特定的历史阶段会受到各种学说、政治观念、经济力量、科学革命以及人类社会波澜起伏的影响，为了生存就得与这些力量进行博弈。[②]因此，从一开始马拉古兹就在各种经验中不断探寻，总结出适合于瑞吉欧幼儿教育发展的理论性原则并指导于实践，并在各种理论、经验中不断地寻求教育的灵感以及建议。通过共同研讨、分享经验、尝试实验等各种形式，探索适合于瑞吉欧当地幼儿园发展的基本理念、最佳模式。

（一）儿童观

对于儿童的理解，马拉古兹曾说，我们关于儿童的印象，不再是孤立的、自我中心式的，也不只是限于他们在方案中的活动，不只是关注他们的认知能力和经验是否缺乏逻辑性，也不再考虑他们情感领域的矛盾性。替代我们印象的全新的儿童形象是：儿童有丰富的潜能，强大的力量，可以胜任一切，儿童可以联结同伴以及成人。[③]儿童的想法并非幼稚而毫无意义，

---

① 张崇善：《弗雷内的三大教学原则》，教育理论与实践[J]. 1988（8）：第 53 ~ 55 页。

② [美]卡洛琳·爱德华兹、莱拉·甘第尼、乔治·福尔曼：《儿童的一百种语言》（第 3 版），尹坚勤、王坚红、沈尹婧译，南京师范大学出版社 2014 年版，第 37 页。

③ [美]卡洛琳·爱德华兹、莱拉·甘第尼、乔治·福尔曼：《儿童的一百种语言》（第 3 版），尹坚勤、王坚红、沈尹婧译，南京师范大学出版社 2014 年版，第 150 页。

其想法背后所产生的行动是他们想要探索周围世界而付诸的努力。也许他们语言表达能力有限，但却通过身体、动作、图画，展示出无限的可能性。

1. 信任儿童

马拉古兹认为，儿童有共同的天赋、蕴藏着巨大的潜能，以及对表达和实践自己想法的无穷欲望，我们首先要做的事就是相信孩子，只有这样，我们才能让孩子成为一个充分发挥他的才华和能力的人。作为一个独立的个体，儿童在教育过程中享有自己的权力，有着属于自己的体验和感受，具备独特的能力去建构知识；作为一个主动的学习者，他们的学习也并不是在教师教授之后才发生，而是在理解知识、学习知识的过程中扮演着积极主动的角色。正是因为他们是主动、积极且富有能力的个体，让马拉古兹相信儿童有能力在自我成长的过程中担当主角，而我们要做的就是信任儿童，因为感受到信任的孩子才会去信任别人。

信任儿童意味着对儿童既不是绝对的权威管理也不是完全的放任自由，而是在教师中心和儿童中心中寻找一个平衡点，使儿童能够有足够的空间按照自己的步调探索、处事。作为成人的我们，应根据儿童的需求做出充足准备，使其有权力根据自己的兴趣去选择并发表意见，在此过程中我们应该尊重儿童、倾听儿童。也正因为如此，瑞吉欧一直秉持着“与其牵着儿童的手，倒不如让他们靠自己的双脚站立着”的教育理念。

2. 尊重儿童

尊重儿童是马拉古兹哲学观认同的根本，他认为儿童的经验具有个体差异性，我们不应该用时间去衡量幼儿的发展，应尊重幼儿成熟与发展固有的时间表，尊重他们思考和实践的那些心智工具出现时间的差异，以及随着时间推移幼儿各种能力全面的、缓慢的、过度的和不断变化的显现。[①]每个儿童都是特殊的个体，有着自己的节奏和步调，尊重儿童意味着我们需摒弃整齐划一的要求，让幼儿可以调整自己的节奏，逐步形成关于自己、他人、社会乃至世界的印象。我们常将爱等同于尊重，但实际上两者并不相同，爱是一种付出，是自发行为，而尊重体现双方之间的平等关系。因此，教育儿童不仅仅是给予儿童爱，还应像尊重自己一样去尊重儿童。通过对儿童的语言、行动及某次经历中的表现去解读儿童，承认儿童的差异性，而不能脱离实际以一种抽象的方式去理解儿童，这意味着我们应尊重儿童的思想、行为，尊重儿童的表达，以使儿童能感受来自外界给予的尊重，这种有尊重的爱能成为儿童在学习、生活、探索中的技能，为其学习生活带来贡献（见图 9-10）。

图 9-10　影子谈话

① 卡洛琳·爱德华兹、莱拉·甘第尼、乔治·福尔曼：《儿童的一百种语言》（第 3 版），尹坚勤、王坚红、沈尹婧译，南京师范大学出版社 2014 年版，第 57 页。

（二）教师观

马拉古兹说，要给一个定义来阐述关于幼儿教师工作的完整内涵与外延是一件不容易的事。[①]因为瑞吉欧的幼儿教师并不只是扮演着一种角色或承担一种工作，也不仅只是知识的传授者。面对来自不同家庭、有着不同文化背景、性格各异的儿童，意味着瑞吉欧幼儿教师需具备多种角色以满足多样化的需求，这就需要我们多角度、全方位、综合性地看待（见图 9-11、图 9-12）。

图 9-11　教师共同讨论

图 9-12　教师与家长共同商讨

1. 倾听者

倾听的意思是全面专注于儿童，同时把所观察到的现象进行记录和存档，然后以此为基础，做出儿童和家长都认可的决定。[②]马拉古兹强调倾听儿童的重要性。通过倾听，教师可以获得一定的想法并用这些想法去指导小组活动，从而使儿童的讨论和行动更有意义。[③]倾听儿童可以让我们知道儿童对什么感兴趣以及想要更深入了解什么，使教师能根据幼儿的兴趣需求去激发儿童的内在动机，特别是当儿童的活动无法继续，或者在工作中找不到动力时，教师可以通过倾听儿童的想法，从儿童的对话中得到启发，帮助儿童发现自己的困惑使活动得以进行下去。

除此之外，我们还应该学会用“第三只耳朵”倾听，即我们在倾听儿童的话语时，不仅是认真倾听儿童的表述还应思索幼儿话语背后所表达的内在含义。通过行动、想象、情感理解儿童话语内涵，发现儿童话语的寓意以便更加深刻理解儿童的所想所表达，让倾听直观可视化。真正的倾听要求我们暂时放下主观偏见和个人判断，从中立的角度倾听意味着这样的倾听是建立在参与具体情境并对儿童话语好奇的基础之上。每个儿童都是不同的，当我们学会倾听儿童的意见和想法时，会发现儿童带给我们的不仅是惊喜和疑问，还会让我们了解并洞悉儿童的“为什么”，同样，教师的倾听也会让儿童知道他们的想法是被认可的并赋予价值的，他们也能感觉到在教师眼里他们是重要的。因此，学会倾听、用心倾听不仅是一种研究

① [美]卡洛琳·爱德华兹、莱拉·甘第尼、乔治·福尔曼:《儿童的一百种语言》(第 3 版)，尹坚勤、王坚红、沈尹婧译，南京师范大学出版社 2014 年版，第 151 页。

② [美]卡洛琳·爱德华兹、莱拉·甘第尼、乔治·福尔曼:《儿童的一百种语言》(第 3 版)，尹坚勤、王坚红、沈尹婧译，南京师范大学出版社 2014 年版，第 155 页。

③ [美]卡洛琳·爱德华兹、莱拉·甘第尼、乔治·福尔曼:《儿童的一百种语言》(第 3 版)，尹坚勤、王坚红、沈尹婧译，南京师范大学出版社 2014 年版，第 157 页。

探索儿童的方法，更是对生活的一种态度和对儿童所分享的一种责任感。

2. 反思者

马拉古兹认为，教师扮演的其中一个角色就是给自己提出重要问题，也就是说要成为一名专业幼儿教师应该能够自我反省。他表示，教师像幼儿或其他人一样，有让自己能力变得更强的需要，他们想把经验变成理念，理念变成反思，再通过自我反思产生更多的理念与行动。[①]教师通过自我反思，尝试解释在工作中出现的各种现象与问题，探寻其背后的规律及原因，能在不断反思中促使头脑更加的灵活，以便更加机智地处理教学情境中的具体问题。此外，教师之间的"相互批评"也是促进教师自我反思的另一方法，即教师之间在相互鼓励的同时，也针对其面临的具体情况，提出可操作的意见和建议，帮助她们进行批判性反思而不是得出一个封闭的结论。例如，教师们在日常工作中观察记录儿童，随后根据记录一起相互讨论、分析、交流彼此的想法，通过不同视角的分析以更加全面的眼光去看待问题，使其思路清晰而避免单一，从而促进教师自身的专业成长。

教师应该结合儿童兴趣创设更多的情境、提供更多的资源和富有结构性的材料，并根据儿童需求扩充相关主题，使他们能有更多的机会与环境、同伴、成人互动。另外，在提供材料创设环境的同时教师应对情境中的儿童保持敏感的态度，通过分析幼儿的活动、与幼儿进行互动，能更加清晰地理解儿童的一言一行，以便根据幼儿的情况做出具体的反馈和回应，避免其想法过于单一或偏激。无疑，在分析儿童、为其提供材料和情境的过程中能使教师暂停教学活动做出自省，从而更好地创设环境、理解并回应儿童。

3. 发现者

瑞吉欧的教师会不断对儿童的活动进行密切的关注，他们坚信，儿童发现感兴趣的问题时，会进一步探索想要了解的问题，而教师的角色就是根据儿童需求提供材料，帮助儿童发现面临的困难和疑问。因此，教师往往不会为儿童提供现成的解决方案，即使已经意识到儿童的方案存在着"偏差"，教师也不会急于马上修正，而是为儿童提供援助、进行引导，以便活动能够继续进展下去。而在儿童遇到困难和障碍时，教师会鼓励儿童完成他们正在做的事情并根据儿童面临的具体困境做出补充，使儿童重新投入到活动中。

学会观察和保持敏锐的眼光去帮助儿童发现问题，是教师必不可少的技能之一。当教师发现儿童对某个主题感兴趣并成为一个生长点时，应为儿童提供相关材料，给予儿童足够的空间进行探索与展示。若在此过程中儿童出现困难，教师也不是直接将问题、答案告诉幼儿，而是通过启发、诱导让儿童意识到存在的问题、探索新思路使活动得以进行下去。

（三）环境观

在设想建构一所怎样的幼儿园时，马拉古兹做出了一种尝试，即将环境组织融入教育过程中，从而使各个元素之间彼此互动而产生活力，环境也成为瑞吉欧的"第三位教师"。例如，校园内的墙壁上展示的都是教师和儿童作品及成果，成为可以"说话"和"记录"的空间。马拉古兹还采用皮亚杰对于环境的建议，将每间教室分隔成两个相邻的空间，既给了儿童独处的环境，也可以让教师与儿童在一起。除教室的空间之外，还设置了"艺术工作室"，成为瑞吉欧教育的特色。

---

① [美]卡洛琳·爱德华兹、莱拉·甘第尼、乔治·福尔曼：《儿童的一百种语言》（第 3 版），尹坚勤、王坚红、沈尹婧译，南京师范大学出版社 2014 年版，第 50 页。

（四）艺术工作室

20世纪60年代，马拉古兹为瑞吉欧的每一所幼儿园引进一个艺术工作室，并配备一名具有艺术专业背景的教师。他认为："对我们来说，所谓艺术工作室，它不仅应该成为综合设计的一部分，同时也是一个用来进行探索的附加空间。用一种更好的方式来形容，它是为了让孩子们通过视觉艺术的实践，亲历动手动脑，体验观察的精锐度"。[1]即幼儿在这里能够接触到有富有吸引力的情境，可以探索不同表现力的材料，采用语言或非语言的形式（视觉的、音乐的、手工的）进行操作或实验，在象征的基础上能够自由发挥想象力，使儿童的学习经历更加完整。作为教师的我们也可以在儿童的涂鸦、设计作品中发现儿童的基本理念以及相关动机，从而更好地理解儿童的学习过程。艺术工作室的出现，能让我们用一种全新的视角去看待儿童的形象，帮助教师和儿童用一种更加诗意的眼光去看待世界，在这过程中常常会收获意外、不同寻常的感受，产生美学共鸣。

四、评价与启示

罗里斯·马拉古兹是瑞吉欧的天才领袖——这位思想家的名字的确可以与他心目中的英雄——福禄培尔、蒙台梭利、杜威以及皮亚杰相提并论。然而，远超过其他教育家的是，马拉古兹为建立一个教育社区奉献了他的一生：他与家长（父母）、社区成员、数千名儿童，以及拥有各类专长的杰出的教师共同努力多年，建立了一个卓有成效的教育体系。[2]无疑，马拉古兹开创了独具瑞吉欧特色的教育体系，倾听儿童、尊重儿童，同时将社区、儿童、教师、家长有机地结合起来，形成一个能够开发儿童心智、情绪、社交以及道德潜能的集体，使儿童在充满爱与尊重的环境中快乐成长。马拉古兹对"儿童一百种语言"的描述，让我们看到儿童的无限潜能，社区式教育让我们体会到关系的重要性。但正如加德纳所说，一个教育模式或体系，无论怎样的理想化，它总是立足于本土的环境之中，没有人能够把瑞吉欧的戴安娜幼儿园搬到新英格兰地区，因此也不可能将瑞吉欧的戴安娜搬到中国，我们在学习瑞吉欧的同时，应根植于本地的具体文化情境，创造出适合本地区儿童发展的教育模式。

本章小结

进入20世纪后，幼儿教育的重要作用日渐深入人心，儿童中心主义思潮兴起。这一时期，教育家们以儿童为中心，探究教育的基本理论及原则，对幼儿教育理论与实践产生了重要影响。爱伦·凯指出，二十世纪是"儿童的世纪"，主张建立以儿童为中心的学校。杜威认为教育应与生活、社会相联系。皮亚杰致力儿童心理发展研究，分析制约儿童心理发展的因素，探索儿童认知发展的规律。以马拉古兹为代表的瑞吉欧幼儿教育，指出儿童是天生的艺术家，儿童有一百种语言，应让儿童的双眼越过高墙。这些理论被世界各国的幼儿教育工作者作为

---

① [美]洛琳·爱德华兹、莱拉·甘第尼、乔治·福尔曼：《儿童的一百种语言》（第3版），尹坚勤、王坚红、沈尹婧译，南京师范大学出版社2014年版，第313页。

② 洛林·爱德华兹、莱拉·甘第尼、乔治·福尔曼：《儿童的一百种语言》，（第3版）尹坚勤、王坚红、沈尹婧译，南京师范大学出版社2014年版，第1页。

其幼儿教育工作的指导思想，并在此基础上加以借鉴、利用，促进了世界幼儿教育的发展。

思考与练习？

1. 在蒙台梭利学校任教的教师其教学任务有三个，分别为（　　）。
A. 观察指导、示范、准备
B. 观察指导、准备教具、创设环境
C. 制定教育目标、准备教具、示范
D. 制定教育目标、创设环境、示范
答案:【A】

2. 皮亚杰的“三山实验”考察的是（　　）
A. 儿童的深度知觉　　B. 儿童的计数能力
C. 儿童的自我中心性　　D. 儿童的守恒能力
答案:【C】
——2018 年上半年幼儿教师资格证考试《保教知识与能力》真题选择题第 10 题

3. 午餐时餐盘不小心掉到地上，看到这一幕的亮亮对老师说:“盘子受伤了，他难过得哭了。”这说明亮亮的思维特点是（　　）
A. 自我中心　　B. 泛灵性　　C. 不可逆　　D. 不守恒
答案:【B】
——2017 年上半年幼儿教师资格证考试《保教知识与能力》真题选择题第 3 题

4. 根据皮亚杰的观点，2～7 岁儿童的思维属于（　　）
A. 具体运算结算　　B. 形式运算阶段
C. 感知运算阶段　　D. 前运算阶段
答案:【D】
——2014 年下半年幼儿教师资格证考试《保教知识与能力》真题选择题第 2 题

5. 杜威认为，学校生活的组织中心是（　　）
A. 教材　　B. 家长　　C. 教师　　D. 儿童
答案:【D】
——2014 年下半年幼儿教师资格证考试《保教知识与能力》真题选择题第 6 题

6. 提出“教育即生活”的教育家是（　　）。
A. 卢梭　　B. 蒙台梭利　　C. 福禄培尔　　D. 杜威
答案:【D】
——2013 年上半年幼儿教师资格证考试《保教知识与能力》真题选择题第 2 题

7. 试论蒙台梭利教育思想的形成。
8. 试论蒙台梭利的儿童发展观与其教育观的联系。
9. 试论蒙台梭利教育方法的基本特征。
10. 试论蒙台梭利在世界学前教育史上的地位。

11. 试论蒙台梭利的教育理念对当代早期教育的价值。

12. 材料分析题

材料：

儿童的一百种语言
不，一百种是在那里
孩子是由一百种组成的
孩子有一百种语言
一百双手
一百个念头
还有一百种思考、游戏、说话的方式
有一百种快乐，去歌唱去理解
一百种歌唱与了解的喜悦
一百种世界去探索去发现
一百种世界去发明
一百种世界去梦想

（1）通过上述材料，你发现幼儿心理发展有哪些特点？

（2）依据这些特点，教师应该怎样对待幼儿？

【答案要点】

瑞吉欧理论体系创始人马拉古兹的《儿童的一百种语言》这首诗歌，这个标题饱含了瑞吉欧创办者对儿童无限潜能的尊重、赞赏和期待，要追随儿童，真正尊重、体现并维护儿童的权利。瑞吉欧教育理念的核心就是真正地追随儿童，真正地走进儿童的心灵世界。他们强调要尊重、体现并维护儿童的权利。

幼儿的心理发展特点：

（1）儿童是一个独立的人，是处于不断发展的积极个体，是一个主动的环境探索者。

（2）儿童有其自身发展的差异性，每个儿童心理发展都有自身的优势领域，如有的儿童有良好的语言能力，有的儿童在动作发展上有着相当强的协调能力。在同样的心理发展过程中，每个儿童在其发展水平上呈现出差异性。

给教师的启示：

我们首先要树立科学的儿童观和教育观。现代的儿童观与教育观告诉我们，儿童是人，他具有生存权，具有人的尊严以及其他一切基本人权；儿童是一个全方位不断发展的人，他具有满足生存和发展需要的权利。教育不是教教材，而是教儿童，儿童有其特有的身心发展特点，学前课程必须遵循这些特点，在此基础上构建课程的目标体系、内容体系和方法体系。

——2012 年下半年幼儿教师资格证考试《保教知识与能力》真题材料分析题第 1 题

【拓展阅读书目】

[1] [瑞士]皮亚杰. 皮亚杰教育论著选[M]. 卢濬译. 北京：人民教育出版社 2015.
[2] [美]杜威. 我的教育信条[M]. 罗德红，杨小微，译. 上海：华东师范大学出版社，2015.
[3] [美]杜威. 民主主义与教育[M]. 陶志琼，译. 北京：中国轻工业出版社，2014.
[4] 孙瑞雪. 爱与自由[M]. 北京：北京大学出版社，2014.
[5] [意]玛丽亚·蒙台梭利. 蒙台梭利早教经典教育原著（全五册）[M]. 北京：中国妇女出版社，2001.

第四编 当代幼儿教育

本书当代幼儿教育部分主要介绍了美国、英国、法国、新西兰、澳大利亚等国家幼儿教育发展经验及趋势。自德国的幼儿教育家福禄培尔于1837年创办“幼儿园”之后，真正意义上的幼儿公共教育得以在西方社会确立。18世纪60年代开始，随着整个西方社会率先普遍进入工业革命时代，幼儿教育的社会需求不断增长，从而促使了西方幼儿教育实践与研究的大力发展，由此奠定了西方幼儿教育理论与实践的深厚基础，使西方幼儿教育始终走在世界幼儿教育发展的前沿。

当代幼儿教育的发展与经济社会发展水平、政治、文化、脑神经科学、现代信息技术等有着密切的联系，与此同时，幼儿教育的价值及其对社会发展的深远影响也日益凸显，许多发达国家早已将幼儿教育提升到国家发展战略的层面，足以体现其重要性。此外，幼儿教育研究领域不断扩展、研究方法不断更新、教育质量监控体系日益完善。尽管各个国家的具体做法不尽相同，但总体上都反映出幼儿教育研究与实践的积极探索与繁荣发展。

第十章 当代幼儿教育发展趋势

学会学习、学会生活、学会做事、学会生存。

——[法]埃德加·富尔

内容提要

本章第一节介绍了当代西方幼儿教育发展的基本经验，尤其是以美国、英国、法国等为代表的幼儿教育发达国家的相关发展经验，内容涉及幼儿教育公平、处境不利儿童教育、幼儿师资、教育质量监控体系建设、幼儿教育研究等方面。第二节简要阐述了西方幼儿教育的发展趋势，包括基于早期儿童数据系统的科学研究、0~6岁儿童学习与发展一体化研究，以及家庭指导教育研究等。

学习目标

1. 了解当代西方幼儿教育发展的基本经验。

2. 了解当代西方幼儿教育的未来发展趋向。

第一节　当代西方幼儿教育发展的基本经验

公共学前教育诞生于西方，最早可追溯至古希腊时代，在柏拉图的《理想国》中，他就曾提出关于公共学前教育的设想。在此后不同的历史时期，分别涌现出以洛克、卢梭、裴斯泰洛齐、福禄培尔、蒙台梭利、杜威、皮亚杰等为典型代表的著名幼儿教育研究者，他们为整个西方幼儿教育发展做出了巨大的贡献，并由此奠定了西方幼儿教育深厚的理论基础和实践积淀。

与此同时，西方社会率先进入工业时代的社会发展需求带动了其公共学前教育的加速产生，1837 年福禄培尔在勃兰根堡创办的"幼儿园"，标志着近代公共学前教育体系的正式确立。此后，西方国家普遍将幼儿教育纳入国家战略层面，视其为社会经济发展中不可或缺的一部分，并通过各种方式大力发展，积累了丰富的实践经验。由此，梳理与回顾西方幼儿教育发展基本经验，有利于我们了解和掌握当代外国学前教育的历史、发展与现状，通过吸收和借鉴相关文明成果，有助于多视角分析我国学前教育发展中面临的各种问题，有效推进我国学前教育的改革和发展。

一、立法保障幼儿教育健康均衡发展

教育公平是社会公平的重要基础，公平已然是当今国际幼儿教育改革发展的基本理念和首要目标。然而，因为市场具有天然的逐利性，社会参与则具有自愿性的特征，因此，无法借由市场抑或社会组织力量实现幼儿教育的公平与均衡发展。政府以实现民主与公益为目标，并拥有其他任何组织所不具有的最不可抗权力，其应当成为促进学前教育公平的主导力量。

世界主要发达国家和地区对此有着深刻的认识，故而为保障幼儿教育公平，促进幼儿教育的均衡良性发展，许多国家纷纷通过制定政策、法律明确政府是推进学前教育公平的责任主体，以此来确保各项政策的有效实施，并保障和促进幼儿教育的健康长足发展。

1. 美国

20 世纪 80 年代以来，美国联邦政府颁布了一系列与学前教育有关的教育法，如《开端计划法》（Head Start Act）、《家庭援助法》（Family Support Act）、《儿童保育与发展固定拨款法》（Child Care and Development Block Grant Act）等。其中，《儿童保育与发展固定拨款法》（1990 年）规定"为促进各州和地方儿童保教服务的开展，特别是提高对低收入家庭儿童的早期看护与教育的关注程度，1996—2002 每个财政年度联邦政府对该法授权的儿童保教服务提供 10 亿美元的拨款"。此外，2001 年的《不让一个儿童落后法》也明确规定，政府要"确保所有儿童都拥有获得高质量教育的公正、平等和重要的机会"[①]。

2. 法国

法国已颁布实施并持续生效的学前教育及相关教育法、法令多达 40 余部，明确了法国学

① 庞丽娟：《世界主要国家和地区政府主导推进学前教育公平的政策及启示》，《学前教育研究》，2014 年第 1 期。

前教育的性质与地位，并对政府职责、财政投入、幼儿教师身份与待遇、弱势儿童群体权益等多方面做出了相应规定，切实维护和保障学前教育的性质与地位。

首先，法国从法律上规定，接受学前教育是法国每个适龄儿童的一项基本权利，人人平等。《教育指导法》则从法国整个教育事业的高度提出了教育机会平等的法律原则，"其第 1 条明确规定教育是公共事业，应有助于机会平等"。①

其次，通过立法明确了幼儿教育的奠基性和公益性。法国政府与社会充分认识到学前教育对个体终身发展与国民素质提高所具有的不可或缺的重要性质与独特价值，在《宪法》《教育基本法》以及多部相关的学前教育法律法规中指出，学前教育对于儿童以后的成长与成功，尤其是对于小学教育具有特别有益的影响，让学前教育构成儿童学校教育的基础阶段，从 2～3 岁起招收全部儿童进入幼儿学校，成为法国教育政策的一项重要目标，当努力促其成功。②可见，法国法律一方面强调了学前教育的重要价值，另一方面明确了法国学前教育的基础地位。实际上，早在 19 世纪后半叶，法国即颁布了《机构法》（又名《戈博莱法》，Loi Goblet，1886 年），在该法中已明确将学前教育纳入法国学制系统，即将幼儿学校纳入法国"实行初等教育的小学"范围之中。此后《关于学前教育的课程与机构的法令》（1887 年）、《教育指导法》（1989 年）和《地方自由和责任法案》（2004 年）等均以不同方式对学前教育的重要性与奠基性加以强化和明确规定。

最后，法国多部法律法规强调市、镇政府在主办学前教育事业中的各项职责，如《1983 年法》明确规定小学和幼儿学校由市、镇政府负责投资与管理；《83—663 号法令》规定市议会在国家代表的建议下决定小学和幼儿园的建立。③由此可见，法国学前教育办学主体是政府，这在根本上保证了学前教育的顺利发展。法国近些年来还在不断修订相关法律法规，以进一步完善学前教育法律系统。

3. 其他国家

此外，新西兰《早期教育十年战略规划（2002—2010）》（2002 年）也明确指出"政府旨在为所有的新西兰儿童，不论其条件与环境，均提供享受有质量早期教育的机会"。④

不仅发达国家如此，墨西哥、印度等发展中国家也明确规定了政府的责任主体地位。印度早在 1974 年《国家儿童政策》中明确提出"国家的政策目标应该是在所有儿童成长的所有阶段为其提供平等的发展机会，以服务于更大范围的减少不平等和促进社会公平的目的"。墨西哥也在 2002 年《学前义务教育法》中指出"国家有责任提供教育服务，全体适龄儿童都要接受学前教育"。⑤由此可见，政府在促进学前教育公平中的主导地位已成为许多国家的共识，而相关法律法规的确立与有效实施是促进幼儿教育健康均衡发展的重要保障。

---

① 沙莉、庞丽娟：《明确学前教育性质，切实保障学前教育地位——法国免费学前教育法律研究及其对我国的启示》，《学前教育研究》，2010 年第 9 期。

② 沙莉、庞丽娟：《明确学前教育性质，切实保障学前教育地位——法国免费学前教育法律研究及其对我国的启示》，《学前教育研究》，2010 年第 9 期。

③ 杨阳：《法国学前教育的目标、性质与管理启示》，《学前教育研究》，2016 年第 9 期。

④ 庞丽娟：《世界主要国家和地区政府主导推进学前教育公平的政策及启示》，《学前教育研究》，2014 年第 1 期。

⑤ 庞丽娟：《世界主要国家和地区政府主导推进学前教育公平的政策及启示》，《学前教育研究》，2014 年第 1 期。

二、优先发展弱势儿童教育

为切实保障弱势儿童享有平等的学前教育权利，世界许多国家如美国、英国、法国、韩国、新西兰等，近年先后确立并实施了以弱势群体为重点帮扶对象的免费学前教育政策。

1. 美国

1965 年，美国联邦政府提出“向贫困开战”战略，开始高度关注贫困儿童的保育和教育问题，通过《经济机会法案》（Economic Opportunity Act）向早期儿童保育项目持续提供资金，其中最著名、规模最大的是联邦“开端计划”项目，致力为低收入家庭的 3 岁或 4 岁孩子提供服务。1990 年，美国儿童保育援助项目是继“开端计划”之后的第二大贫困儿童早期保教项目，主要通过税收抵免、救济补贴金和公共学前教育项目等方式实现。

知识链接

开端计划

由于与贫穷做斗争及教育的要求，1965 年，美国开展一项“开端计划（Head Start）”，由于有国家投资等有利条件，进行了学前教育的多项研究，学前教育效果便是其中一项研究。1969 年，威斯汀·豪斯发表关于“开端计划”的效果的研究，提出：学前教育有助于儿童认知能力的提高，但到小学三年级时即随之消失。研究结果带来负面影响，其后引起对学前教育效果的多项跟踪研究，对所得数据进行深层分析。其中有一项著名的研究是由施瓦因哈特、韦卡特和拉纳于 1986 年共同发表的对“开端计划”中佩里学前教育项目效果的评估。该研究指出：在 19 岁的青年中参加过“开端计划”的实验组与没有参加的控制组相比，实验组升学率高，有更多人进高中，较多的入高等学校，对特殊教育的需要明显减少；在青少年犯罪率，早孕率及安全依靠救济生活的比例方面都比控制组低，就业率较高些；而对“开端计划”项目和一个控制组所花的费用做比较，“开端计划”高质量的学前教育项目不仅给社会带来长期的效益，而且 1 美元的投资，省去了矫正教育等方面花费的 7 美元。

——黄人颂：《学前教育学》，人民教育出版社 1991 年版。

2. 法国

法国多部法律及政策对优先倾斜和扶持弱势地区处境不利群体的学前教育做出了明确规定。例如《92—244 号政令》明确提出了“教育优先区”的政策。一个教育优先区就是通过共同行动计划联系起来的包括幼儿园在内的公立中小学教育机构整体，以接纳生活在弱势经济社会文化环境下的学生。[①]

3. 英国

1998 年，英国政府实行了“确保开端计划”（Sure Start），强调向贫困家庭儿童、少数民族儿童以及学业表现不良儿童提供特殊支持，旨在通过医疗保健、免费学前教育、儿童保育、家庭支持等服务为儿童及其父母提供更好的生活，提高学前教育的质量。

---

① 沙莉、庞丽娟：《明确学前教育性质，切实保障学前教育地位——法国免费学前教育法律研究及其对我国的启示》，《学前教育研究》，2010 年第 9 期。

4. 新西兰

为保障弱势地区学前教育的发展，新西兰专设了“公平资金资助”和“偏远地区资助”项目，其中公平资金资助主要是对发展落后地区、偏远地区等处境不利地区和儿童，在资金补贴和免费学前教育等基础上提供额外补助。

三、关注幼儿师资质量

幼儿教育师资是衡量幼儿教育质量的核心要素，因此，世界各国在发展幼儿教育的过程中，都非常注重高质量幼儿师资队伍的培养和建设，并且以法令的形式确保幼儿教师的地位、待遇与监管等。下面以法国和美国为例来做简要的阐述。

1. 法国

法国幼儿园园长统一受聘于法国政府，享有中小学校长同样的待遇。教师则须具有本科及以上学历，并在法国教师培训学院接受两年专业教育，通过执业考试后方为合格。一旦入职后，所有教师包括幼儿园教师都会定期接受国家相关部门的考核与监管，且评价结果直接与教师的晋升挂钩。与此同时，法国政府为幼儿园教师工资、奖金和住房等提供了财政保障，如早在 19 纪末，法国在《1889 年法》中就明确规定国家负担全部公立学校教师与行政人员的工资，其中就包含幼儿教师。2000 年《教育法典》明确地对幼儿教师再次重申：国家承担（公立）初等学校和幼儿学校教师人员的工资。[①]

2. 美国

美国“开端计划”中的幼儿教师必须满足专业和学位两方面的要求。近年来，其对教师的学位要求已经由最初的学士学位或儿童早期教育的高级学位提升到儿童早期教育学士或更高级学位。

此外，幼儿园教师专业伦理规范也是幼儿园教师专业发展的重要组成部分，在很大程度上决定着幼儿园教师的工作态度、专业行为、教学质量，决定着幼儿的发展，从而决定着一个国家的学前教育水平。基于此，1989 年 7 月，美国最大的民间幼儿教育组织——全美幼教协会制定了《伦理规范和承诺声明》的草案并颁布实施，开辟了幼儿教育界制定教师专业伦理规范的先河。1992 年第一个修订版本被采用，1997 年 11 月进行了第二次修订，每隔五年全美幼教协会就会重新审视《伦理规范和承诺声明》以决定是否需要再次修订。

遵守《伦理规范和承诺声明》是大多数州和地方许可幼儿园教师上岗的前提，这也为幼儿园教师专业伦理规范的实施提供了比较严格的制度保障，从而确保幼儿园教师专业的“伦理底线”能够得到贯彻与执行。

2004 年，全美幼教协会联合全国幼儿园教师教育工作者协会（NAECTE）以及美国副学士学位幼儿园教师教育协会（ACCESS），制定并发表了《学前教育教师教育工作者伦理规范》。2006 年 7 月，全美幼教协会又制定了《学前教育项目行政管理人员伦理规范》，2011 年 5 月修订。可以说，这两个规范都是对《伦理规范和承诺声明》的补充和完善，针对除了幼儿园教师以外的和学前教育密切相关的师范教育工作者和项目行政管理人员提出了伦理上的要求。

---

① 沙莉、庞丽娟：《明确学前教育性质，切实保障学前教育地位——法国免费学前教育法律研究及其对我国的启示》，《学前教育研究》，2010 年第 9 期。

四、建立完善的教育质量监控体系

高质量的幼儿教育才能对儿童的终身发展受益，并为社会带来长远的积极影响。这一观点受到世界各国的普遍认可，因此，各国在积极扩大幼儿教育机会的同时，也十分关注幼儿教育质量的提升。许多国家通过立法、颁布质量标准、成立质量监督机构亦或建立学前教育督导评估制度等，加强政府对学前教育质量的监控，保障学前教育质量。

1. 美国

美国《2000 年目标：美国教育法》（1994 年）明确提出，“要让所有美国儿童都能够接受高质量的学前教育”。奥巴马执政期间，将发展高质量学前教育尤其是保障弱势儿童获得高质量学前教育，作为美国学前教育改革的目标之一。

另外，美国的质量评级与提升系统（Quality Rating and Improvement Systems，简称 QRIS）采用“系统观”思路，以市场需求为导向，建立多维度、多功能的学前教育质量评估与提升系统。QRIS 通过等级化、符号化的形式对学前教育机构质量进行评级，并提供一系列资金与技术支持促进机构质量的提升，同时加大学前教育机构质量在家长（消费者）层面的透明度，提高家长的辨别与选择能力，最终达到提升所有形式的学前教育机构质量、促进幼儿得到更好发展的目标。[①]

2. 英国

英国于 1992 年成立了教育标准局，专门负责监管全国教育管理与质量，同时设立总督学，负责对学前教育进行督导与评估。2006 年，英国颁布《教育与督导法案》和《儿童保育法》，分别对教育标准局和总督学的学前教育督导职责做了明确规定。为更好地发挥督导制度的作用，2009 年英国实行新的学前教育督导评估指标。该指标体系包括了“对 0 ~ 5 岁保教机构的督导评估指标”和“对 5 ~ 8 岁保教机构的督导评估指标”。其中“0 ~ 5 岁保教机构的督导评估指标”主要包括机构的质量标准、机构的管理和领导标准、机构整体效能、儿童发展结果的评判标准等四大方面。每个核心指标下设不同维度的二级指标，均通过优秀、良好、合格、不合格来衡量各机构在各个教育指标上的达到程度。[②]这在相当程度上保障了英国各机构的教育质量。

3. 其他国家

澳大利亚发布了“2012 学前教育国家质量框架”，并成立了澳大利亚儿童教育与养护质量监督局。德国制定了《日托机构的教育质量标准》。韩国成立了专门的学前教育署。印度不仅在《国家儿童政策》中提出“国家要逐步增加相关教育等服务的范围，以使所有儿童均衡成长，能享受到最优的条件”，而且在《国家行动计划》中进一步提出“普及学前教育使所有儿童获得高质量的教育”。[③]墨西哥颁布了《学前教育义务法》，这些举措都积极推动了各国学前教育事业的健康、持续发展。

---

① 刘昆、郭力平、钟晨焰：《美国学前教育质量评级与提升系统：实施现状及面临的挑战》，《外国教育研究》，2016 年第 5 期。

② 王红蕾、孙美红：《中英学前教育督导制度对比及其启示》，《幼儿教育（教科版）》，2012 年第 7 期。

③ 庞丽娟：《世界主要国家和地区政府主导推进学前教育公平的政策及启示》，《学前教育研究》，2014 年第 1 期。

五、注重幼儿教育的实证研究

西方幼儿教育研究引入了医学中“循证研究”的概念，注重基于广泛调查的实践研究，并以此作为国家教育政策制定与财政投入的依据。

1. 英国

英国教育部支持的“有效学前中小学教育项目”(Effective Preschool, Primary and Secondary Education，EPPSE) 是其中最具国际影响力的。该项目从 1997 年开始，到 2014 年 9 月结束，历时 17 年，对 3000 余名儿童接受早期教育之后的身心发展状况开展了跟踪研究，成果倍受世界瞩目。项目共分为三个阶段，每个阶段的研究重点有所不同。1997 年到 2003 年为研究的初期阶段，最初名为“学前教育有效供给项目”(Effective Provision of Preschool Education Project，EPPEP)，重点研究学前教育的状况和初步效果；2004 年到 2008 年为研究的中期阶段，开始把中小学教育的影响纳入研究中，因此项目调整为“有效学前中小学教育”项目；2009 年到 2014 年为研究的结束阶段，运用日益丰富的数据对前期、中期研究结论进行验证。

该项目得到的总体结论为：第一，早期教育 (学前、中小学) 的影响力在学生 7 ~ 9 岁、9 ~ 11 岁、12 ~ 14 岁、15 ~ 16 岁、17 ~ 18 岁这些年龄阶段均得到明显体现。儿童是否接受早期教育、接受早期教育的时间与质量均对他们后期的学习产生了长远影响。第二，父母教育背景、社会经济地位以及家庭学习环境对学生的未来发展具有关键影响。第三，早期教育质量对学生个性发展、社会行为表现和学习成绩 (英语、数学和科学) 均产生全面的影响。第四，学前机构、小学、中学的教育质量以及学生家庭学习环境之间呈现互相影响的正向教育关系。早期教育的积极影响越大，后期的积极教育影响也越大。早期教育的消极影响越严重，其造成的负面教育结果也越严重。

作为英国教育战略规划的一部分，“有效学前中小学教育项目”一直受到英国历届政府的重视、资助与支持，其研究成果对英国政府宏观教育决策方向、内容和重点产生了巨大影响，促使英国教育部逐步认识到包括学前、中小学教育在内的高质量早期教育的战略性价值，并由此改进了决策。

2. 美国

全美幼教协会在幼儿园教师专业伦理规范的制定过程中也注重实证研究，通过大量的调查、访谈等研究方法来比较系统地分析幼儿园教师专业伦理，力求制定一种对幼儿园教师而言可行的伦理规范，并对幼儿园教师的专业伦理行为提出详细的要求和指导。

在最初版本的《伦理规范和承诺声明》制定之前，全美幼教协会进行了 3 次调查研究，第一次研究总共有 600 名全美幼教协会的会员参加了问卷调查，其中有 311 名会员附上了他们在工作中的伦理困境和伦理故事。接下来，全美幼教协会开始在各个地区举办伦理研讨会，并就问卷中的问题进行再一次的调查研究。1987 年 5 月，一些最困难的伦理问题又被提出，征求广大幼教人员的意见和建议。最后在全美幼教协会伦理委员会咨询了其他伦理委员会和伦理专家后，才开始从众多资料中发展出《伦理规范和承诺声明》的草纲。该草纲在 1988 年 11 月全美幼教协会的年会上呈现，然后再依据年会的意见进行了修改，终于在 1989 年，全美幼教协会董事会核准并发表了完整的幼儿园教师专业伦理规范文本。

另外，美国国家儿童健康与人类发展研究院 (NICHD) 主导发起了“NICHD 学前儿童养护和发展研究 (NICHD Early Child Care Research)”，对 1364 名出生于 1991 年的幼儿进行了

10余年的长期调查、追踪与评估。[①]

简而言之，西方国家在大力发展幼儿教育的过程中提出了许多有益的主张与措施，如政府主导幼儿教育发展，并通过幼儿教育立法这条主线，对政府的责任和义务提出了明确要求，对幼儿教育的地位、师资培养与监管、幼儿入学机会、弱势儿童教育，以及质量监控体系等方面做出详细的规定，并切实保障了各项政策的顺利实施。这些都为我们发展有质量的幼儿教育提供了积极经验与启示，需要我们进一步结合具体情况进行有益的借鉴与探索。

第二节　当代西方幼儿教育发展的趋势

西方国家一脉相承的幼儿教育研究传统与丰富的教育实践，促使他们的幼儿教育发展与研究始终走在世界前列。近年来，随着西方社会在现代科学技术、信息化、脑神经科学、教育研究等各领域的飞速发展，奠定了其幼儿教育发展与研究的坚实基础。因此，厘清西方幼儿教育近年来的发展趋势与前沿动态，也有助于我们更好地把握未来幼儿教育的主要研究与发展走向，并由此积极开展本土化的幼儿教育研究，促进我国幼儿教育的健康长足发展。

一、儿童早期学习与发展更加注重能力与综合素质的提升

近年来随着神经科学、发展心理学和学习理论科学研究的深入，人们对儿童早期的学习与发展有了更为清晰的认识。与此同时，高科技的飞速发展和经济全球化引发了社会文化的迅速变迁，同时也对人才的培养提出了更高的要求。来自这两方面的重要信息都深刻表明，儿童的学习和发展体现为一种对越来越复杂的社会活动的参与，这种参与能力是以一种综合的应对和解决问题的能力表现出来，而不是某一方面的知识技能或能力。因而，以知识技能掌握为主的教育目标范式显然已经不能适应我们对人发展的新理解了。

经济合作与发展组织（OECD）与国际教育成就评价协会（IEA）的研究表明，讨论多年的“21世纪人才能力版图”现在变得更加清晰。就21世纪人才所需能力，大家似乎已经达成了初步共识：批判性思维、移情、合作、解决问题、自控、创造、坚持、好奇心、交流。而这些能力与当代积极心理学提出的未来成功的7项指标有很大程度的交叉：坚毅、激情、自制力、感恩精神、社交智力、好奇心。[②]这些能力中有相当成分属于非认知能力，而知识技能的习得已经不再放在最重要的地位。

1. 新西兰

《新西兰0~5岁儿童学前课程指南》提出了儿童学习与发展的五个目标领域：（1）健康（情感健康得到满足和培育，如儿童感觉到自己有价值；具有识别自己和别人情绪反应的能力；自信并能表达情感的需求）。这一目标领域非常强调，儿童作为一个独立个体，在自身健康方面的积极主动的参与和责任性的发展。（2）归属感（知道在集体中有自己的位置；知道可接

① 钱雨：《世界学前教育质量监管体系的发展特点与趋势分析及其对我国的启示》，《学前教育研究》，2012年第12期。

② 周欣：《儿童早期学习与发展的目标与评估：范式转换中的价值取向》，《全球教育展望》，2015年第7期。

受行为的限制和界限，如参与讨论协商规则能力）。（3）贡献（不同性别、能力、年龄、种族或背景的人享有平等的学习机会，如理解自己和别人的权利，识别歧视性社会行为的能力，具有初步欣赏多元和公平价值观的初步概念；得到与别人一起学习的鼓励，如具有用和平的方式解决冲突的策略，能从他人角度看问题，具有集体意识和责任感，乐于对集体做出贡献）。（4）交流（发展用于多种目的的非言语和言语交流技能；体验本文化和其他文化的故事和符号；发现和发展不同的创造和表现的方法）。（5）探究（知道探究和好奇心是有价值的学习方法；学习积极探究、思考和推理的策略，如识别和使用多种信息来源，把自己看作是能力强、自信的学习者，有经常提出问题，有所发现和表征发现的能力等）。

儿童早期学习与发展的范式转换必然伴随着儿童评价方式的转变。与针对行为本身的量化评定不同，研究者们则更加倾向于进行非正式评价，即更为注重用质性方法来描述发生在特定情景中的行为。新西兰以“学习故事”（Learning Story）的形式所体现的学前儿童评估的理念和方法，为我们开创了这样的先河。“学习故事”是由新西兰学者玛格丽特·卡尔（Margaret·Carr）于21世纪初提出来的一种儿童评估的理论和方法，目前它对新西兰、澳大利亚、英国、爱尔兰、美国、加拿大等地的学前教育，甚至中小学教育的教学实践均产生了较大的影响。

知识链接

学习故事是什么？

“为了促进学习而评价”是卡尔教授和新西兰幼教工作者在深入思考“为什评价”这个问题后给出的答案。他们研究后发现，故事可以捕捉学习的复杂性，如学习策略以及学习动力等；可以体现学习的情境性，将学习的社会性特征与认知和学习效果结合在一起；能融入儿童的声音，强调儿童的参与和文化。于是，他们提出了“学习故事”这种叙事的方式记录、评价和支持儿童的学习，而评价的焦点就落在儿童的学习过程上。

因此，学习故事是为了支持儿童进一步学习而进行的评价，不是对学习结果的测评。它是形成性的，关注的是学习过程；它是课程的一部分，并能够在师生之间持续的互动和呼应中推动课程生成。学习故事又是在日常教育教学情境中所做的观察，是用图文的形式记录下儿童学习过程的一系列“哇”时刻或“魔法”时刻，关注的是儿童能做的、感兴趣的事情，而不是儿童不能做的，欠缺的地方。在这些“哇”时刻或“魔法”时刻里，儿童展示出一个或几个该课程框架所重视的有助于学习的心智倾向——好奇、勇敢、信任、坚持、自信、分享和承担责任。教师的计划和支持儿童进一步学习的方法、策略和内容是建立在分析所观察到的与儿童学习有关的“数不清的因素”基础上的，为教师如何进一步促进和拓展儿童的学习提供方向和指引。

附：学习故事

卡马尔布里特喜欢她的成长档案

撰写：海伦　　第三学期

我注意到，你越来越喜欢使用你的成长档案了。最初，你习惯拿着你的成长档案到处走动，然后，我开始看到你阅读自己的成长档案。坐下来读自己的成长档案，就好像在读一本关于自己的书，已经是你经常做的事情了。一天，当我们一起阅读你的成长档案时，你停了下来，开始数在某一页上你粘贴的卡片数量。你的数数能力给我留下了深刻印象。以前，我从来没有想过成长档案会成为学习计算的工具，所以，谢谢你，卡马尔布里特，是你让我意识到了这一点。

我在这里看到的学习，卡马尔布里特，你对自己成长档案的所有权意识是那么的强烈。对你来说，拥有这本成长档案，就像拥有最心爱的玩具或图书那样，你是如此的喜悦和快乐。

在幼儿园这个“游戏场所”里和她的成长档案之间的互动，促进了卡马尔布里特的身心健康和归属感。

——[新西兰]玛格丽特·卡尔：《学习故事与早期教育：建构学习者的形象》，教育科学出版社2015年版。

2. 澳大利亚

澳大利亚早期学习指南中提出了五个学习与发展的目标领域（括号中为二级目标举例）：（1）具有明确的身份感（感到安全和有人支持，形成自主、独立，相互依赖，有韧性和能动感，形成知识经验丰富和自信的自我认同，在与他人的互动中表现出关爱、同情和尊重）。（2）与周围世界有紧密联系并做出贡献（有集体归属感，理解完成积极的社会参与所需要的双边权利和责任，对多元文化的尊重，知道公平问题，有社会责任感和对环境表示尊重）。（3）强烈的幸福感（在社会和情感方面体验到满足和幸福，对自己的健康和身体需求承担越来越多的责任）。（4）自信和投入的学习者（形成有利于学习的心智倾向，如好奇心、合作、自信、创造性、责任感、热情、坚持性、想象和灵活性，形成一系列技能和能力，如解决问题、探究、实验、假设、研究和调查、知识迁移，通过与他人和环境的联系为自己的学习提供资源）。（5）具有较好的交流技能（言语和非言语交流，接触和理解多种类型的文本，运用多种媒介表达想法和意义，初步理解符号和模式体系的内涵，使用信息和交流技术获得信息，验证和表征自己的想法）。①

可以看出，新西兰和澳大利亚两个国家的目标框架和价值取向非常接近，它们的一级和二级目标的共同点都是以有利于学习的心智倾向的培养为导向，都凸显了儿童的身份感和能动性，儿童对社会生活的参与和贡献，儿童与他人和周围世界的密切联系和互动，以及掌握交流技能重要性的价值内涵。其中特别强调学习是儿童如何应对和处理与周围世界中各种因素之间的关系，它是一种情绪和认知融合的综合能力。

3. 美国

美国也提出了五种与有利于学习的心智倾向有关的学习品质：好奇心、创造性、独立性、坚持性和合作性。此外，近年来美国还提出了立足于全体儿童的“强健开端”课程，此课程的核心是通过培育社会情绪教育中的核心要素，如认知重建、人际冲突解决、社会技能培养、同情心培养、问题解决、压力缓释以及行为改变等，来促进儿童社会情绪能力的发展。

强健开端课程是美国俄亥俄大学教育学院基于其社会情绪学习项目——“俄亥俄韧性项

---

① 周欣：《儿童早期学习与发展的目标与评估：范式转换中的价值取向》，《全球教育展望》，2015年第7期。

目”研究而开发形成的一系列儿童社会情绪学习课程之一。该系列课程共分为五级水平：学前期（Pre-K）、幼儿园—2 年级、3—5 年级、6—8 年级和 9—12 年级，年龄跨度从 3 岁一直到 18 岁。其中学前期和幼儿园—2 年级课程被称为“强健开端”。“强健开端”课程能够很好地引导儿童认识和理解不同情境下的情绪情感，帮助儿童学习应对情绪和人际问题的适宜方法与策略，并将各种策略真正运用到实际生活中。这种基于真实情境的学习体现了儿童教育应来源于生活，并最终回归生活的基本理念，同时还注重儿童非智力因素的学习，反映了未来幼儿教育发展的综合价值取向。

二、大力建设早期儿童数据系统，全面提升教育质量与公平

进一步提升早期教育质量，深化教育公平是当前各国幼儿教育发展的基本趋势。而在提升早期保教质量方面，关于儿童发展数据的收集、监测和研究是一个非常有力的政策杠杆。通过数据收集、监测和研究，可以了解儿童是否公平地获得高质量的早期保教服务并从中获益，也有助于巩固问责制和提升项目质量，还可以影响政策和改进实践，使政策制定建立在数据基础之上，也能为家长提供多样化的选择信息。

1. 美国

21 世纪以来，美国发展早期儿童教育的一个重要举措就是建设完善的早期儿童系统。美国联邦政府鼓励各州建设早期儿童数据系统，希望能够用科学的数据系统来支撑早期儿童教育质量的提升，提出要借助客观的早期儿童数据支持政府科学决策、投资；监管、促进与儿童发展相关的项目和服务品质发展；推动教师团队的专业发展；提升家庭教养能力，最终促进儿童的发展。与此同时，还依据上述目标确定了数据系统的使用对象、关键问题，并制定了系统的数据标准；建立了早期儿童数据系统与 K-12 教育系统的联结。最后，在便捷获取数据的同时，要求确保数据的隐私与安全。

另外，考虑到儿童早期学习与发展涉及众多领域，美国联邦政府鼓励不同层面的专业部门联手组建早期儿童数据系统的支持与管理机构，协助各州建设早期儿童数据系统。影响力最大的是早期儿童数据协作小组（Early Childhood Data Collaborative，简称 ECDC），ECDC 的主要任务就是帮助各州建设、联结和使用早期儿童数据系统。ECDC 是 2009 年由美国 7 个国家组织共同组建的团队，它的 7 个成员分别是：加州伯克利大学分校的儿童保育研究中心、全美首席教育官理事会、数据质量行动项目组、哥伦比亚大学公共卫生学院贫困儿童研究中心、全美州立法议会、全美促进最佳实践州长协会中心、各州皮尤研究中心的促进早期儿童教育运动项目组。

最后，早期儿童数据系统的受益群体非常广泛，如各州州长和立法者可以依据数据找出政策的重点，提高早期儿童教育项目和教师团队的质量；扩大高质量教育项目的受众面；合理分配资源等。而高等教育院校的教师与教师专业发展的培训者可以借助数据，分析现有教师团队的构成以及对新员工的要求；提高教育培训项目的质量，为教师的可持续发展提供指导。此外，父母也可以借助数据了解自己孩子的发展状况，提供相应的家庭指导。为儿童提供服务的健康、卫生等公共机构也可以更清晰地了解儿童及其家庭的需求，提供更适宜的服务等。

2. 经济合作与发展组织

OECD 各成员国基于广泛的调查研究，OECD 教育委员会于 2012 年 1 月出版了有关早期

教育与保育质量的第三份研究报告——《强势开端Ⅲ：早期教育和保育的质量工具箱》，其中就包括要推进数据的收集与监测这一政策。

总之，随着互联网等信息技术的飞速发展，人类正处于一个以“数字”为核心的信息化时代。各类高新信息技术也随之迅速渗透到教育领域，依托互联网、智能终端、大数据、云计算等技术，信息化时代里的学习与教育不仅可以突破时空限制，更可以实现真正意义上的个性化。因此，我们需要紧跟时代变化，为学前儿童的发展创设适宜的生态空间，为他们未来的学习和生活成功奠定良好的基础。而这一目标的实现，都需要系统完善的儿童数据系统支持。

三、关切幼儿教育质量绩效，进一步完善监测评估体系

学前教育能否为儿童、家长乃至整个社会带来益处，根本取决于其质量。所有儿童均享有接受优质学前教育的权利已经成为国际共识，2015 年联合国教科文组织大会审议通过的《2030 教育行动框架》也将提供优质的学前教育列为联合国可持续发展目标的子领域，并纳入包容、公平和优质的全民终身教育体系中。[①]因此，如何在保障学前教育公平的基础上提高学前教育质量，处理好更高质量、更加公平的共同发展关系，已经成为当前和未来幼儿教育工作的重点。

基于此，国际社会愈加重视学前教育质量监控体系对学前教育质量提升的作用。近两年，经济合作与发展组织和世界银行分别发布了关于学前教育质量监测与评估的新政策。

1. 经济合作与发展组织

2015 年 10 月，经济合作与发展组织（OECD）发布了《强势开端Ⅳ：早期教育与保育质量的监测》，着重从质量监控体系的质量观、目的和结构要素进行探讨，并具体分析了机构服务质量、员工/教师质量和儿童发展质量等三大重点监控领域。它从国际比较的视角对 OECD 各成员国学前教育质量监控体系做了具体介绍和总结提升，分析了学前教育质量监控体系的构成，阐述了近年来各国质量监控体系的共同发展趋势，总结了各国质量监控中面临的挑战和对策，有利于各成员国更好地理解质量监控的基本原理，建立有效的质量监控体系。

2. 世界银行

从各国制定国家教育发展规划甚至国家整体宏观战略来看，优先发展学前教育的政策理念正逐渐达成共识并有效实施。因此，2012 年，世界银行在“2020 教育发展纲要”（Education Strategy，2020）和“全民学习目标”（Learning for All）的根本指导下，实施了“学前教育系统监测和基准制定”（简称 SABER—ECD）的政策评估项目。该项目通过收集各国学前教育系统内的政策和行动计划等各方面信息，依托（SABER—ECD）国际比较平台，重点选择“学前教育系统环境的建立、公平广泛的实施和教育质量的监控”三大政策目标来构建学前教育政策和实施的评估框架，以诊断国家学前教育发展面临的主要问题，帮助政府建立有效的学前教育政策环境和系统，从而让所有儿童都能够接受公平优质的学前教育。

简而言之，“强势开端Ⅳ”和“SABER—ECD”表明学前教育质量监控体系的建立正被国际社会日渐重视。学前教育质量监控体系是学前教育政策评估中的重点对象，对于提高学前

---

① 李传江、张义宾、周兢：《国际视域下的学前教育质量监控体系》，《外国教育研究》，2017 年第 1 期。

教育质量和促进学前教育系统健康发展具有至关重要的作用。

四、发展家庭指导教育研究，积极倡导家长参与

在儿童的健康发展中，父母扮演了至关重要的角色。大量研究表明，家长的教养方式与孩子的学业表现、人格发展、心理健康、自尊水平、行为问题，以及其他一系列发展结果都紧密相关。逐年积累的研究证据也表明，对家长的指导和干预可以有效帮助家长树立正确的教养理念、防止错误的教养行为、改善亲子关系，从而减少儿童的问题行为并促进他们各方面的健康发展。因此，世界各国和地区都在积极探索研究，以加强和提升家长参与的水平与能力。

1. 西方“亲职教育”项目

从政府管理的层面看，对家长进行关于如何科学养育儿童的教育和培训（以下简称“亲职教育”）所带来的投资回报比是巨大的。很多国家，如美国、英国、澳大利亚、挪威、新西兰以及国际组织，如世界卫生组织、联合国毒品与犯罪办公室都开始呼吁大范围推广高质量亲职教育项目。[①]西方国家在亲职教育领域不断探索和发展，逐步形成“大力推进基于证据的亲职教育项目”的趋势，并且基于对项目的实证评估结果，筛选出真正有效的亲职教育项目，并将政府资源集中在这些项目的大规模推广上，是目前西方各国推行亲职教育的总趋势。

目前西方社会广泛应用的优质亲职教育项目主要包括：“家长管理培训”“帮助不听话的孩子”“亲子互动疗法”“不可思议的年岁”“3P 正面教养项目”等。

（1）“家长管理培训”。

“家长管理培训”由致力通过培训家长改变儿童的研究工作者中的领军人物帕特森（Gerald Patterson）创立，该项目主要面向 3 ~ 14 岁儿童的家长，致力于改善儿童出现的一系列问题行为，如发脾气、哭闹、愤怒、欺负别人、偷窃等。项目内容主要围绕学习如何观察儿童的行为并积极投入与孩子的活动；学习如何用正强化（如表扬、特权、积分系统等）来激励孩子合适的行为；学习如何用惩罚（如取消积分、暂停）和界限设置来管制问题行为；学习如何监管以防止孩子参与危险活动；学习如何预防和处理矛盾等五大核心教养技能展开。项目实施则是以单个家庭为单位进行一对一的培训，项目既提供给家长使用的教材《和孩子一起生活》，也提供给项目实施者指导手册《家庭干预的社会学习方法》。[②]

（2）“帮助不听话的孩子”。

该项目的目标群体为 3 ~ 8 岁有逆反行为的儿童的家长，与“家长培训管理”项目类似，该项目正式开始前会有一个非常详尽的测评，包括对家长和孩子的访谈、通过行为编码系统进行自由场景和规定场景的观察，以及一系列检测家长行为、儿童行为和家长育儿知识的量表。测评完成后进行正式培训，持续时间约 12 周。具体进程取决于每个家长对每一部分内容的学习速度，平均共 10 次课左右，每次 60 ~ 90 分钟，同样以单个家庭为单位进行一对一的培训。

（3）“3P 正面教养项目”。

该项目最初源自针对学前儿童家长的一个小规模的培训项目，在澳大利亚政府的支持和

---

① 范洁琼：《国际早期儿童家庭亲职教育项目的经验与启示》，《学前教育研究》，2016 年第 11 期。

② 范洁琼：《国际早期儿童家庭亲职教育项目的经验与启示》，《学前教育研究》，2016 年第 11 期。

推动下，目前已发展成为一个多水平多形式的综合性家长干预体系，能够覆盖 0～16 岁儿童群体，旨在通过提高家长的育儿知识、育儿技能以及育儿自信来防止儿童和青少年出现严重的行为、情绪和发展性问题。[①]

（4）“亲子互动疗法”。

该项目主要面向 2～8 岁儿童的家长，旨在改善儿童叛逆、攻击性以及多动等问题行为。

（5）“不可思议的年岁”。

该项目可覆盖 0～12 岁儿童的家长。不仅适用于有行为问题（如懒惰、反叛、偷窃、撒谎、尿床、等）的儿童的家长，而且适用于无显著行为问题的儿童的家长。

2. 经济合作与发展组织

OECD 成员也将促进家长参与儿童早期教育视为提高早期教育质量的重要政策杠杆，并且在这方面进行了有益的探索，采取的主要做法包括宣传家长参与的重要性及参与内容、提供多元化的参与途径、为家长和托幼机构提供公共财政资源、支持材料以及智力支持等。

（1）澳大利亚：政府开发了名为“我的孩子”的门户网站，除了丰富的育儿信息，也为家长提供不同类型托幼机构的信息，以帮助家长做出合理选择。通过网站，父母还能方便地查询如何获取教育费用的补助。

（2）瑞典：教育部门专门开发了促进幼儿语言发展的宣传册，由托幼机构负责发送给家长，并告知家长如何在家中开展教育活动。

（3）日本：通过托幼机构的家园联系簿、公告板、电子邮件和机构网站等多种途径告知家长幼儿园的动态、班级活动、家长参与的活动等方面的信息。[②]

此外，政策上的支持主要表现为，很多 OECD 国家通过颁布法律、法案和课程标准，让家长参与成为一项权利和义务。如芬兰的《日托法案》《基本教育法》都提到了家长参与。

总之，积极进行家庭教育指导研究，全面提升家长参与的水平与能力，丰富家长参与渠道与方法等，已然成为国际社会提高早期教育质量的重要举措，也是保障幼儿教育高质量发展的必然趋势。

本章小结

随着经济全球化和高科技的飞速发展，未来儿童的学习和发展将超越单纯的知识与技能学习，更加注重儿童综合参与能力、解决问题等能力的提升。与此同时，伴随互联网、智能终端、大数据、云计算等各类高新信息技术在教育领域的迅速渗透，依托信息化时代里的学习与教育形式不仅可以突破时空限制，更可以实现真正意义上的个性化。此外，大量研究表明，在儿童的健康发展中，父母始终扮演着至关重要的角色，因此，世界各国和地区都在不断积极探索研究，以进一步加强和提升家长参与的水平与能力。最后，进一步整体提升早期教育质量，深化教育公平仍然是当前及未来各国幼儿教育发展的基本趋势。

① 范洁琼：《国际早期儿童家庭亲职教育项目的经验与启示》，《学前教育研究》，2016 年第 11 期。

② 王伟、李辉辉、李静：《OECD 国家促进家长参与早期教育的策略及其启示》，《学前教育研究》，2015 年第 3 期。

思考与练习？

1. 下列哪一种不属于《3—6 岁儿童学习与发展指南》倡导的幼儿学习方式？（　　）

A. 强化学习

B. 直接感知

C. 实际操作

D. 亲身体验

答案:【A】

——2015 年下半年幼儿教师资格证考试《保教知识与能力》选择题第 1 题

2.《幼儿园教育指导纲要（试行）》中的教育目标较多使用“体验”“感受”“喜欢”“乐意”等词汇，这表明幼儿园教育强调（　　）。

A. 知识取向

B. 情感态度取向

C. 能力取向

D. 技能取向

答案:【B】

——2015 年下半年幼儿教师资格证考试《保教知识与能力》选择题第 7 题

3. 请简述当代幼儿教育发展的基本经验。

4. 请简述当代幼儿教育发展的基本趋势。

【拓展阅读书目】

[1] [新西兰]玛格丽特·卡尔. 另一种评价：学习故事[M]. 北京：教育科学出版社，2015.

[2] [新西兰]玛格丽特·卡尔. 学习故事与早期教育：建构学习者的形象[M]. 北京：教育科学出版社，2015.

[3] [英]西尔瓦，等. 学前教育的价值——关于学前教育有效性的追踪研究[M]. 余珍有，易进，译. 北京：教育科学出版社，2011.

参考文献

[1] 滕大春. 外国教育通史（第一卷）[M]. 济南：山东教育出版社，1989.
[2] 杨汉麟. 外国幼儿教育史[M]. 北京：人民教育出版社，2011.
[3] 朱维文. 希伯来文化[M]. 杭州：浙江人民出版社，1988.
[4] [古希腊]柏拉图. 法律篇（卷七）[M]. 张智仁，等，译. 上海：上海人民出版社，2001.
[5] [古希腊]柏拉图. 理想国[M]. 郭斌和，等，译. 北京：商务印书馆，1986.
[6] [古希腊]亚里士多德. 政治学（卷七）. 吴寿彭，译. 北京：商务印书馆，2009.
[7] 任钟印. 昆体良教育论著选[M]. 北京：人民教育出版社，2001.
[8] 周玉衡，范喜庆. 学前教育史[M]. 上海：复旦大学出版社，2015.
[9] 胡金平，周采. 中外学前教育史[M]. 北京：高等教育出版社，2011.
[10] 陈文华. 中外学前教育史[M]. 北京：科学教育出版社，2011.
[11] 任钟印. 夸美纽斯教育论著选[M]. 北京：人民教育出版社，2005.
[12] 单中惠，刘传德. 外国幼儿教育史[M]. 上海：上海教育出版社，1997.
[13] 曹孚编. 外国教育史[M]. 北京：人民教育出版社，1962.
[14] [捷克]夸美纽斯. 大教学论・教学法解析[M]. 任钟印，译. 北京：人民教育出版社，2006.
[15] [捷克]夸美纽斯. 大教学论[M]. 傅任敢，译. 北京：人民教育出版社，1957.
[16] [日]梅根悟. 世界幼儿教育史（上册）[M]. 张举，等，译. 长春：吉林人民出版社，1986.
[17] [日]梅根悟. 世界幼儿教育史（下册）[M]. 张举，等，译. 长春：吉林人民出版社，1986.
[18] 周采. 比较学前教育[M]. 北京：人民教育出版社，2010.
[19] 唐淑，何晓夏. 学前教育史[M]. 大连：辽宁师范大学出版社，2001.
[20] [英]欧文. 新社会观[M]. 柯象峰，译. 上海：生活・读书・新知三联书店，1958.
[21] 郭法奇. 外国学前教育史[M]. 北京：北京大学出版社，2015.
[22] 王天一，夏之莲，朱美玉. 外国教育史（修订本）[M]. 北京：北京师范大学出版社，1994.
[23] [法]阿兰・佩雷菲特. 官僚主义的弊害[M]. 孟鞠如，等，译. 北京：商务印书馆，1981.
[24] 吕一民，钱虹，汪少卿，应远马. 法国教育战略研究[M]. 杭州：浙江教育出版社，2014.
[25] [英]拉斯克. 幼稚教育史[M]. 周竞中，译. 北京：商务印书馆，1939.
[26] 唐淑. 学前教育史[M]. 北京：人民教育出版社，2009.
[27] 郑文樾. 乌申斯基教育文选[M]. 北京：人民教育出版社，2007.
[28] [俄]乌申斯基. 人是教育的对象（上卷）[M]. 郑文樾，译. 北京：人民教育出版社，2007.
[29] [俄]乌申斯基. 人是教育的对象（下卷）[M]. 张佩珍，等，译. 北京：人民教育出版社，2007.
[30] [俄]安・谢・马卡连柯. 马卡连柯教育文集（上卷）[M]. 吴式颖，等，译. 北京：人民教育出版社，2004.
[31] [俄]安・谢・马卡连柯. 马卡连柯全集》（第四卷）[M]. 耿济安，高天浪，王云和，译. 北京：人民教育出版社，1957.

[32] 林秀锦．美国的早期保育与教育[M]．苏州：江苏教育出版社，2006.
[33] [美]L．迪安·韦布．美国教育史：一场伟大的美国实验[M]．陈璐茜，李朝阳，译．合肥：安徽教育出版社，2010.
[34] 李永连．日本学前教育[M]．北京：人民教育出版社，2001.
[35] 霍力岩，等．美、英、日、印四国学前教育体制的比较研究（上）（下）[M]．北京：北京师范大学出版社，2013.
[36] [美]乔尔·斯普林．美国学校：教育传统与变革[M]．史静寰，等，译．北京：人民教育出版社，2010.
[37] 瞿葆奎，钟启泉．教育学文集：日本教育改革[M]．北京：人民教育出版社，1991.
[38] 瞿葆奎，杜殿坤，等．教育学文集：苏联教育改革[M]．北京：人民教育出版社，1993.
[39] 瞿葆奎，马骥雄．教育学文集：美国教育改革[M]．北京：人民教育出版社，1990.
[40] 瞿葆奎，张人杰．教育学文集：法国教育改革[M]．北京：人民教育出版社，1994.
[41] 瞿葆奎，李其龙．教育学文集：联邦德国教育改革[M]．北京：人民教育出版社，1991.
[42] 瞿葆奎，金含芬．教育学文集：联邦德国教育改革[M]．北京：人民教育出版社，1993.
[43] 吴式颖．外国教育史教程[M]．北京：人民教育出版社，1999.
[44] 周玉衡，范喜庆．学前教育史[M]．上海：复旦大学出版社，2015.
[45] [瑞士]阿·布律迈尔．裴斯泰洛齐选集（第 2 卷）[M]．尹德新，译．北京：教育科学出版社，1996.
[46] [法]卢梭．爱弥儿（上卷）[M]．北京：商务印书馆，1983.
[47] [法]卢梭．爱弥儿（下卷）[M]．李平沤，译．北京：商务印书馆，1983.
[48] [瑞士] 裴斯泰洛齐．林哈德与葛笃德[M]．北京编译社，译．北京：人民教有出版社，1984.
[49] [德]福禄培尔．人的教育[M]．孙祖复，译．北京：人民教育出版社，2016.
[50] [意]蒙台梭利．蒙台梭利幼儿教育科学方法[M]．任代文，等，译．北京：人民教育出版社，2016.
[51] [美]卡罗尔·格斯特维奇．发展适宜性实践：早期教育课程与发展[M]．3 版．霍力岩，等，译．北京：教育科学出版社，2011.
[52] [意]蒙台梭利．有吸收力的心理[M]．江雪，译．天津：天津人民出版社，2003.
[53] 吴式颖，赵荣昌，李明德，等．外国教育史简编[M]．北京：教育科学出版社，1988.
[54] 王天一，夏之莲，朱美玉．外国教育史（下册）[M]．北京：北京师范大学出版社，1985.
[55] [美]约翰·杜威．我的教育信条[M]．罗德红，杨小微，译．华东师范大学出版社，2015.
[56] [美]约翰·杜威．《学校与社会·明日之学校》赵祥麟，任钟印，吴志宏，译．北京：人民教育出版社，2005.
[57] 赵祥麟，王承绪．杜威教育论著选[M]．上海：华东师范大学出版社，1981.
[58] 罗炳之．外国教育史（下册）[M]．苏州：江苏人民出版社，1981.
[59] 陆有铨．皮亚杰理论与道德教育[M]．北京：北京大学出版社，2012.
[60] [瑞士]皮亚杰，英海尔德．儿童心理学[M]．吴福元，译．北京：商务印书馆，1980.
[61] 吴式颖，任钟印．外国教育思想通史—— 20 世纪的教育思想（下）[M]．长沙：湖南教育出版社，2002.

[62] [瑞士]皮亚杰．发生认识论原理[M]．王宪钿，译．北京：商务印书馆，2016.
[63] [美]卡洛琳·爱德华兹，莱拉·甘第尼，乔治·福尔曼．尹坚勤，王坚红，沈尹婧，译．《儿童的一百种语言》，南京：南京师范大学出版社，2014.
[64] 屠美如．向瑞吉欧学什么——〈儿童的一百种语言〉解读[M]．北京：教育科学出版社，2002.
[65] 石中英．论蒙田的教育思想[J]．教育科学研究，2001（06）.
[66] 王春燕．自然主义教育理论及其思考[J]．教育理论与实践，2001（08）.
[67] 崔华静，李军靠．．洛克奖惩教育思想及启示[J]．基础教育研究，2015（11）.
[68] 张崇善．弗雷内的三大教学原则[J]．教育理论与实践，1988（08）.
[69] 杨汉麟，陈峥，杨佳．论裴斯泰洛齐爱的教育及其现实意义[J]．天津师范大学学报（社会科学版），2011（05）.
[70] 庞丽娟．世界主要国家和地区政府主导推进学前教育公平的政策及启示[J]．学前教育研究，2014（01）.
[71] 沙莉，庞丽娟．明确学前教育性质，切实保障学前教育地位——法国免费学前教育法律研究及其对我国的启示[J]．学前教育研究，2010（09）.
[72] 杨阳．法国学前教育的目标、性质与管理启示[J]．学前教育研究，2016（09）.
[73] 刘昆，郭力平，钟晨焰．美国学前教育质量评级与提升系统：实施现状及面临的挑战[J]．外国教育研究，2016（05）.
[74] 王红蕾，孙美红．中英学前教育督导制度对比及其启示[J]．幼儿教育（教科版），2012（07）.
[75] 钱雨．世界学前教育质量监管体系的发展特点与趋势分析及其对我国的启示[J]．学前教育研究，2012（12）.
[76] 周欣．儿童早期学习与发展的目标与评估：范式转换中的价值取向[J]．全球教育展望，2015（07）.
[77] 李传江，张义宾，周兢．国际视域下的学前教育质量监控体系[J]．外国教育研究，2017（01）.
[78] 范洁琼．国际早期儿童家庭亲职教育项目的经验与启示[J]．学前教育研究，2016（11）.

后 记

黔南民族师范学院“民族教育研究科研创新团队”长期为高校服务，对师范院校教育学学科建设进行深入思考与研究。《新编外国幼儿教育史》正是民族教育研究科研创新团队联合国内多所高等师范院校教师，依据当代学前教育师资队伍建设实际要求编写而成，是贵州省重点学科“教育学”、贵州省一流师资团队“小学教育专业教学团队”、黔南民族师范学院一流学科“教育学”、黔南民族师范学院“民族教育研究科研创新团队”等的阶段性研究成果。

前期编写由王棋纬和袁媛负责组织，具体分工如下：

王棋纬：第一章、第二章；彭珊珊：第三章、第六章；袁媛：第四章、第九章；方银叶：第九章；李彦平：第五章；吕瑞芳：第七章、第十章；李永涛：第八章。

书稿完成后，由王棋纬负责统稿，其余人员参与了审稿与修改工作。

本书的立项、编写及出版得到了黔南民族师范学院黄胜副校长、黔南民族师范学院教育科学学院王双宏院长的大力支持，在此表示衷心感谢！

编 者

二〇一九年二月